白井哲哉著

日本近世地誌編纂史研究

思文閣史学叢書

思文閣出版

日本近世地誌編纂史研究　目　次

序　論　地誌編纂史へのこころみ……三

第1部　近世地誌の成立

第2部　日本型地誌の成立過程

第3部　地誌編纂と地域社会

■図表一覧■

日本近世地誌編纂史研究

序論　地誌編纂史へのこころみ

第1節　地誌編纂史とは何か

本書は、日本近世の地誌について、編纂主体、調査活動、編集・執筆など、編纂過程について検討を加え、また当時の地誌をめぐる認識の考察を通じて、その歴史的意義を解明しようとするものである。

地誌とは何か。試みに現在の辞書類で調べると、一定地域の地理・文物・風俗を記した書物の総称で、地理書・歴史書から名所記・紀行文、さらに寺社縁起や節用集の類まで広く包括する。一方、現代日本の学術研究では、地誌は地理学、すなわち特殊地理学（政治地理学・経済地理学など）に対する、一般地理学の概念として定着している。だが、それは二〇世紀初頭に田中啓爾氏ら「地誌学派」の研究者たちが、欧米地理学の regional geography を導入して語義の転化を図った結果だった。(1) 本書がとりあげるのはそのような近代地誌ではなく、辞書類の語義に反映している主に近世から近代初頭にかけて編纂・刊行された地誌（以下、近世地誌と呼ぶ）である。

近世地誌は、主に中国の地方志（総志・方志）の影響を受けて編纂された、ある領域の地理および歴史に関する書物と定義できる。中国では、地方の自然・政治・経済・歴史・文化等に関する基本文献として、地方志が重要視され、現在も省・県・郷・鎮などの行政単位毎に盛んに編纂されている。

中国地方志の思想は周辺地域へ影響を与えた。朝鮮半島では道から邑に至るまで多くの地誌が編纂され、ベトナム（越南）でも確認できる。日本でも、その影響は近世地誌の編纂をはじめ二〇世紀前半の郡誌や村誌、さらに全国の都道府県および市区町村で現在も続く自治体史編纂へと受け継がれている。これに対して西洋では、中国地方志に匹敵する書物が容易に発達しなかった。ジョセフ・ニーダム氏によれば、西洋では古代ギリシア以来一三世紀まで地理書がほとんど現れず、中国とは一〇〇〇年に及ぶ空隙があるという。(2) ゆえに近世地誌は、東アジア世界に共通する形式を持った書物として、また日本地方史・地域史研究の源流として、我々に魅力あるテーマを投げかけているといえよう。

従来の歴史学研究でも、後述する通り、近世地誌編纂をめぐる問題は政治史・文化史・思想史などで個別に論及されてきた。また各地の自治体史等では、近世地誌が地方史・地域史の先行研究として評価されている。しかし、日本歴史の中で地誌がいつ、誰によって編纂されたか等の、基本的な事柄には必ずしも研究的関心が向けられなかった。近世地誌の歴史は「特に論証を要しない」あるいは「容易に推測できる」として深く言及されなかったのである。(3) 地理学でも、学史上の一素材に近世地誌をとりあげるものの、近代地誌を出発点とするため積極的には評価されていない。(4) そのため、東アジア世界はおろか、日本史上でも未だに近世地誌は十分な評価を受けているとはいい難い。

いま近世地誌研究で必要なのは政治史や地理学史などからの究明にとどまらない、歴史上におけるそれ自体の総合的な評価ではないだろうか。ひとつの近世地誌は、どのような歴史的背景の中で、誰が構想し、いかなる体制で調査がおこなわれ、何の事象がどのように記述されたのか。本書では、これらの疑問を従来の分野史的研究に埋没させず、通史的文脈の上で検証して、その全容を解明すること、そこから近世地誌を改めて全体史理解の中へ還元していくことを目的としたい。

また、近世地誌に対する従来の評価は、その開明性や実証性等に判断基準をおく傾向があった。(5)しかし、地誌という書物を歴史的に評価するため、まず着目すべきは、編纂者や調査者の地理認識及び歴史意識を反映するであろう書かれ方や作られ方であると筆者は考える。この点、過去の記録を物言わぬ物体のようにとりあげ、その分節化から内部に潜む言説構造を解明する必要を説いた、ミッシェル・フーコー氏の議論(6)に学ぶところは大きい。本書では、近世地誌の記述の正否よりもなぜそう記されたか、あるいは記されなかったかを問題視した。また、同じ時期の地誌を一群と捉えて、そこに共通する思想の抽出を試みた。その成果は、近世地誌の史料的特徴や各地誌の歴史的意義の解明へ有効なアプローチを開くだろう。本書は、以上の問題意識を、かつて高木利太氏が提起した「地誌編纂史」(7)にこめている。

本書の重要な先行研究に、羽賀祥二氏の諸業績(8)がある。羽賀氏は、修史や地誌編纂を国民国家における文化統合の要素に数えた西川長夫氏の議論(9)を踏まえ、地誌編纂や記念碑建立をおこなう民衆の歴史意識の中に、一九世紀の日本を貫く文化統合装置を見いだした。(10)この点、本書では、一九世紀とそれ以前における地誌自体の変化として検出されるだろう。これは本書全体の課題としたい。

第2節　近世地誌研究の成果と課題

(一)一九世紀

近世地誌の研究史上において最初にとりあげるべきは、文政四年（一八二一）『編脩地誌備用典籍解題』(11)である。本書は第2部で論じる江戸幕府地誌編纂事業における編集用の参考書物解題である。内容は、「地誌材料の書」を数か国から日本全体に内容が及ぶ「総紀」、旧国ごとの「別紀」、紀行文である「遊紀」、外国地誌である「異国紀」に四分類する。さらに各分類内では、「総紀」の細目の通り、「記」の他に、行程類、河海類、関城類、土産類、詩文和歌類、神社仏寺類、陵墓類、絵図類の計八種が示されている。

明治五年（一八七二）九月、明治新政府は正院に地誌課を設置し、『皇国地誌』（のち『大日本国誌』）の編纂を開始した。その地誌課創立以来の職員である河田羆氏は、同一三年（一八八〇）に「日本地誌源委ヲ論ス」を発表した。[12]これが、日本の地誌の歴史を論じた最初の研究である。

その冒頭で河田氏は、地誌は建置沿革から地形・物産・風俗まで記載しないものはなく、年月を経ても国力人智の比較資料として、有用不可欠の書である、と唱えた。そして古代の古風土記撰上から筆を起こし、和名類聚抄、大田文、拾芥抄、郷帳・国絵図、地誌、各種絵図の編纂を論じて、最後に皇国地誌編纂の意義を主張する。このうち近世地誌については、享保期以来私撰地誌が多数編纂されたこと、文化七年（一八一〇）から江戸幕府地誌編纂事業が開始されて、多くの地誌が「列藩諸侯」により編纂されたと指摘する。

ちなみに、明治一七年（一八八四）の内務省地理局編『地誌目録』[13]序文で、河田氏は「専ラ古跡ヲ捜シ古事ヲ識ス者アリ、或ハ当時ノ現況ニ就キ其見聞ヲ記スル者アリ、各撰人ノ所見ニ従ヒ品一類ナラス」と述べ、「地誌」概念の一様ならざる状態を指摘している。しかし、河田氏もまた、郷帳・国絵図や伊能図等と地誌を区別できていない。[14]

同じ頃、西洋地理学を導入して、日本近代地理学が出発した。田村百代氏によれば、[15]近代日本地理学の方法論は、明治二二年（一八八九）の「地理学は山・河・都市・産物などをただ列挙するものではない」という小藤文次郎氏の見解に端を発するという。これは近世地誌を念頭に置いた発言と思われる。政府の地誌編纂事業が中断する明治二四年（一八九一）頃を境に、近世地誌への国家レベルにおける関心は急速に失われたようである。わずかに歴史資料としての価値を認められたものが、『史学雑誌』[16]で前出の河田氏らによって紹介された。

(2)二〇世紀前半

明治三三年（一九〇〇）から同四〇年（一九〇七）にかけて、吉田東伍氏により『大日本地名辞書』が刊行された。本書に寄せられた序文から、本書は『大日本国誌』を継ぐ地誌と評価されていたことがうかがえる。[17]その前年である明治三二年に創刊された『歴史地理』は、当初から各地の近世地誌の解題や論考を盛んに掲載した。[18]当時、明治末年に始まる地方改良運動や、大正期の郡役所廃止にともなう郡誌編纂の影響から、各地で「〇〇叢書」と銘打って一種の近世地誌復刊ブームが起きていた。この頃、芦田伊人氏は『歴史地理』を舞台として各地の近世地誌の発掘に尽力する一方、その代表的なものを刊行した。その最も重要な仕事は、昭和初期の「大日本地誌大系」の監修である。[19]

しかし、近世地誌の歴史に関する研究は高木利太氏をもって画期となす。昭和二年（一九二七）『家蔵日本地誌目録』正続二冊は、高木氏の三〇〇〇点以上に及ぶ地誌コレクションの解題で、古風土記から大正期に編纂された郡誌までを広く含む。その正編冒頭に掲載された「日本地誌編纂史概略」で高木氏は、大枠で河田氏の論旨を踏襲しつつ、次のような近世地誌編纂史の理解を提示した。

（ア）近世における地誌編纂の隆盛は、第一に、諸大名がその領地について知るため等により地誌編纂を企てたこと、第二に、交通の安全自由が保障され自然に名所旧跡の観光等が盛んになって名所記・道中記が出版されたこと、の二つに原因がある。したがって近世の地誌は、この二系統のどちらかに分類できる。

（イ）近世地誌編纂史を時期区分すると、寛政期までを前期、化政期以降を後期と二区分することができる。

（ウ）前期をさらに細分すると、寛文期・元禄～享保期・宝暦期に画期をみることができる。

（エ）　後期は江戸幕府地誌編纂事業によって特徴づけられるほか、種々の名所図会が出版されて盛観を極めた。

右は、近世地誌編纂に関する初の歴史的理解である。この時期、いくつかの近世地誌に関する研究が発表されたが、それらは皆どこかで高木氏の恩恵を被ったといってよい。

当時の研究では、阿部真琴氏(20)と村松繁樹氏(21)の成果があげられる。阿部氏は、近代地理学の前史という観点から、近世地誌と絵図を論じた。そして、近世地誌は「相続いて編纂され、その形は大冊となり、気鬱・修飾は精細を加へ、文献の引用と考証は該博緻密の極に至ったが、その方法に格別新しいものは起こらなかった」と総括して、「地誌は結局、保守的になった封建支配の政治的道具に過ぎなかった。その方法の変遷に躍進的なものは見られなかった。以後の地誌編纂の変遷を見て行く事はさして興味あることではない」とまとめた。しかしこれでは、近世地誌の編纂に画期性を見いだすことは困難といえる。村松氏は、おおむね高木氏の成果にそって近世地誌を概説するが、近世後期の地誌について漢文から仮名交り文への変化を指摘した。

（3）一九六〇〜八〇年代

その後、日中戦争から太平洋戦争へ、そして敗戦と戦後復興の時期に、歴史学や地理学上で近世地誌が省みられることはなかった。それらが再び脚光を浴びるのは、一九六〇年代以降である。この時期は、戦後の地方史研究の成果がまとまり始め、地域の先行研究として近世地誌に対する再評価が始まった。また、「大日本地誌大系」の復刊もおこなわれ、一九八〇年代末までに、近世地誌研究の基礎データは豊富に蓄積されたといえるだろう。

この時期、瀬谷義彦(22)、庄司吉之助(23)、小野文雄(24)の各氏は、都道府県史の編纂過程において近世地誌を収集し、それらを分類的に把握しようと試みた。例えば小野氏は、「儒学的地誌」「名所記」「村明細帳的地誌」「紀行文」と四つの分類を提案した。この場合、「村明細帳的地誌」とは『新編武蔵国風土記稿』を指すが、その形式が中国地方志を脱した点に着目したことは評価できる。また瀬谷氏は、近世後期の藩撰地誌が幕府の内命を受けて編纂されたことを、初めて史料に基づいて指摘した。

さらにこの間、戦後「大日本地誌大系」の解説を書き続けた芳賀登氏は、政治と近世地誌の深い関係を示唆した上で、それにとらわれない図会類の検討をあわせた研究の必要を主張した。(25) 塚本学氏は、地方史・地域史研究の前史として近世地誌を位置づける試みをおこない、大きな反響を呼んだ。(26) 高橋敏氏は、近世中後期における民間地誌の編纂と在方知識人のネットワークについて、先駆的ともいうべき研究を発表した。(27) 村田安穂氏は残存『皇国地誌』の所在調査を進めた。(28)

なお、同じ時期に福井保氏は、紅葉山文庫旧蔵書物の解題的研究を推し進め、地誌を含む江戸幕府編纂物の全容を明らかにした。(29) 川村博忠氏は、中国で地方志と絵図が地域把握の手段及び地方政治の象徴だった点を踏まえ、江戸幕府撰国絵図に関する研究を推進した。(30) 都市史研究でも水江漣子氏が、仮名草子に始まる江戸の名所記・地誌類の研究を進め、のちの研究の基礎を固めた。(31)

(4) 一九九〇年代以降

一九八〇年代末、地誌は近世史研究の一テーマとして注目を浴びた。まず高橋章則氏は、福井保氏の業績を踏まえて一九世紀を「編纂書の時代」と表現し、地誌調所の編纂物を「編纂の方法論として『地誌解題・某国風土記・資料文書』という編纂の基礎単位の確立を伴っていた」と論じた。(32) これは近世の地誌編纂史理解を一歩進める作業仮説の提示だった。また筆者は、従来断片的な指摘にとどまっていた昌平黌地誌調所の編纂活動を、初めて具体的に論じた。(33) そして羽賀祥二氏は、一九世紀の政治文化における、領主権力と民俗的世界の媒介項として地誌に注目した。(34)

右の諸研究を受けて、近世地誌に関する研究は一九九〇年代に数多く出された。中でも佐竹昭氏[35]、青木美智男氏[36]、盛本昌広氏[37]、小林文雄氏[38]、岩橋清美氏[39]等による、地誌から近世民衆の歴史意識に迫る論考が注目されよう。一方、個別地誌の再評価も続けられ、『新編常陸国誌』[40]『筑前国続風土記拾遺』[41]『豊後国志』[42]『因幡民談』[43]等の編纂をめぐる諸事情が明らかになった。なお小松修氏は、下総国の豪農による一国地誌編纂の試みを紹介し[44]、筆者もこの間に、江戸幕府地誌編纂事業の概観をおこなった。[45] また名所記については、鈴木章生氏[46]や加藤貴氏[47]等によって江戸を中心に研究が進んだ。さらに西垣晴次氏は、自治体史の前史という観点から近世地誌を再論した。[48]

近年の研究動向として、羽賀氏は一九世紀の地誌全体につき、大名領知権の表現としての政治性、中国地方志の輸入と古風土記研究の勃興に示される学術性、叙述における和文と漢文の併用に象徴される思想性の三つの視点を提示した。[49] また杉本史子氏は、近世の地誌と絵図を「地域の記録」と呼び、(ア)領域把握、(イ)地域の個性の描写、(ウ)自己のアイデンティティーの拠り所、の三類型を提示した。そして(ア)に幕府撰・藩撰地誌、(イ)に名所記、(ウ)に『北越雪譜』等の民撰地誌を当てはめ、近世では(イ)(ウ)の流れが先行した後、それらの統制を志向して(ア)が出現すると論じた。[50]

(5)課　題

以上の研究史を踏まえて、筆者は次のような課題を提起したい。

第一に、近世地誌の概念は長らく混乱していたが、いったんは領国把握の地誌と名所記の二つに大きく区別された。その後、近世地誌の多様性が確認され、その全体像を改めて把握しようとする試みが始まった。しかし、そこで抽出された傾向や個別の地誌の特徴が、必ずしも該当する一群の地誌をとらえるまでには至っていない。

第二に、地誌の多様性は民間の知識人が作った地誌の事例発掘で確認されたが、その成立に関する研究は必ずしも進んでいない。そしてそれら民撰地誌に対し幕府撰・藩撰地誌（『皇国地誌』も含む）の研究は、さらに遅れている。

第三に、近年の研究は、羽賀祥二氏の主導の下に、一九世紀の地誌を検討してきた。しかし、それと比較されるべき一七世紀及び一八世紀における地誌の特質は、未だ十分に解明されていない。

第3節　地誌編纂史研究の方法

そこで本書は、前掲の課題を踏まえて次のアプローチを試みた。

第一に、近世地誌編纂に影響を与えた中国地方志の思想へ着目し、その受容と展開過程を研究対象とした。そこで主にとりあげたのは、幕府撰・藩撰地誌である。また、その思想は一九世紀に地域社会における地誌の成立を促していくと考え、その動向もとらえるよう努めた。

第二に、従来の近世地誌研究は、地誌本文の記述内容を分析対象としたが、本書では地誌の〝かたち〟に注目した。地誌の目次構成に始まり、分類項目の立て方や順番、記述する文章などは、その地誌の目的や編纂方針を当然に反映するはずである。

第三に、近世地誌を編纂した側の史料が乏しいため、編纂された側の史料に注目した。地誌の編纂では、ほとんどの場合で現地調査が実施された。その場合、調査された側の村や寺社には、さまざまなかたちで当時の記録が残されている。それらを丹念に追うことで、失われた調査活動を復原でき、あわせて調査された側の人々の地誌に対する考え方も明らかになる。

第四に、個別の地誌に関する分析とともに、同時期に編纂された他の地誌、あるいは時代の異なる同種の地誌をあわせてとりあげ、地誌群としての検討を試みた。そこから抽出された地誌の傾向や地誌編纂への意識は、近世地誌編纂史を画する上で重要と考える。

また、現在の日本史研究に対し本書はどのような論点を提示できるか。

ひとつは、近世政治文化史研究との関わりである。近年の日本近世史研究では、農耕祈願(51)、贈答儀礼(52)、祖先祭祀(53)、史蹟顕彰(54)、書物編纂(55)など、幕藩領主がおこなう文化行為の政治性に注目している。ひとつの文化行為は、領主のどのような意図から発案されたか。そしてそれは、家臣団や領民等にどんな影響をもたらしたか。これらは一言でいえば、領主が家臣団及び領民支配の上で、彼らの意識を占有する、いわゆる「心意統治(56)」の具体相の追求である。

一領域の地理や歴史を記述する地誌は、領域設定自体が、すでに権力的行為といえる。ゆえに地誌は、幕藩領主による支配領域の統一的な把握の手段になる。また、調査で解明された領域及び領民の歴史的・地理的沿革は、領主支配の正当性の根拠に結びつけられる。そして領主支配の根拠となった村の沿革を村人自身が再認識したとき、それは領主支配の反対給付を既得権益にとらえ返した「由緒(57)」を生む契機にもなり得る。本書は、このような「心意統治」の具体相に迫ることができるだろう。

もうひとつは、日本の地方史・地域史研究に対する歴史的考察への寄与である。近世地誌は、郷土史研究や自治体史編纂の前史として従来も評価されてきた(58)。だがそれは、完成された地誌への評価に傾きがちで、その編纂過程における調査活動へ注目してきたとは必ずしもいえない。

例えば、自治体史の編纂は、専門研究者や学校関係者の努力によって多大な成果をあげてきた。さらに、充実した内容を備えた自治体史を見ると、自らも地方史・地域史研究者である実務担当者の存在することが少なくない。近世地誌でも、「心意統治」につながる地誌の限界をのり越えて、また編纂にかかわる人々が武士・農民・町人などの身分的制約を超えて、地域の地理や歴史を解明したいという努力の結果、完成したものが多いと思われる。そして編纂作業が地域で多くの人々の協力を得て実施されたことを考えるとき、これこそは地方史・地域史研究の営為そのものといえるのではないか。本書は、そのような実務に従事した人々の意識や行動へ注目することで、現在に続く地方史・地域史研究の通史理解を構築する一助になると考える。

最後に本論の構成を示そう。

第1部「近世地誌の成立」では、日本近世に地誌の編纂が開始されるまでの過程を検証するとともに、一七世紀から一八世紀における地誌編纂の実態を解明する。まず、近世地誌の前提である古風土記や中国地方志等について、その特徴や近世初頭までの伝来について述べる。次に、寛文期の地誌編纂をめぐる動向と、一七世紀の代表的藩撰地誌である『会津風土記』の編纂過程を明らかにする。そして、一八世紀前半に総志として構想された『日本輿地通志畿内部』=『五畿内志』編纂の歴史的意義を通じて、地誌編纂の思想が確立する様相を検証するとともに、民撰地誌の編纂など当時の社会的背景や吉宗政権との関係を論じる。

第2部「日本型地誌の成立と江戸幕府」では、一九世紀前半に進められた江戸幕府の地誌編纂事業について、その全容の解明を目指す。まず、寛政改革に始まる江戸幕府の各種書物編纂の進捗過程を明らかにし、日本地誌の収集・編纂事業が開始される背景を検証する。次に、享和三年の地誌編纂内命の分析を通じて、この段階で日本型地誌と呼ぶべき地誌が、幕府を中心に編纂されたことを論じる。そして、これらの事業の中心だった地誌調所の編纂調査活動につき、『新編武蔵国風土記稿』を中心に検証する。

第3部「地誌編纂と地域社会」では、一九世紀に地域社会で地誌編纂の思想が受容される過程と、その影響について論じる。まず地誌編纂の思想を受容する基盤を理解するため、近世の村で作成された家譜と村方旧記をとりあげ、一七世紀及び一八世紀における両者の成立と展開の様相を解明する。そして一九世紀に地域社会において地誌が編纂される経緯と、それが地域社会に及ぼす影響について考察する。

(1) 田村百代『田中啓爾と日本近代地誌学』(古今書院、一九八四)、二四〜三二頁を参照。

(2) ジョセフ・ニーダム『中国の科学と文明』第六巻「地の科学」(東畑精一ほか監訳、思索社、一九七六、原著は一九五七)、二二一〜二二五頁。なお千葉徳爾「地理学史の一課題」(『駿台史学』八七、一九九三)、五〇頁を参照。

(3) 塚本学「地域史研究の課題」(『岩波講座　日本歴史』別巻二、岩波書店、一九七六)、三三五頁を参照。

(4) 藤田元春『改訂増補日本地理学史』(刀江書院、一九四二、なお元版は一九三二刊)、石田龍次郎『日本における近代地理学の確立』(大明堂、一九八四)など。

(5) 例えば、山本武夫「徳川幕府の修史・編纂事業(九)——地誌編修」(『新訂増補国史大系』月報四〇、吉川弘文館、一九六八)。

(6) ミッシェル・フーコー『知の考古学』(中村雄二郎訳、河出書房新社、一九八一)。

(7) 高木利太『家蔵日本地誌目録』(一九二七、名著出版の復刻は一九七六)。

(8) 羽賀祥二『史蹟論』(名古屋大学出版局、一九九八)。

(9) 西川長夫「日本型国民国家の形成」(西川長夫・松宮秀治編『幕末・明治期の国民国家形成と文化変容』、新曜社、一九九五)所収の表1。

(10) 『史蹟論』については、拙評(『歴史学研究』七三六、二〇〇〇)を参照。

(11) 独立行政法人国立公文書館所蔵。大日本近世史料『編脩地誌備用典籍解題』全六巻(東京大学出版会、一九七二〜七九)。

(12) 『東京地学協会報告』二—三(一八八〇)、のち『歴史地理』七—一〇・一一・一二(一九〇五)に再掲載。

(13) 内務省地理局編『地誌目録』(内田元夫改編、大岡山書店、一九三五)。

(14) 中国では地方統治の象徴及び地方行政上の資料として、地誌と絵図を同列に捉えてきた。なお、川村博忠『江戸幕府撰国絵図の研究』(古今書院、一九八四)、一五頁を参照。

(15) 註(1)、二頁を参照。

(16) 『史学雑誌』を管見の限り、河田羆「本邦地誌考」(五—二・三・五・九、六—一・八・九・一〇・一二、七—二・五・六・七・八、一八九四〜九六)のほか、平沼淑郎氏による地誌の解題(六—五・六、一八九五)がある。

(17) 『大日本地名辞書』巻首(冨山房、一九〇七)では、「本書は地誌にして」という吉田東伍氏自身の言葉(「大日本地名辞書序言」）のほか、坪井九馬三「在来の本邦地誌と吉田君の地名辞書とを対比して序文に代ふ」など本書を地誌と認識する序文が多い。

(18)『歴史地理』を管見の限り、荻野由之「佐渡の地誌」（三―一、一九〇一）、井楼山人「太宰管内志に就て」（八―一〇、一九〇六）、伊東尾四郎「太宰管内志の著者伊藤常足翁」（八―一一・九―二、一九〇六～〇七）、岡村利平「飛州志解題」（一四―四、一九〇九）、森本樵作「下野国誌の著者河野守弘翁の伝」（二六―二、一九一五）、花見朔巳「尾張志の編纂に就いて」（三八―一・二、一九二一）、蘆田伊人「雲陽志の地誌としての価値」（五七―二、一九三一）、阿部真琴「江戸時代の『地理学』」（六〇―五、一九三二）などがある。

(19)昭和七年（一九三二）から刊行開始。全五一巻。ちなみに第一回配本は『新編武蔵風土記稿』第一巻である。

(20)註(18)阿部真琴「江戸時代の『地理学』」。

(21)村松繁樹『日本地理学史』（岩波講座　地理学第一巻、一九三四）、八「江戸時代における地誌の発達」。

(22)『茨城県資料　近世地誌編』（茨城県、一九六八）、解説。

(23)『会津風土記・風俗帳』巻一（歴史春秋社、一九七九）、序説。

(24)『新編埼玉県史』資料編一〇（埼玉県史編さん室、一九七九）、解説。

(25)芳賀登「日本近世における地誌学の発達」（児玉幸多ほか編『地方史の思想と視点』、柏書房、一九七六）。

(26)註(3)に同じ。

(27)高橋敏「宝暦明和地方文化論」（西山松之助先生古稀記念論文集『江戸の民衆と社会』、吉川弘文館、一九八五）、のち同『民衆と豪農』（未来社、一九八五）に収録。

(28)村田安穂「都道府県における『皇国地誌』の調査概報(一)」（早稲田大学教育学部『学術研究』二七、一九八二）、のち同『神仏分離の地方的展開』（吉川弘文館、一九九九）に収録。

(29)福井保『江戸幕府編纂物』（雄松堂書店、一九八三）。

(30)註(14)に同じ。

(31)水江漣子『江戸市中形成史の研究』（弘文堂、一九七七）。

(32)高橋章則「近世後期の歴史学と林述斎」（『日本思想史研究』二一、東北大学文学部日本思想史研究室、一九八九）。

(33) 拙稿「地誌調所編纂事業に関する基礎的研究」(『関東近世史研究』二七、一九九〇)。
(34) 羽賀祥二「史蹟をめぐる歴史意識」(『日本史研究』三五一、一九九一)、のち註(8)に収録。
(35) 佐竹昭「地誌編さんと民衆の歴史意識」(『広島市公文書館紀要』一七、一九九四)。
(36) 青木美智男「地域文化の生成」(『岩波講座　日本通史』近世五、岩波書店、一九九五)。
(37) 盛本昌広「地域史と地誌編さん」(『竜ヶ崎市史研究』九、一九九六)。
(38) 小林文雄「仙台領『安永風土記』にみる名所・旧跡について」(『米沢史学』一三、山形県立米沢短期大学日本史学科、一九九七)。
(39) 岩橋清美「近世後期における歴史意識の形成過程」(『関東近世史研究』三四、一九九三)、同「近世における地域の成立と地域史編纂」(『地方史研究』二六三、一九九六)、同「近世後期における地域史『範型』の成立」(『千葉史学』三一、一九九七)。
(40) 中村光一「『新編常陸国誌』についての一考察」(『土浦市立博物館紀要』一、一九八九)。
(41) 麻生善三「青柳種信と『筑前国続風土記拾遺』」(『福岡県史　近世研究編　福岡藩(三)』、一九八七)。
(42) 佐藤晃洋「唐橋世済と『豊後国志』編纂」(『史料館研究紀要』一、大分県立先哲史料館、一九九六)。
(43) 佐々木孝文「『因幡民談』の諸本」(『鳥取地域史研究』一、一九九九)。
(44) 小松修「近世後期下総飯沼地域の文化状況」(『史叢』五一、日本大学史学会、一九九三)。
(45) 拙稿「近世政治権力と地誌編纂」(『歴史学研究』七〇三、一九九七)。
(46) 鈴木章生「江戸名所と寺社参詣」(『地方史研究』二一四、一九八八)、同「名所記にみる江戸周辺寺社への関心と参詣」(地方史研究協議会編『都市周辺の地方史』、雄山閣、一九九〇、のち同『江戸の名所と都市文化』に収録、吉川弘文館、二〇〇一)。
(47) 加藤貴「江戸名所案内の成立」(滝澤武雄編『論集　中近世の史料と方法』、東京堂出版、一九九一)。
(48) 西垣晴次「自治体史編纂の現状と問題点」(『岩波講座　日本通史』別巻二、岩波書店、一九九四)
(49) 羽賀祥二「『風土記』・『図会』の編纂と地域社会」(『関東近世史研究』三六、一九九四)、のち前掲註(7)に収録。
(50) 杉本史子「地域の記録」(濱下武志ほか編『地域の世界史Ⅰ　地域史とは何か』、山川出版社、一九九七)、のち同『領域支配の展開と近世』(山川出版社、一九九九)に収録。

(51) 落合延孝『猫絵の殿様』(吉川弘文館、一九九六)、高野信治『近世大名家臣団と領主制』(吉川弘文館、一九九七)など。
(52) 大友一雄『日本近世国家の権威と儀礼』(吉川弘文館、一九九九)など。
(53) 岸本覚「長州藩藩祖廟の形成」(『日本史研究』四三八、一九九九)など。
(54) 註(8)に同じ。
(55) 藤實久美子「『本朝通鑑』編修と史料収集」(『史料館研究紀要』三〇、国文学研究資料館史料館、一九九九)など。
(56) 註(51)高野信治『近世大名家臣団と領主制』、二九七頁を参照。
(57) 由緒の問題は本書第3部で言及するが、最新の研究成果として井上攻『由緒書と近世の村社会』(大河書房、二〇〇三)を参照のこと。但し、井上氏は、家や集団におけるアイデンティティーの確認＝差異の明確化という観点から、由緒書を評価している。
(58) 註(3)(48)などを参照。

第1部　近世地誌の成立

第1章　近世地誌の系譜と成立

　日本地誌編纂史上における近世の画期性について、高木利太氏は「日本地誌の大多数は実にこの時代の作品であった」と述べている。(1)しかしながら、それは突然に開始されるのではない。高木氏は、近世地誌に前代の書物の影響を指摘しており、例えば『巡礼物語』なる書を「物語本が進化して名所記の境に入らんとする道程にある」と評価した。また羽賀祥二氏は、近世の地誌の根源に『周礼』が存在することを指摘し、一九世紀の地誌編纂が『周礼』と古風土記の、二つの伝統の統合を指向したと論じた。(2)

　もっとも、これらは近世地誌の歴史に対する断片的な指摘にとどまっている。まして、近世地誌がいつ、どのように編纂が始まるかについては、これまでほとんど論じられていない。高木氏はじめ多くの先行研究は、近世地誌の端緒が『会津風土記』に始まると指摘するものの、その当否や歴史的背景も十分に検討されていない。

　そこで本章は、近世地誌の前提となった書物をとりあげ、それらの成立事情と近世への影響を確認する。まず中国方志、朝鮮地誌、古風土記の三者につき、既存の諸研究に拠りながら近世地誌に至る系譜をさぐり、その影響を考察する。そして、近世初頭における地誌への志向を検証し、『本朝地理志略』『南紀略志』『懐橘談』など、一七世紀中葉に成立した地誌の歴史的意義を考える。

第1節　近世地誌の系譜

(一)中国方志

前近代日本の思想・文化は中国の圧倒的な影響下にあった。地誌もまたその一つである。中国の地方志は、一地方を記述する方志と、その集大成である総志の二つに大別されるが、その中心は方志である（以下、中国方志と呼ぶ）。中国方志の起源は、必ずしも定説が定まらない。林衍経氏によれば、中国の方志学研究では、『周礼』起源説、史書起源説、『禹貢』『山海経』起源説、地方「風土記」発展説の四つが有力で、近年では方志起源の多源説が提唱されているという。(3)以下では近世地誌の前提として、林衍経氏及び青山定雄氏(4)等の研究に拠りながら、中国方志の歴史を確認する。

右の研究史整理をおこなった林衍経氏は、『周礼』を最も重視している。『周礼』は、孔子が理想の政治体制とした周代の礼制に関する書物で、戦国～漢代の著作とされる。「礼」は儒学理論の根本とされ、『礼記』『儀礼』『周礼』は「三礼」と称せられた。その『周礼』の内、「地官」の司徒の項目に「誦訓、掌道方志、以詔観事」、すなわち「誦訓」の職が「方」＝地方の「志」＝記録を管掌したとの記載がある。また、「春官」に「外史、掌四方之志」、すなわち「史」が方志を管掌したと記載される。これらを中国方志に関する最古の記述と見るのが、『周礼』典拠説である。しかし史念海氏は、この『周礼』の記載を最初に指摘したのが、『河南志』『祥符州県図経』など宋代の方志の序文である点に注意を促している。(5)

周知の通り、後漢成立の史書『漢書』の志類十部門の中には地理志がある。日比野丈夫氏は、『漢書』地理志の構成を三部にわけ、第一段は五経の一書『書経』及び『周礼』の記述にもとづく古代の地方制度、第二段は前漢代の郡県制度、第三段は各地の風俗に関する記述であるとまとめた。(6)『書経』の参考部分は、夏代の地理を記

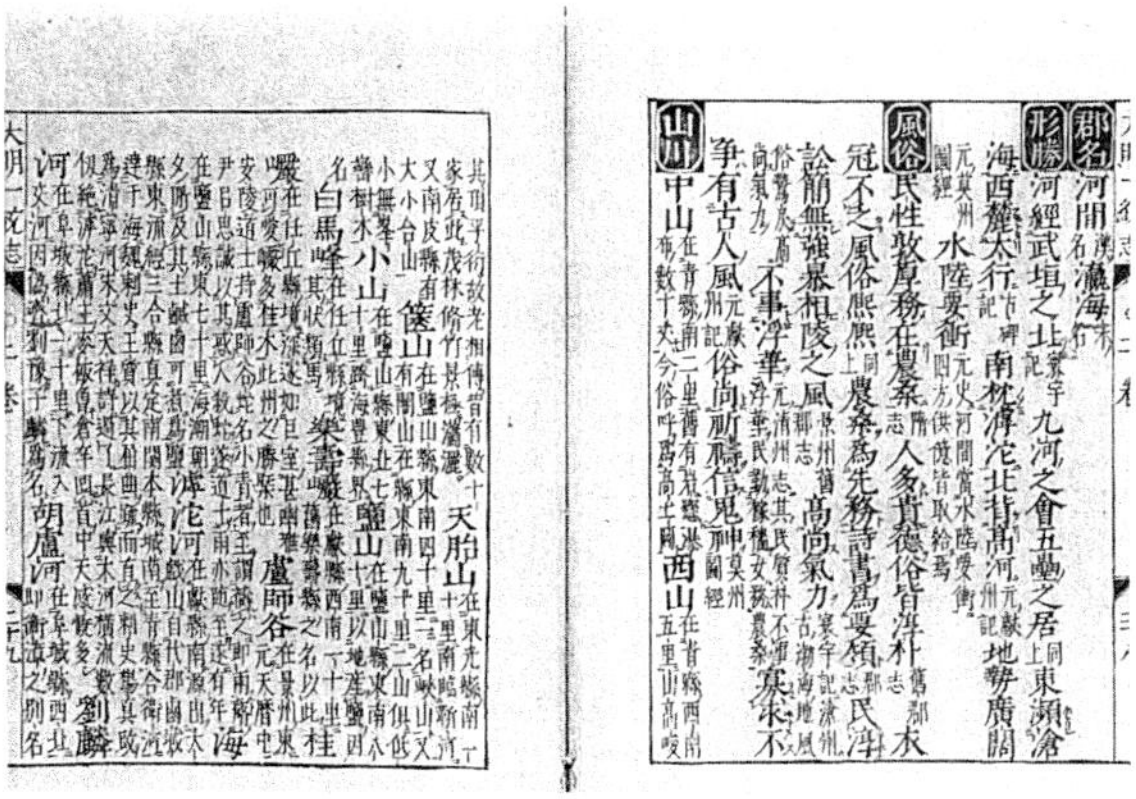
図１　『大明一統志』

した『禹貢』という。また後漢代には、林衍経氏が「地志祖」と評価する『越絶書』、「風土記」の名を持つ書としては最古の『冀州風土記』など、地方の風俗・習慣・伝承に関する書物が多く編纂された。続く三国時代から南北朝にかけては、「風土記」など「〇〇記」という書名が現れ、中でも西晋の『陽羨風土記』は、日本の古風土記のテキストと長く考えられてきた。[7]

唐代には、総志（括志）の編纂が本格化した。既に、南北朝時代末期の陳で『輿地志』が編纂されていたが、唐代では『括地志』（六三八年）や現存最古の総志である『元和郡縣図志』（八一三年）、北宋では『元豊九域志』（一〇八〇年）、南宋では『方輿勝覧』が編纂された。『方輿勝覧』は、地方行政の参考よりも名所旧跡探勝に適したという。元以降は、『大元一統志』（一三〇三年）『大明一統志』（一四六一年／図１）『大清一統志』（一七四三年）と、「一統志」の名称を持つ総志が編纂された。[8] 特に『大明一統志』は、今までに中国で五種類の版本と、朝鮮及び日本近世における板行が確認されており、『方輿勝覧』とともに周辺諸国へ広く普及した。[9] 清代は方志編纂の最盛期と言われ、通志（省単位）から鎮志（村単位）までさまざまなレベルの方志が編纂された。山根幸夫氏によれば、その内容は編纂当時の地域概況が中心で、記述は常に歴史的経緯を踏まえていたという。[10]

青山定雄氏は、宋代までの方志の特徴を次の通り指摘する。中央から派遣された官人や地元の文人等の個人的関心から編纂され、土地の風俗・習慣に興味を示したこと。唐代の方志は、地理的現状の記載が主だったこと。

宋代には、まず官府・戸口・貢賦・人物（官僚名・在職期間）などの行政的な項目が中心だったが、次第に寺院・祠廟・陵墓・碑文・古跡などが比重を高めたこと。ここに地域把握の象徴、地方行政上の資料たる方志の性格が現れるといえよう。この点、山根幸夫氏は、北宋では科挙出身の地方官僚が行政上の必要から、また自己の治績を記録するため、方志を編纂したと指摘している。

ここで重要なのは、それまで多く「風土記」「記」等と命名された方志の書名が、この宋代以降に「志」へ替わり始め、当時の方志である『呉郡図経続記』序文に「方志之学」という文言が出現することである。青山氏は、その背景に前述の『周礼』の影響があると論じる。このように宋代は、方志編纂の発展及び定型の時期であり、方志の起源をはじめ構成、内容、資料収集、編纂体制などに関する議論と理論化、すなわち「方志之学」の構築が進んだ時期だった。(11)

その後、清代の一八世紀後半には、中国史上最も重要な方志学者である章学誠が出現し、方志編纂をめぐる理論を深化させた。来新夏氏によれば、章学誠の方志学とは「史体縦看、志体横看、其為綜核一也」、すなわち方志を単なる地理書と見なすのではなく、歴史と地理による地域の総合書として構築するもので、州や県には常設の編纂機関を設置して人員を配置し、資料を収集・管理するよう主張していた。(12)

総じて中国方志の編纂は、地方の風俗習慣等に対する関心から発して、次第に地域把握の象徴、地方行政上の資料としての性格を強め、また官僚の治績を語るなど歴史書の性格も帯びたとまとめられよう。それはやがて、清代の章学誠に結実する「方志之学」を生み出していった。

(2)朝鮮地誌ほか

右のような歴史を経た中国方志が、周辺地域に対してどのような影響を及ぼしたかは興味あるところである。

以下、朝鮮半島の事例を確認しよう。[13]

朝鮮半島では、高麗以前に方志が編纂された記録がなく、李朝からその歴史が始まる。世宗六年（一四二四）一一月、「撰州郡県沿革」の令が出され、春秋館において総志の編纂が開始された。春秋館では「寺社創立文籍」を収集するとともに、各道庁へ編纂調査項目を通達した。その項目は、各道の道名変遷、道内の州府及び郡県の変遷、道内の郡県等の数、道内の山川の名称・里数等、道からの貢物、道内の祠堂・廟・墓の所在、道内各地の地味・気候・民俗、道内の交通など全一二項目である。この調査成果は、朝鮮半島現存最古の地誌である世宗七年（一四二五）『慶尚道地理志』など、各道の地理志にまとめられた。世宗一四年（一四三二）には、その各道地理志を集大成して『新撰八道地理志』が完成した。その後、端宗二年（一四五四）に史書『世宗実録』が編纂されたとき、『新撰八道地理志』を増補改訂して付したのが『世宗実録地理志』である。[14]

睿宗元年（一四六八）三月、再び総志編纂の命令が下され、李孟賢など四名の学者が作業に携わった。調査方式は前回と同じだが、各道庁へ示された項目は二七項目で、灌漑施設、講武場、烽火、牧場、渡津、京城への距離、薬材、陶器所、鉱山、邑城・山城、要害などが追加された。そして各道から「続撰地理志」が提出され、成宗九年（一四七八）に『八道地理志』が完成した。[15]この『八道地理志』へ別に文士の詩文を収集して作られた『東文選』を併せて編纂されたのが、成宗一二年（一四八一）の『東国輿地勝覧』五〇巻で、これは『方輿勝覧』にならったといわれる。

成宗一六年（一四八五）、『大明一統志』に準じた『東国輿地勝覧』改訂が命じられ、翌年に五五巻の改訂本が完成した。今西龍氏は、『大明一統志』が朝鮮へ輸入されたのはこの頃ではないか、と推測している。その後、三度の増補を経て、中宗二六年（一五三一）に現行の『新増東国輿地勝覧』が成立した。[16]

総志の編纂が先行した朝鮮で、方志に相当する邑志の編纂が始まるのは、『昌山志』（一五八〇年）や『延安邑誌』（一五八一年）など、一六世紀末からである。これらは、儒学を修めた知識人の手による地誌で、郷村社会の安定を目指して編纂が始まったといわれる。邑志は一八世紀まで編纂が続けられ、それらを全国規模で総合化した『輿地図書』も編纂された。同じ頃、民撰の総志として有名な『択里誌』（一七五一年頃）が編纂された。『択里誌』は、党争の犠牲者たる元官僚の李重煥が「士大夫可居処」を求めて全国の地理を記述した書で、中国の『山海経』や『東国輿地勝覧』を参照したという。(17)

総じて朝鮮半島における地誌編纂の歴史は李朝から始まり、一六世紀までの王朝による総志編纂の時期と、一七世紀以降の民撰邑志編纂の時期に大別される。全体に宋代以降の地誌の影響がみてとれ、特に『東国輿地勝覧』改訂における『大明一統志』の果たした役割は大きいといえよう。

なお、ベトナム（越南）の地誌編纂についても一言触れておく。(18)ベトナムでは、一九世紀初頭に全土を統一したグエン（阮）王朝が、清の諸制度を取り入れた政治を進めた。その一環で、皇帝の翼宗は嗣徳一八年（一八六五）に国史館を設置して、『大清一統志』にならった地誌の編纂を始め、嗣徳三五年（一八八二）に『大南一統志』を完成させた。これはその後、フランス軍の侵攻により稿本の一部が失われたが、一部は維新三年（一九〇九）に刊行されている。

(3)古風土記

日本の古記録における地誌関係記録の初見は、『日本書紀』巻一二の履中朝四年（四〇四年か）の記事である。すなわち、この年に初めて「国史」を置き、「四方志」を達するという記述があり、秋山吉郎氏はこれを「和銅以前における広汎な地方誌製作の唯一の記事」と評価する。(19)履中朝四年自体の存否や、「和銅以前」に「地方誌製作」があり得たかの当否はともかく、この記事は、前述の『周礼』や、同様の記述を持つ『春秋左氏伝』を参考にしただろうことを想像させる。『日本書紀』の編纂開始は遅くとも和銅七年（七一四）、完成は養老四年（七二〇）五月とされる。そして、和銅六年（七一三）には後述する古風土記編纂の詔が発せられたことを考えれば、「四方志」の記述は八世紀初頭の日本に中国方志の知識が伝来していたことの証といえよう。

その古風土記編纂の詔は、「史籍」の提出につき、第一に郡郷名標記を漢字で統一すること、第二にその内容を地名・物産・古老の伝承等で構成すること、第三にそれらを「史籍」に載せて言上することを内容とした。古風土記を「史籍」と呼ぶところにも、『周礼』などの影響がうかがえよう。

「風土記」の名称の初出は、延喜一四年（九一四）の三善清行「意見封事十二箇条」で、ここでは三善が寛平五年（八九三）に備中国庁で「風土記」を閲覧したことが記されている。また、天長三年（九二五）一二月の太政官符「応早速勘進風土記事」が、諸国の国庁にある「風土記文」の提出を命じたことから、一〇世紀初頭までは諸国に古風土記の控があったと推定されている。だが、以後の「風土記」に関する記録は消え、『万葉集注釈』『釈日本紀』などの書物に逸文が収録されるにすぎない。それも永仁五年（一二五七）の時衆僧侶である真観の筆写を最後に、新たな逸文の発見は途絶えた。

総じて一〇世紀以降の日本では、地誌への関心が集まらず編纂されることもなかった。一方で日本の古代・中世社会は、『和名類聚抄』『拾芥抄』『節用集』などが日本地理の知識を供給していた。しかし、それらは遠隔地間の交通など、実務上不可欠な日本地理の知識にとどまり、自分の生きる地域の、あるいは他の地域の特徴を概説するものではない。当時の日本では、古代中央集権国家の崩壊から中世荘園公領制へ移行する過程で、各地に無数の地域権力（在地領主）を勃興させていた。だが、地域に暮らす在地領主や民衆は、過酷な生存条件の下に置かれ、人々の流動性は高く、固有の地域への関心を喚起するような条件は揃わなかったと思われる。[20]ゆえに古風土記が再脚光を浴びるには、統一政権が確立する近世を待たなくてはならなかったといえよう。

第2節　近世地誌の成立過程

前節の検討から、近世地誌が成立するためには、中世在地領主制下の地域認識から編纂者が脱却する必要を指摘できる。大名領国制の展開から織豊政権の成立、そして徳川将軍権力の確立に至る過程で、地誌はどう現れるのか以下で検討しよう。

最初にとりあげるのは、中世末の成立とされる『国名風土記』である。慶安四年（一六五一）の刊本の場合、内題は「日本風土記」で、冒頭で「王代紀目録」として歴代天皇名を列挙した後、「日本紀之内国名」として五畿七道の国名及びその由来を記し、最後に「都をうつされし事」として平安期までの遷都の記録を記す。(21) 別の写本では、京都の内裏、宮殿、条里等を記す例もあるという。(22) のちに昌平黌地誌調所から「取るに足るものなし」と断じられたこの簡単な書物は、しかし現在、多数の写本として伝来し、慶安四年のほか寛文五年（一六六五）・宝永五年（一七〇八）と少なくとも三度板行されるなど、一〇〇年以上の命脈を保った。このことは、近世初期における日本地理の知識に対する要求の高まりを推測させる一方、当時の地理書の貧弱さを物語っていよう。

当時の地理書の事例に『日本略紀』(23) がある。続々群書類従本の奥書には、大和国橘寺蔵本の旨と、文禄五年（一五九六）・慶長一三年（一六〇八）・元文五年（一七四〇）の三つの書写年が記される。内容は、日本の地理・歴史に仏教の観点から解釈を加えたもので、末尾に「是は足利将軍家の治世に著作する事と見ゆしかはあれど、今按に此書全く仏家の所撰なるべし、文義妄誕にして信用しがたき説多し」と注記される。近世中期には最早省みられなかったが、それでも近世初頭に数度の書写の痕跡を残す点は留意すべきである。

『日本略紀』が書写された頃、長らく途絶えていた古風土記への関心が復活する。吉田神道の神官で古記録に精通した梵舜が、豊後・出雲の二つの古風土記を書写したのは、文禄四年（一五九五）一二月のことである。(24) これらはのちに徳川家康の手に渡り、紅葉山文庫へ収納された。『舜旧記』によれば、家康は慶長一〇年（一六〇五）九月八日に梵舜へ常陸風土記に関する質問をしている。(25)時あたかも慶長国絵図の作成が進行中の時期だった。統一政権を実現した家康が、国絵図作成に併行して古風土記への関心を持ち、その収集にも及んだことは、彼の日本地理掌握の指向を物語るものだろう。

また、家康の手元には中国の地誌が集められていた。家康は自らの蔵書を江戸・駿府・京都二条城に置いてその充実を図ったが、(26)駿府と江戸の文庫には『大明一統志』が蔵されていた。元和二年（一六一六）家康の死後、その蔵書が林羅山によって将軍家・尾張家・紀伊家・水戸家へ分配されたとき、江戸へ送られた書物で「道春預り」すなわち羅山の所蔵に帰した中に『大明一統志』があり、尾張家の相続分＝「駿河御譲本」(27)の中に『方輿勝覧』があった。但し家康の蔵書中、『大明一統志』は複数存在していたと思われるが、それ以外の中国・朝鮮の地誌はほとんど確認できない。ちなみに尾張家では、元和～寛永期にかけて漢籍を輸入した。その目録を見ると、元和末年（一六二四頃）に『大明一統志』五〇冊を購入したほか、寛永五年（一六二八）から同一三年（一六三六）にかけて一四点の中国方志を購入している。川勝守氏によれば、これらは「社会変動の激しい地域」や「農民反乱の勃発箇所」の地域の方志が圧倒的に多いという。(28)総じてこの時期、日本へ輸入された中国方志は中国地理の参考書にとどまったといえる。

管見の限り、近世地誌が編纂された最初は、寛永二〇年（一六四三）の林羅山『本朝地理志略』と思われる。『本朝地理志略』は、寛永二〇年の朝鮮通信使応接にあたり、通信使随行の申竹堂から求められて羅山が『本朝年中行事略』『本朝四礼儀略』とともに編纂・贈呈した書の一つである。その末尾の部分を次に掲げよう。

［史料1］(29)

本朝六十余州風土記及民部省図帳、諸国受領勘文等、書詳載山川之事跡、然事多繁、雖累歳月不能終編、況

不日之間乎今依其求僅少槩見以抄呈焉
此一巻、応朝鮮国信使申竹堂求抄出之、時寛永二十年秋也、此外又問人物草木鳥獣、以繁多、故使男恕靖、
粗抄出名目以寄之

［史料1］によれば、羅山は「山川之事跡」を「詳載」する「六十余州風土記」などを編纂する時間がないので、僅かに見ることのできた文献から抄録して本書を編纂したという。『本朝地理志略』は、五畿七道別に各国の山川・寺社・名所・産物を簡単に列挙し、さらに子の鵞峯（春斎・恕）らへ作成させた人物・草木・鳥獣の項が付された。本書は朝鮮側へ手渡された「地理志」なので、中国・朝鮮の地誌を踏まえたのは明らかだが、結果は諸項目の羅列にとどまった。秋山吉郎氏は、羅山が著した『諸国風土記抜翠』と題する古風土記逸文集成を『本朝地理志略』の参考資料集と推定している。(30) この点、日本の地理書は寛永末年段階でも古風土記以外にほとんど存在しなかったことがうかがえよう。

また、『本朝地理志略』が林羅山個人の著作として成立した点にも注目したい。総志の編纂は国絵図作成と同じく、権力者による支配領域の掌握という性格を持つ。しかし、この時期の幕府は、各地域の実情把握へ直接踏み出すことはなく、基本的に諸大名の支配領域へ立ち入らなかった。(31) したがって近世地誌は、朝鮮のような総志の発展を見ることはなく、中国方志に相当する領国地誌としての藩撰地誌を中心に展開していく。

草創期の藩撰地誌から二つの事例を確認しよう。

『家蔵日本地誌目録』正続二冊でとりあげられた藩撰地誌のうち、最古のものは慶安五年（承応元年＝一六五二）『南紀略志』(32) である。本書は元和五年（一六一九）に入部した紀伊徳川家和歌山藩の地誌で、編者は林羅山の門人で藩儒者の永田善斎である。その跋文を次に掲げよう。

［史料2］

南紀略志跋

是邦之有霊区勝踏不知幾処也、有址存而名亡者、有名存而址亡者　神廟仏堂羅欝攸之災社戸僧俸没収入官、況人物事実乎、唯告朔羊鉄爐歩而已、纔考旧籍聊訪諸土人随得而筆焉随聞而記焉、社司浮屠之説無不能不採、題曰南紀略志、竊俟膽才之刪定而已

慶安壬辰冬

ここで「是邦」とは和歌山藩領のことである。領内には名所旧跡がいくつも存在するが、址があって名のないもの、名があって址のないものなどが多い、「旧籍」を考証し「土人」の案内にしたがって筆を起こし、「南紀略志」と名付けた、と述べる。本書の構成は、まず郡名を列挙し、続いて形勝、風俗、土産、山川、関梁、社、寺、墳墓、古蹟、釈の各項目につき、郡毎にまとめて漢文で記述する。これは中国方志の構成を原則的に踏まえたといえよう。引用文献には『延喜式』『元亨釈書』『神名帳』のほか、寺社の縁起も見える。また、例えば古蹟の上伊都郡の項で「石在、下灌頂部荘短野村東北十二町、石有穴号宇賀穴、土人毎歳祭以酒食」という記述があり、岩屋の中で村人が酒食をおこなう祭りの存在を記する。このように地域の旧蹟や伝承がしばしば本文中に見られ、現地調査もおこなったことがうかがえる。

『南紀略志』とほぼ同時期に編纂された藩撰地誌に、寛永一五年（一六三八）に入部した松平氏松江藩の地誌である承応三年（一六五四）『懐橘談（出雲十郡記）』がある。(33) 編者は藩儒者の黒沢石斎である。序文によれば、本書編纂は承応二年（一六五三）七月に、藩主松平直政が江戸から松江へ向かう途中で黒沢へ命じたものという。直政は、武蔵野をはじめ近江の湖までは「胡蝶洞の紀行」に見え、京・伏見・大坂等は自らよく見聞したので記する必要がない、したがって「八雲立国の海陸山野の眺望十日、是非共に幷せ記して見せよ、用捨は工夫に有べし」と述べたとされ、黒沢は公務の合間に現地調査を重ねて本書を作成したという。構成は、総論に当たる「海

陸眺望」「出雲大概」を冒頭に置き、その後に郡毎の記述を和文で記す。中国方志のように門部を立てず、郡内の山川・村里・寺社に関する由来や特筆事項を列挙するかたちで、古風土記の『出雲風土記』を参考にしたと考えられる。

第3節 まとめ

最後に、近世初期の日本における地誌への志向をまとめよう。慶長国絵図の作成と併行して、家康が古風土記へ関心を示したように、統一政権の樹立後に日本地理の知識に対する欲求は高まっていった。しかしその知識の供給源は、断片的に伝来した古風土記のほか、『国名風土記』などの簡単な書物にとどまっていた。中国・朝鮮地誌の知識は伝わっていたが、幕府自身が地誌編纂を構想するには至っていない。

むしろ地誌へ関心を示したのは、和歌山藩や松江藩など、相伝の所領から全く別の土地へ移封された諸大名だった。彼らが新たな支配領域に関する知識を必須としたのはいうまでもない。ここに近世地誌が、領国地誌としての藩撰地誌を中心に発展する契機があった。但し『南紀略志』や『懐橘談』を見る限りでは、当時の地誌編纂に一定の方針や理念があったと見ることはできない。それが立ち現れるのは、次章で検討する『会津風土記』以降のことである。

(1) 高木利太「日本地誌編纂史概略」(同編『家蔵日本地誌目録』、一九二七)。
(2) 羽賀祥二『史蹟論』(名古屋大学出版会、一九九八)、三〇三頁。
(3) 林衍経『方志学綜論』(華東師範大学出版社、一九八八)。以下、林氏の研究は本書による。
(4) 青山定雄『唐宋時代の交通と地誌地図の研究』(吉川弘文館、一九六三)。以下、青山氏の研究は本書による。
(5) 史念海「歴史地理学と方志学」(斎藤博・来新夏編『日中地方史誌の比較研究』、学文社、一九九五)。

(6)　日比野丈夫「漢書地理志の秦郡について」(同『中国歴史地理研究』、同朋舎出版、一九七七)。
(7)　森鹿三「風土記雑考」(同『東洋学研究　歴史地理編』、同朋舎出版、一九七〇)。
(8)　杜瑜「何謂一統志」(同『輿地図籍』、清代社会文化叢書、一九九七)。
(9)　山根幸夫「『大明一統志』について」(同『明清史籍の研究』、研文出版、一九八九)。なお、林羅山は京都建仁寺で修業していた頃に『大明一統志』を読んでおり(堀勇雄『林羅山』、吉川弘文館、一九六四)、中国文化受容の拠点だった京都五山には、早くから中国方志が備わっていたと思われる。また『方輿勝覧』は、徳川家康旧蔵の駿河御譲本の中に明代の板本がある。
(10)　山根幸夫「中国の地方志について」(『歴史学研究』六四一、一九九三)。以下、山根氏の研究については本書による。
(11)　彭静中『中国方志簡史』(四川大学出版社、一九九〇)。管見の限り、本書は中華人民共和国建国以前の中国方志=旧方志の歴史に関する最もまとまった研究で、巻末には主要な方志の凡例等を「附録　旧方志文献輯存」として付する。
(12)　来新夏「《中国方志学概論》講授提綱」(『獨協経済』五八、一九九二)。なお章学誠については、内藤湖南「章学誠の史学」(『内藤湖南全集』第一一巻、筑摩書房、一九六九)、山口和久『章学誠の知識論』(創文社、一九九八)を参照。
(13)　楊普景「朝鮮時代の地理書に関する研究序説」(『朝鮮学報』一一六、一九八五)。以下、特に断りのない限り、朝鮮地誌の記述は本論文による。
(14)　『慶尚道地理志』については、北村秀人「『新撰八道地理志』雑考」(『朝鮮学報』一二九、一九八八)、朝鮮総督府中枢院編『校訂慶尚道地理志　慶尚道続撰地理志』解説(一九三八)などを参照。なお、日本による満州・朝鮮・台湾の植民地支配において、当地の地誌が研究及び刊行されたことは、東アジアの地誌編纂史を研究する上で忘れてはならない事実と考える。
(15)　註(14)『校訂慶尚道地理志　慶尚道続撰地理志』解説を参照。
(16)　『東国輿地勝覧』については、今西龍「東国輿地勝覧に就いて」(同『高麗及李朝史研究』、国書刊行会、一九七四)、二八四～二九〇頁を参照。

(17)『択里誌』については、小石昌子「李重煥と『択里誌』」(『朝鮮学報』一一五、一九八五)を参照。
(18) 以下の記述は、石井米雄ほか監修『新訂増補東南アジアを知る事典』(平凡社、一九九九)による。なお、NGYUEN VAN HUYEN, *THE ANCIENT CIVILIZATION OF VIETNAM* (THE GIOI PUBLISHERS, 1995) には、『大南一統志』のほか『嘉定通誌』という書名も見えるが、詳細は不明である。
(19) 日本古典文学大系『風土記』(岩波書店、一九六二)解説を参照。
(20) 原田信男『中世村落の景観と生活』(思文閣出版、一九九九)における中世村落の理解を踏まえている。
(21) 独立行政法人国立公文書館所蔵本をテキストとした。
(22)『編脩地誌備用典籍解題』一(大日本近世史料、東京大学出版会、一九七二)、註(1)『家蔵日本地誌目録』には『国名風土記』の諸本が紹介されている。
(23)『続々群書類従』巻第八(続群書類従完成会、一九七〇)所収。
(24) 秋山吉郎『風土記の研究』(ミネルヴァ書房、一九六三)、一〇四四頁。以上、古風土記の記述は本書を参照。
(25) 拙稿「近世政治権力と地誌編纂」(『歴史学研究』七〇三、一九九七)。
(26) 森潤三郎『紅葉山文庫と書物奉行』(昭和書房、一九三三)、九～一〇頁。
(27) 名古屋市鶴舞図書館『蓬左文庫駿河御譲本目録』(一九六二)。
(28) 川勝守『日本近世と東アジア世界』(吉川弘文館、二〇〇〇)、二七一頁。
(29) 註(23)に同じ。
(30) 註(24)、一〇五一頁。
(31) 藤井譲治「一七世紀の日本」(『岩波講座　日本通史』近世二、岩波書店、一九九四)、三三頁を参照。
(32) 東京大学史料編纂所所蔵押野公路家本。この史料については小野将氏・小宮木代良氏の御高配を得た。
(33)『続々群書類従』巻第九(続群書類従完成会、一九六九)所収。

第2章　『会津風土記』と地誌編纂の思想

前章では近世地誌が成立する前提を論じ、一七世紀中葉に始まる領国地誌としての藩撰地誌の編纂をその出発点に位置づけた。だが従来は、高木利太氏はじめほとんどの先行研究が近世地誌編纂の嚆矢を寛文六年（一六六六）『会津風土記』（図2）へ認めてきた(1)。さらに『会津風土記』は、従来から保科正之による全国地誌編纂構想の一環とも指摘されている(2)。特に瀬谷義彦氏は、保科正之が四代将軍家綱の補佐だったことから、「その意図が単に正之個人のものというだけでなく、幕府の意図に通ずるものがあったとみられる」と見通しを示している。

地誌編纂史研究の視点に立てば、『会津風土記』には別の画期性を認めることができる。羽賀祥二氏は、中国的なものと古代日本的なものを統合しようとする文明意識を一九世紀の地誌に見出して、その論拠の一つに地誌のモデルが『周礼』と古風土記へ求められることをあげた(3)。実はこの論拠は『会津風土記』までさかのぼり得る問題であり、ゆえにその検討は近世地誌編纂史にとって避けて通れない課題といえる。

そこで本章では、羽賀氏が指摘した地誌編纂の思想に着目しつつ、『会津風土記』編纂の歴史的意義を考察する。具体的には、まず『会津風土記』の編纂過程を藩政との関連で検証する。次に、同時期に編纂された藩撰地誌との比較をおこない、その背景をなした日本地誌編纂構想とその思想を検出する。そして最後に、『会津風土記』で確立した地誌編纂の思想の行方を展望したい。

第1節　『会津風土記』編纂と会津藩政

『会津風土記』編纂を命じた保科正之は、徳川秀忠の三男として生まれ、のち保科正光の養子となり寛永三年（一六三一）に家督相続した。同二〇年（一六四三）に会津へ移封、慶安四年（一六五一）徳川家光臨終の際、正之は遺言で徳川家綱の補佐を命ぜられたといわれ、以後、死去まで幕政に関与した。以下では、『会津風土記』及び会津藩政にかかる関係事項をまとめた表1に依拠しつつ、会津藩政と保科正之の動向を踏まえて、『会津風土記』の編纂とその背景を検証したい。

(一)会津藩政の展開

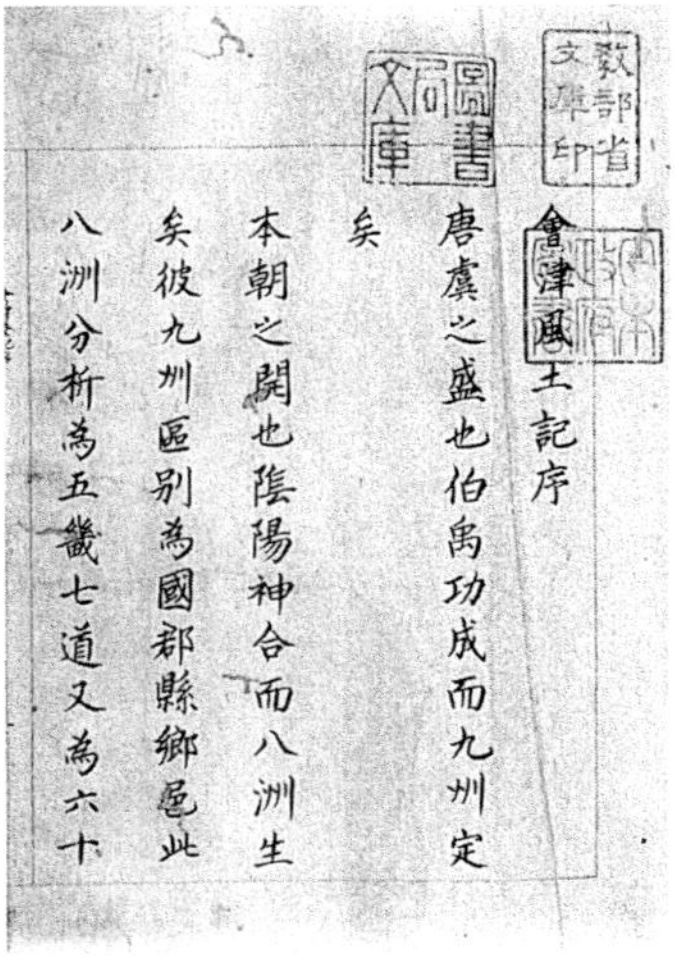
會津風土記序
唐虞之盛也伯禹功成而九州定
矣
本朝之闢也陰陽神合而八洲生
矣彼九州區別為國郡縣鄉邑此
八洲分析為五畿七道又為六十

図2　『会津風土記』

天正一七年（一五八九）の芦名氏滅亡以来、寛永二〇年の保科氏移封まで、約半世紀余の間に会津の近世領主は六度交替した。会津における中世以来の在地領主たちは、度重なる領主替の間に勢力を温存し、広域の村々を支配下に置く大庄屋的存在としての「郷頭」へ変貌して、自らを近世社会の中に位置づけていた。

保科氏会津藩の領国支配は、特に近世前期において「郷頭」との対峙関係の中で進められた。藩政の基調は「郷頭」の懐柔と勢力排除、そして村方の直接掌握にあった。会津移封直後に、藩では前領主である加藤家旧臣や中世以来の土豪

表1 会津藩政と『会津風土記』編纂関係年表 (○つきは閏月)

年 月 日	事 項(出典)
寛永8(1631)11/12	保科正之家督相続
10(1633)10/6	正之、磐城平藩主内藤政長娘と婚礼(寛永14年死去)
11(1634)2/	家光上洛に供奉、在京中に土岐長元の紹介で佐藤勘十郎を召出という(市史)
20(1643)7/4	陸奥会津(23万石)へ転封、ほかに蔵入地5万石
8/8	会津入部、前領主加藤家の家臣11名召抱
11/	檜原新八郎(芦名氏以来の土豪)召出
12/1	各郷頭へ地下仕置方条々制定
正保元(1644)	この年、領内巡見実施
2(1645)4/23	領内絵図仕立につき巡村開始
⑤/26	旧加藤家臣の菅勝兵衛召抱
3(1646)8/	領内絵図・郷帳提出
慶安元(1648)	この年、総検地開始(承応元年まで)
2(1649)12/13	諸士・諸役人統制策
4(1651)4/20	徳川家光死去、四代将軍家綱、正之へ将軍補佐遺言という
4/25	将軍死去につき領内仕置入念申付
6/5	正之「隠密御用」につき登城、奥にて拝謁
承応元(1652)1/11	軍禁令(15条)・軍令(14条)・家中掟(14条)・道中掟改定
6/1	諸士・諸役人綱紀粛正申付
6/13	土岐長元の薦めにより『小学』を読書、各家老衆へ一部下賜
11/	土岐長元『輔養編』完成
12/	『輔養編』を将軍へ献上、幕閣へも進呈
2(1653)9/21	将軍右大臣転任の謝使を命ぜられ上洛(実紀)
3(1654)10/18	親子・主従出入の穿鑿、孝行者言上につき申付
11/12	領内米買上、百姓逼迫の節蔵米貸渡申付
明暦元(1655)2/13	菅勝兵衛、横目の領内巡見実施
春	社倉制度開始
12/2	旧加藤家臣の横田俊益を儒員に招請(市史)
2(1656)④/21	横目の領内巡見結果による代官6名褒賞
12/12	林羅山、将軍へ『大学』進講、正之が賞賛(平生)
3(1657)1/11	軍禁令(4条)・軍令(10条)改定
5/	林羅山門下の服部安休を儒員に招請(市史)
万治元(1658)9/19	横目の領内巡見実施
10/21	飢饉・軍用に稗を備蓄(事実)
11/2	正之、隠元の献上した仏書を返却
2(1659)6/9	家中掟(11条)・百姓衣服制法改定
3(1660)3/24	大龍寺住持の黄檗宗改宗による退去により、寺破却を命ず

4／5	備蓄用塩・稗買上
5／15	郷頭・富裕百姓統制令
寛文元(1661)⑧／6	朱子の殉死論により家中の殉死禁止
28	百姓家作統制令
	この年、吉川惟足を招請
3(1663) 4／8	郷村組々に籾蔵建立
7／25	佐藤勘十郎を国家老として藩政方針指示・菅勝兵衛の領内巡見指示・90歳以上へ扶持米支給・火葬間引禁止・新規寺社取立禁止・巫女等の異色託宣禁止・煩旅人取扱指示
4(1664) 3／5	朱印改に付き領知目録提出令、郡村名の厳密な調査を指示される
5／25	領知目録提出
6／3	正経名代にて領地判物頂戴
8／9	菅勝兵衛の領内巡見実施、同日、佐藤勘十郎が風土記調査に着手(事実)
9／14	寺社縁起調査着手
5(1665) 4／8	山崎闇斎を招聘
4／	『寺院縁起』成立
8／20	郡奉行赤羽市右衛門の領内巡見実施
9／27	郷村仕置方品々申付
28	『玉山講義附録』板行、神社へ奉納、家臣へ下賜
12／6	芦名盛氏・盛隆親子墓石建立申付
6(1666) 8／6	『会津風土記』成就
11	徳川光圀来訪、山崎闇斎『中庸』講釈を聞く
26	稲葉正則来訪、『会津風土記』朗読を聞かす
9／3	阿部忠秋来訪、『会津風土記』朗読を聞かす
8	久世広之来訪、『会津風土記』朗読を聞かす
11	江戸城登城、『会津風土記』成就を報告
15	土屋数直来訪、『会津風土記』朗読を聞かす
18	板倉重矩来訪、『会津風土記』朗読を聞かす
21	領内の万歳獅子舞に領外への巡礼を禁止・塔寺八幡社の仏像取払申渡・20年来新規寺院禁止
28	酒井忠清来訪、『会津風土記』朗読を聞かす
7(1667) 2／10	領内の日光輪王寺末寺における将軍家位牌安置の禁止、無住寺院の廃寺、若松城内の諏訪神社修復、仏像・仏堂の撤去(事実)
5／12	伊佐須美神社・塔寺八幡宮社領寄進
7／5	蚕養社再興、神体は吉川惟足へ依頼
10／18	昨年来林鵞峯へ撰述依頼の「会津山水賦」完成
12／12	林鵞峯へ領内津川の平維守旧蹟碑文を依頼(日録)
8(1668) 2／5	朱子の社倉法書物板行、家老・町奉行に下賜
4／11	家訓15条制定、山崎闇斎参画

５／11	蚕養社社領寄進
５／19	義倉常平法書物、家老等に下賜
10／24	『二程治教録』板行、老中へ進呈、家老等に下賜、林鵞峯序、山崎闇斎序・跋
寛文９(1669)３／１	『伊洛三子伝心録』板行、林鵞峯序、山崎闇斎序・跋
４／27	正之隠居、正経家督相続
10(1670)２／７	正之、老養・貧人扶持に社倉米を渡す旨を申渡
８／13	郡奉行領内巡見
11(1671)春	正之、神社条目申渡、領内神社改定調査を佐藤勘十郎へ申付
11／17	正之、吉川惟足から吉田神道秘伝を伝授、土津霊号を受ける、また猪苗代の廟所を指示
11／	『会津風土記』へ序文(鵞峯)・跋文(鳳岡)を執筆(風土記)
12(1672)１／６	正経、旗与力向井新兵衛へ領内旧記調査を申付
⑥／10	神社改定調査終了、領内神社数260座に確定
８／６	向井新兵衛『会津旧事雑考』献上
10／	『会津神社志』完成、服部安休・吉川惟足・林鵞峯・山崎闇斎序文(市史)
11／４	佐藤勘十郎・山崎闇斎、『土津霊神事実』を正之へ献上
12／18	正之、死去
延宝元(1673)６／７	向井新兵衛、寛文２年成立『会津四家合考』を正経へ献上
２(1674)１／	会所へ四書五経、『小学』『近思録』『十八史略』ほか書物配備
６／10	藩学の講所設立
８／25	講所で山崎闇斎『大学』講義
８／	『会津増風土記』完成
３(1675)８／23	猪苗代見禰山神社(祭神保科正之)遷宮
11／３	「会津五部書」献上のため佐藤勘十郎江戸行、鵞峯へ『会津増風土記』序文執筆と「見禰山之記」編集依頼
12／８	「会津五部書」を将軍へ献上(実紀)
12／14	見禰山神社の明神号と朱印状発給を幕府へ願い上げるが却下
４(1676)12／９	幕府へ寛文印知の内容訂正と再発給を願い上げる

注：特に断りのない限り、事項の出典は『家世実紀』である。その他は次の通り。
実紀：『徳川実紀』、風土記：『会津風土記』、市史：『会津若松市史』三、日録：『国史館日録』、事実：『土津霊神言行録』巻之上「事実」、平生：『土津霊神言行録』巻之下「平生」

を登用し、「郷頭」へも従来通りの給分を支給して藩政の円滑化を目指している。その一方で、「地下仕置方条々」一八カ条はじめ「郷頭」や村人への統制、領内総検地の実施、郡奉行による度々の領内巡見などを通じて村方の直接掌握が進められた。こうした村方への藩政の浸透は、寛文初年（一六六一頃）までには達成されたと考えられる。この間に、社倉制及び買米制が始まり、領内の孝行者の褒賞も進められた。[4]

当時の会津藩政において、藩主保科正之による儒学への傾倒が大きく影響したことは著名な事実である。『土津霊神言行録』[5]巻之上「事実」は、承応元年（一六五二）に正之が「是歳始読朱子小学、尊教之、焚従前所読老仏之書」したと記す。近藤啓吾氏によれば、それ以前の正之は徳川家康の愛読した『六韜』『三略』や、沢庵の指導により仏典へ関心を寄せていたという。[6]彼に儒学を教授したのは、幕府儒医の土岐長元敦山である。『徳川実紀』によれば、土岐は正保四年（一六四七）一一月に初めて幕府へ召し出されて徳川家光の治療に携わり、その後も万治元年（一六五八）頃まで幕府への出仕が確認できる。だが寛永一一年（一六三四）の家光上洛に正之が供奉した際、正之は土岐から佐藤勘十郎（友松氏興）を紹介されて家臣に召し抱えたといわれ、[7]両者の関係はさらにさかのぼると思われる。その後、正之は『小学』を家老衆へも一部ずつ与えたほか、土岐に朱子学の諸書から「君徳輔養之大体を論候本文」の抽出・編集を依頼し、完成した書物『輔養編』を徳川家綱及び幕閣へ献上した。

その後会津藩は、明暦元年（一六五五）に林家門下の横田俊益を、同三年（一六五七）には同じく服部安休を登用して儒学の導入に努めた。社倉制などの政策立案には、彼らの意見が反映されたと思われる。服部安休は神道家としても知られ、正之に『大祓詞』の解釈を講義していた。そしてこれをきっかけとして、寛文元年（一六六一）に吉川惟足が江戸藩邸へ招請される。一方、正之は黄檗宗の隠元が献上した仏書を返却し、領内大竜寺住持の霊応が黄檗宗へ帰依して寺を退去した際に大竜寺廃寺で対処しようとするなど、寺院の規制を強めた。

儒学重視の藩政方針は、寛文三年（一六六三）七月二五日の「御政事御執行之御趣意」申渡で確立する。まず正之同様に儒学へ傾倒した佐藤勘十郎を国家老に任命して、家老衆の綱紀粛正を図った。次に、赤羽市右衛門や菅勝兵衛を通じて、郡奉行及び代官の綱紀粛正と領内巡見を実施した。さらに九〇歳以上の者への老養扶持、一九歳未満の家臣の江戸御目見免除、旅煩人への介護、火葬と間引の禁止、巫女等の異言託宣の禁止が触れ出された。火葬を「不孝」という点など[8]、これらには儒学の影響が明白である。そして最も重要なのは、新規寺社取立の禁止と格別理由のない者の出家禁止である。この儒学に基づく寺社統制策は、寛文期における会津藩政の重要な柱であり、『会津風土記』編纂にも重要な関連を持った。

（2）『会津風土記』の編纂過程

寛文四年（一六六四）三月五日、幕府は諸大名へ向けて朱印状改めの三カ条を言い渡した。[9] 会津藩ではそれ以前に、老中阿部忠秋から佐藤勘十郎へ提出用の郷帳と小物成帳を準備するよう指示されていた。そこで佐藤が文書を作成したところ「郡村之名ニ古今之異同」が発見され、佐藤はその措置を幕府へ問い合わせた。これについて次の史料を掲げる。

[史料1][10]

会津ハ郡村之名ニ古今之異同有之候間、其変候分をも具ニ書付、御蔵入と私領入交候所ハ、何百石ハ何村と記、其肩書ニハ何郡之内と訳書いたし、私領一郡之所ハ何百石何村、其肩書ニハ何郡と計しるし可然哉之旨、口上を添様子御尋被成候へハ、御判物之写と御領知目録者被留置、被申聞候者、御懸合之通一段御尤ニ候、御領知郡村所付少も其高ニ無相違可被仰付候、郡名も大沼安積両郡ハ分明ニ相知候得共、其余之郡名者不審ニ候、仍而ハ古ハ何国何郡と称ひ、其後相改今ハ何国之内何郡と申候由、御吟味可被成候、夫共由来不知候

ハ、、不及是非候間、申伝之儘御書出候様、乍去其在郷之者ニも、由来為存者可有之、又者寺社之鐘幷燈籠之銘、或ハ棟札之書付等ニ郡名記候儀可有之、郡村之文字相違無之様入念相改可然候、節用集之文字ニ而者不正之事有之候、古ゟ其所ニ而書来候文字之穿鑿専一之由、御申聞有之候ニ付而ハ、此等之趣其筋々相尋候上、厚遂僉議郡村之高銘々相改帳面仕立、

（中略）

郡名村名共ニ古今之異同、加判之者共心得而已ニ而難決、廉々数多相見候ニ付、御内意相窺候上取計可然と申談、御入部以来開発新田幷同改出之惣高、郡村之名古今之異同大図を書付、田中三郎兵衛江戸江罷登候処、郷帳仕立会津ニ而致候へハ、間違も有之儀ニ候間、山城守様・伊賀守様之差図を請、江戸ニ而取調候積りニ御振合転候ニ付、加藤式部少輔様家来守岡主馬、恒川又右衛門仕上候郷帳と、三郎兵衛持参之目録と突合致勘定、少々過有之、此分猶会津ニ而算を入候ハヽ、相分候道も可有之、且又郡名ハ、於公儀和名類聚抄、拾芥抄、節用集之三部を以御改有之、依而会津之郡名御吟味被成候へハ、大沼郡・河沼郡・耶麻郡・安積郡幷越後国蒲原郡ハ此三部之書ニ相見候得共、稲川郡と申ハ無之、

（中略）

郡村之名も町在共ニ古跡之寺社幷古文書等広及吟味候へ共、猪苗代・稲川之来歴分明ニ無之、僅ニ蜷川庄と書候証文、山之郡猪苗代と有之候書物三通有之、是等ニ考証ニ可相成哉、黒川と申ハ御城之敷地、東西南北之町を限ニ小黒川と申候而、何方ゟ何地迄とも其通称ひ候哉、仮初之書物ニも其証無之ニ付、村名之吟味術計相尽、先つ是迄称ひ候通ニいたし、

（中略）

其上伊賀守様御催促ニ付、先つ御目録計相調、稲川幷猪苗代ハ郡名不審、依而領と相記、不分明之趣御書添

被成候而先つ差出、

この史料は、寛文印知改めに関する『家世実紀』の記事の抄出である。これによれば、幕府は郡名の異同を詳細に記し、由来不明のものは伝えのままに書き出すよう指示した。但し地名の由来は、村方での聞き取りや寺社の鐘銘・棟札など地元の伝承を参考に、「文字相違無之様入念相改」を求めている。このとき会津藩では、大沼・安積両郡以外の郡名が確定できず、やむなく幕府側の史料で確認することにして家老の田中清玄（三郎兵衛）が出府した。幕府では『和名類聚抄』『拾芥抄』『節用集』の三部で照合したところ、地元で伝承される稲川郡が見られず、さらに城下町名が黒川から若松へ変更した理由、猪苗代の属する郡名などが不明で、これらを「其所之古老其外好古之者」に尋ねるよう指示された。(11)このほか本村と新田の区別、分村の状況、これらに伴う村高の扱いで検討課題が次々と現れ、作業は「延引」になった。しかし幕府からの催促により、結局不分明の部分はそのままに郷帳を提出せざるを得なかった。郷帳提出は寛文四年（一六六四）五月二五日で、それに対する領地判物は六月三日に会津藩へ下された。

将軍から下される領地判物において、会津藩では正しい郡名・地名が記されなかった。このことが正之にとって『会津風土記』編纂への動機の一つだったと思われる。次の史料を見よう。

［史料２］(12)

一、同年八月九日、遣菅勝兵衛、巡領内、察民情、同日令佐藤勘十郎、省領内風土、

［史料３］(13)

寛文四年佐藤勘十郎ニ被仰付候者、自然従公儀国々之風土記被仰付儀も可有之、左候得者此度寺社改之序、其筋々へ様子申含、所々之品々尋候様被仰付、尤郡奉行木村忠右衛門、御旗与力向井新兵衛も其懸り被仰付候ニ付、則勘十郎儀、御領中致巡見、山川・道路・風俗・物産を始、戸口・牛馬之数迄委く相改、猶又同五

年郷村ゟ戸口・人馬・山川・物産等委細ニ土地帳為書出、段々致吟味候処、御領内四郡之名儀致紛乱相分兼候、

（中略）

此度何れも相正、四郡之経界四方之道法を始、郡之下ニ荘、荘之下ニ郷、郷之下ニ村、村之下ニ端郷と段々次序を追ひ、其外山川・原野ゟ物産、古跡等迄、封域・風俗・城・郡村・山川・道路・土産・神社・仏寺・墳墓・人物・古跡と凡而十二条、目を立明細ニ相記、

［史料4］(14)

御領内并御預所共ニ、神社之数・垂跡・本地・名神・婬祀・勧請・年歴之由来并仏寺之数・開基・年歴之由来・社人・社僧・住持・看主虚言不申様ニ具ニ相改候様、佐藤勘十郎ニ被仰付候間、勘十郎物主ニ相成、赤羽市右衛門、菅勝兵衛と致相談、町奉行鵜沼善助・木村忠右衛門、郡奉行井口弥五右衛門・吉村善兵衛・笹沼与左衛門・佐藤武兵衛等引加、明細ニ遂吟味候処、翌寛文五巳年四月中迄、銘々為差出真偽致取捨、都而縁起二十四冊之内、寺院十八冊、神社四冊、堂宇壱冊、新地寺院壱冊編集成就、

［史料2］は『会津風土記』編纂の開始を示す一節である。「同年」とは寛文四年で、菅勝兵衛が領内巡見に出発する同日の八月九日に、正之は佐藤勘十郎へ「領内風土」の調査を命じた。その詳細を語るのが［史料3］である。これによれば『会津風土記』編纂は寺社改めの「序」（ついで）として着手され、責任者である佐藤のほか、町奉行（のち郡奉行）の木村忠右衛門と御旗与力の向井新兵衛が掛に任ぜられた。［史料4］は縁起等の寺社改に関する『家世実紀』の記述で、佐藤が責任者となり、赤羽市右衛門と菅勝兵衛が補佐し、木村忠右衛門はじめ町奉行・郡奉行が調査にあたった。担当者でみれば、寺社改めと『会津風土記』編纂は密接な関係にあったことがわかる。

次に『会津風土記』の調査過程を確認しよう。［史料３］の通り、命を受けた佐藤は、おそらく木村・向井らに領内を巡見させて「山川・道路・風俗・物産を始、戸口・牛馬之数迄」を調査させた。翌寛文五年（一六六五）には、各組毎に「郷頭」から「万改帳」の徴集を開始した。[15]「万改帳」は「土地帳」とも呼ばれ、その内容は、組の構成村単位に、四境、戸口、田畑反別、作物、年貢、小物成、産物、樹木、社堂、寺、名人、河原、川、堰、堤、館、道、原野、葭野、沼、山、郡境などの項目が順に記される。管見の限り、最古は寛文五年四月「奥州会津河沼郡八田野村土地帳」、最新は寛文六年（一六六六）二月「会陽町街基惣町」なので、少なくとも調査は寛文五年春から翌六年春まで丸一年かかっている。このほか寛文六年七月「大沼郡六与万改帳」は、領界、道度、橋、土産、村名文字ノ違、村名文字、村数、鉛金銀山、堤、用水に関する大沼郡内六組分の書上であり、編集途上の成果と思われる。

「万改帳」の提出は、会津藩が「郷頭」の支配領域へ踏みこむことを意味した。耶麻郡小田付組の「郷頭」である三浦太祖右衛門は、享保二〇年（一七三五）に「万改帳」の写を作成したとき、「小田付組ニ不限、郡中郷頭本ニ而秘密として控置候条、写執為令知之、相続書置候」と記している。[16]このように「万改帳」が、「郷頭」の家で「秘密」と意識された事実は、藩と「郷頭」の間の緊張感を背景に「万改帳」が作成されたことを伝えていよう。この間、寛文五年（一六六五）四月には、寺社改めの成果である『寺社縁起』二四冊が完成、その内容は寺社の縁起・来歴・宝物類で、特に来歴の最後には当年まで何年を経たかの記載がある。

『会津風土記』の完成は寛文六年八月六日である。次の史料を見よう。

［史料５］[17]

一、六年丙午八月六日、会津風土記成矣、前此霊神惜皇代風土記之絶、遣佐藤勘十郎、遍巡領内、山川形勢、道里、関梁、土俗、物産、戸口、民数、一々疏上之、属山崎嘉右衛門潤色之、凡六年成矣、将以献幕府、推

之、総六十六州欲無国不在輿図之中、

このように『会津風土記』の文章は、寛文五年（一六五五）に正之が招聘した山崎闇斎が潤色を加え、さらに彼の序文が添えられた。江戸藩邸の正之の手元には、八月下旬までに『会津風土記』が届けられ、九月一一日には老中たちへ『会津風土記』の完成を報告し、さらに幕閣を一人ずつ江戸屋敷へ招いて『会津風土記』本文を読み聞かせるという行動に出た。おそらく『会津風土記』を将軍へ献上するためのデモンストレーションと考えられるが、結果としてこのときに将軍献上は果たされていない。

（3）将軍献上をめぐって

寛文六年九月二一日、会津藩は建立二〇年未満の寺院を破却して荒廃寺院の再興を禁止し、また塔寺八幡宮に鳥居を立てて本殿の阿弥陀仏を撤去するよう命じた。[18] この寺院整理・神仏分離の結果、寛文九年（一六六九）までに二一カ寺が廃寺になった。寛文七年（一六六七）五月には、若松城内の諏訪神社及び会津総鎮守である大沼郡高田村の伊佐須美神社で神仏分離が実施された。[19]

一方で、新たに再興された神社がある。現会津若松市蚕養町に鎮座する蚕養国神社（図3）は延喜式内社の「蚕養社」とされるが、寛文期には所在不明だった。この「蚕養社」に対して「所之者ニ相尋、社之旧地相知候ハ、為相続、先小分ニ祠鳥居等建置、神主之儀致吟味可申上旨」が寛文四年（一六六四）八月に町奉行へ命じられた。[20] 寛文四年八月とは寺社改めに先立つ『会津風土記』編纂の開始時期であり、町奉行とは『会津風土記』掛の木村忠右衛門である。調査の結果、若松城下に「字蚕養宮」の地が見つかり、慶長末年まで祠の存在したことがわかった。これが翌九月に報告され、藩では「蚕養社」の旧地と決定、翌五年七月から神社の再興に着手して、寛文七年（一六六七）七月に再建、寛文九年（一六六九）九月に遷宮をおこなった。このように「蚕養社」の調

図３　養蚕国神社(蚕養社)

査と発見は、『会津風土記』編纂の過程で進められたのである。

寛文一二年（一六七二）閏六月、会津藩は神社条目を制定した。第一条では神社の本社を相殿にして祭神が他郡と交わることを禁じるが、その郡分けは『会津風土記』によるよう規定する。第四条には「風土記を作るに付令出縁起之時より以来、社人・出家・山伏無故に司来之社者、一切に取りて可附他之社人旨」とあり、[史料４]の寺社縁起調査と『会津風土記』編纂の関係を述べている。

その後も会津藩では、新村・新田をはじめ『会津風土記』の増補作業を進め、さらに会津四郡以外の越後国蒲原郡、小川庄御蔵入地、陸奥国岩瀬郡、下野国塩谷郡に所在する領地について編纂をおこない、延宝二年（一六七四）八月までに『会津増風土記』『会津外風土記』を完成させた。(21)

そこで藩では、『会津風土記』『会津神社志』など正之が編纂させた五つの儒学関係書（会津五部書）の将軍献上へ向けた運動を始める。(22)延宝三年（一六七五）一〇月二九日に会津を出発した佐藤勘十郎は一一月二日に江戸へ到着、かねて『会津風土記』『会津神社志』の献上につき内意を得ていた老中稲葉正則へ接触した。佐藤は、五書すべてに林鵞峯・吉川惟足・山崎闇斎らの序文や跋文が付されることを強調して、一括で将軍への献上を願い出た。稲葉は林鵞峯の意見をも聴取して検討し、一一月九日に佐藤へ将軍献上を許可した。佐藤は『会津風土記』と『会津神社志』へ新たに林鵞峯の序文を付し、献上本の調製をおこなった後、一二月七日に大老酒井忠清へ願い出た。そして翌一二月八日、佐藤は江戸城内蘇鉄之間へ召し出され、檜木之間にて稲葉と奏者番酒井忠能の取次により会津五部書の将軍献上が実現した。その後、佐藤は幕閣への礼に廻り、すべてが終了したのは一二月二六日だった。
二カ月を費やして会津藩、特に佐藤勘十郎が『会津風土記』の将軍献上に奔走した理由は何か。次の史料を掲げる。

［史料6］[23]

会津風土記者　土津様御編集被仰付候五部之書第一にて、去年公儀へ御献上被遊候処、当正月廿一日友松勘十郎在勤中病気ニ而致退居罷在候節、取次之者を以、会津四郡郡分ケ風土記ニ被載候、寛文四年御判物御頂戴被遊候以後之御吟味ニ候得者、御判物と風土記之郡名相違候、然処風土記被成御献上候上者、郡名之書風土記ニ随候哉、御判物之通ニいたし可差置哉、風土記御献上後者風土記之郡名相用候儀道理ニ候、乍去御判物ニ相違候間、御老中様へ伺御内意、其上之儀ニ而可然哉、但被成無沙汰御判物ニ被随置候歟、如此候而者末代迄　土津様御本意不達候儀ニ候、此等之趣各了簡ニ不可過由、同職江談候ニ付、加判之者共達御耳、公儀江被仰達可然と僉議致決着、四郡之呼称吟味之証跡、向井新兵衛儀、其已前風土記御用相勤候を以、書付為差出候、

（中略）

惣而歴代之古書幷筆跡之趣、如此相見候得者、会津四郡之郡分有之候事明白ニ相知候旨、廉書ニ調差出候ニ付、井深茂右衛門儀、稲葉丹後守様へ数度致参上、公儀江御届方之儀、委曲相伺候処御差図有之、

（中略）

御判物者郷帳之通ニ御書出御座候故、郷帳と風土記之郡名相違之段為念申上候旨覚書に調、今日丹後守様へ差上候処、甲斐庄喜右衛門殿、大御目付高木伊勢守殿江被仰達之、

これによれば、病床の佐藤が家老衆へ訴えたのは、寛文印知の訂正と再発給を幕府へ申請することだった。前

述の通り、寛文印知に先立つ郷帳作成の際、会津藩では郡名や村名の異同が多く作成に時間がかかり、結局郡名などに不明な点を残したまま郷帳を提出して朱印状にもそれが反映した。その後『会津風土記』編纂によって郡名の不明点は解消したので、朱印状も『会津風土記』に準じて改訂されなければならない。そうでなければ「土津様御本意不達」と佐藤は述べるのである。

家老衆はその意を容れ、向井新兵衛に「四郡之呼称吟味之証跡」の書付を出させ、再び稲葉正則へ公儀への届け方につき指示を受けた。そして延宝四年（一六七六）一二月九日、会津藩は大目付へ「郷帳と風土記之郡名相違之段」を届けることができた。だが、このとき朱印状改訂という佐藤の願いはかなえられていない。阿部俊夫氏(24)が指摘する通り、朱印状の郡名記載が『会津風土記』にならって書き換えられるのは、貞享元年（一六八四）の徳川綱吉による貞享印知を待たなければならなかった。

(4)小　括

会津藩政における『会津風土記』編纂への契機は、大きく二つを指摘できた。一つは一連の寺社統制策である。寛文期会津藩の寺社政策は、保科正之が儒学に傾倒したことで寺院整理や神仏分離が強く進められたが、その際の基礎資料は『会津風土記』編纂と寺社縁起調査だった。蚕養社の再興も、『会津風土記』編纂の調査過程で若松城下の遺跡を発見したのがきっかけだった。

もう一つは、寛文印知における郡名・村名調査の徹底化である。寛文印知に先立つ郷帳作成では、『倭名抄』などに記載された郡名を現地に比定することが難しく、充分な調査を尽くさないままに朱印状が発給された。このことを正之が深刻に受け止めたことは、佐藤勘十郎の「土津様御本意不達」という言葉から察することができる。そして寛文印知の直後から『会津風土記』編纂は始まった。そして『会津風土記』に依拠した印知の改訂を迫るため、藩ではその将軍献上に奔走し、林鵞峯らの序文・跋文を積極的に付して、書物自体の権威を高めようとしたと考えられる。

そしてそれらの根底にある『会津風土記』編纂の意義は、他領から移封した保科氏会津藩が、領国内に根強く勢力を張る「郷頭」たちの勢力を排除して近世的地方支配を実現するための、まさに地域掌握の手段だった。その意味で、前章でとりあげた『南紀略志』『懐橘談』と『会津風土記』は、基本的には同じ性格を持っているといえよう。

第2節　寛文期の藩撰地誌と地誌編纂の思想

寛文期の会津藩では領内の実情を掌握するために地誌を編纂したが、これは当時の諸藩で必ずしも一般的な行動ではない。例えば、小田原藩では寛文一一年（一六七一）から翌年にかけて領内の村々から一斉に村明細帳を徴集したが、[25]ここには村の小さな堂庵と本尊に至るまで詳細に調査されている。領国支配に必要な情報はさしあたり村明細帳などで集約が可能ならば、そこから地誌へ結びつくには一段の飛躍、すなわち中国方志や古風土記の知識など地誌編纂の思想が付加されなければならない。『会津風土記』と同時期に編纂された藩撰地誌は他にも存在する。以下、編纂事情が判明している地誌を『会津風土記』と比較検討しながら、その思想的背景を検証していこう。

(一)広島藩『芸備国郡志』

『芸備国郡志』は、安芸国八郡と備後国六郡にわたる広島藩領の最古の地誌である。全編が漢文で記述され、寛文三年（一六六三）五月下旬の林鵞峯序文をもつが、本書の完成自体はそれをさかのぼる。編者は林羅山門人で広島藩儒者の黒川道祐であり、のちに職を辞して貞享元年（一六八四）『雍州府志』などの地誌を編纂した。『芸備国郡志』について、次の二つの史料を掲げる。(26)

［史料7］

班史有地理志、范書郡国志、其後歴代有州志、有郡志、其目載在経籍志、本朝之古郡国各有風土記、今則亡矣僅存出雲一国及豊後之断簡而已、方今浅野君領安芸一国及備後国内六郡、法眼黒川道祐筮仕有年、自洛屢来往芸備、而詳知其風土山川寺社旧蹤人物土貢、今茲従邦君之世子僑居東武、陪侍乃暇倣大明一統志標題、而編著安芸国備後六郡之事所見所聞之外参攷旧記、以附益之、不日而成編、就余求是正、余粗見其大概則殆如遊芸備之地、可以嘉焉、可以感焉、乃知使其邦君及世子一覧之、則於治民施政亦有小補乎、若夫使郡国遊歴之書生与祐同志、則六十余州之風土記亦不可謂難修乎、然則此編是祖生之鞭乎、聞祐也、還洛在近余頃官事裨益不遑細論、然草創既成、則修飾之精潤色之美有待于在洛閑暇之日、而可見于芸備重遊之時乎、寛文癸卯五月下澣向陽林子序、

［史料8］

凡　例

一、芸備国郡志二冊、芸国八郡為上巻、備後六郡為下巻、其條目不用本朝風土記之例、而倣大明一統志之標題者也、

一、諸條目以郡分之、為令有便考索也、

一、此書成後明年、源大君有命諸国之郡名復旧、然此書従於中世以来所伝之名、蓋便土人之暗誦之易也、

（後略）

［史料7］及び［史料8］は、『芸備国郡志』の序文及び凡例である。［史料7］は、鵞峯が広島藩領を訪れた

際に黒川から本書を見せられて書いたという。中国には『漢書』以来の地理志やその後の州志・郡志などがあり、日本にも古風土記があって出雲・豊後が僅かに存する。黒川は広島藩領の「風土山川寺社旧蹤人物土貢」に通じている。今回、藩主嫡子とともに江戸を訪れ、その暇に『大明一統志』にならって広島藩領に関する見聞や旧記をまとめ、「不日而成編」したという。この記述から、黒川は江戸で『大明一統志』を学び、それにならって江戸滞在中に『芸備国郡志』を編纂したと思われる。ならば、黒川に『大明一統志』を閲覧させたのは鵞峯自身だと考えられよう。[史料7]は続けて、「郡国遊歴之書生」が「六十余州之風土記」を修することも不可能ではなく、『芸備国郡志』がその先鞭であると述べる。

[史料8]は、『芸備国郡志』が「本朝風土記」の「条目」を用いず、『大明一統志』の「標題」にならったことを明記する。凡例に続く「所援用本朝書目録」「所援用中華書目録」をみると、黒川が参照した地誌類は『国名風土記』と『大明一統志』しかない。[27] おそらく黒川は、古風土記を閲覧することがかなわず、地誌編纂の参考書は『大明一統志』しか入手できなかったのだろう。なお『芸備国郡志』成立の翌年に朱印状改めがおこなわれて、「諸国之郡名」が「復旧」されたが、『芸備国郡志』では「土人之暗誦之易」のため「中世以来所伝之名」に従ったという。

（2）熊本藩『国郡一統志』

『国郡一統志』も熊本藩における最初の地誌で、『国中一統志』『肥後一統』とも呼ばれる。以下、松本雅明氏の研究に従って検討しよう。[28] 本書の編者は、細川氏熊本藩の儒医だった陽明学派の北嶋雪山（三立）である。寛文四年（一六六四）には藩主へ『大学』を講義したが、熊沢蕃山が幕府の忌避を受けた余波で、寛文九年（一六六九）一〇月に藩を致仕した。『国郡一統志』の成立年代は不明で、編纂は中絶した可能性がある。

『国郡一統志』の編纂調査について、松本氏によって紹介された次の史料を再検討する。

[史料9][29]

一、手紙を以申入候、然者先刻北嶋三立御国中寺社并旧跡之由来書記申度奉存候間、御国中廻り申候而、所々に而様子を承り申候為、御暇之儀申候処ニ、如望相調様にと被仰出候に付、御国中廻り被申候得共、分明に無之儀共御座候ニ付、各へ御尋申度由、最前達 御耳候儀、皆共取次申候ニ付、申入候、三立各へ可被参候間、様子被仰談可被遣候、已上、

十二月八日　　　　奉行所

小田原武兵衛殿

木造五右衛門殿

右之通申遣呉候へと、三立被罷出申候に付、相調、三立ニ相渡候事

これは、寛文七年(一六六七)一二月に奉行所が発した書状である。宛先の二名は郡奉行支配の役人と思われ、末尾の追書から、この書状を北嶋が持参したことがわかる。北嶋は「国中寺社并旧跡之由来書記」のため、藩主へ領内の聞き取り調査を願い上げて認められ、領内各所の調査を進めた。編纂の発端は北嶋の提案と思われるが、この段階では熊本藩の事業になっていたとみていいだろう。

北嶋は、編纂にあたり林鵞峯の指導を受けた。『国史館日録』[30]では、寛文五年(一六六五)二月一一日条に「北嶋三立来」と見えるのが最初で、寛文八年(一六六八)に鵞峯宅を訪れる記事が集中する。当時の北嶋は江戸にあって、編纂作業を進めていた。[31]『国史館日録』寛文八年八月七日条の記述によれば、[32]北嶋はこの時点で草稿を「六七巻」仕上げていた。鵞峯はこれを「郷談」＝地元の伝承に頼りすぎて誤りが多いと指摘し、北嶋を

「故事」＝歴史を知らない者と評価した。その後北嶋は同年末までに熊本へ戻り、藩を辞するまで執筆を続けたと思われる。後述する鵞峯の構想から想像するに、寛文五年段階で北島は鵞峯から地誌編纂の要を説かれたのではないか。

現在残された『国郡一統志』一五巻を見ると、「国郡一統名藍志」六巻、「国郡一統名社志」三巻、「国郡一統寺社総録」五巻、「国郡一統名蹟志」一巻で構成されている。全編が郡単位に漢文で記述され、序文等は付されない。また各書には豊後国飛地領分の項が立てられているが、調査が及ばなかったのか空白のままである。「名藍志」は寺院編、「名社志」は神社編、「寺社総録」は寺社の目録で、「名蹟志」はいくつかの温泉を除けば、すべて細川氏入部以前の古城趾と古城主及び家臣の書上である。また、「名蹟志」の最後には『和名抄』所載の郷名が列挙されている。未完と思われるため断定はできないが、『国郡一統志』もまた『会津風土記』と同様な編纂の背景をもっていたのではないだろうか。

(3)水戸藩「常陸国風土記」

近世前期水戸藩の地誌としては『古今類聚常陸国誌』が知られる。しかし瀬谷義彦氏が明らかにした通り、これは延宝五年（一六七七）書写の常陸国古風土記を引用して増補されたもので、それ以前に「常陸国風土記」と呼ばれた地誌が存在した。(33) この点につき、次の二つの史料を掲げる。

[史料10(34)]

野伝来、見科等図、且述水戸君之命曰、欲修常陸国風土記、如日本紀等実録則可使伝等考之、有得於小説雑書則請抄出之云云、少焉去、

[史料11(35)]

及晩、詣水戸邸、（中略）君示新書一冊、見之則常陸国風土記也、頃間、令生順輯之、其体倣大明一統志、唯不載仏寺、稍勘旧記、載故事旧跡、余褒其大概而示諭順也、

ともに『国史館日録』の一節である。前者によれば、寛文六年六月二日に「野伝」すなわち彰考館史臣の人見伝が鵞峯宅を訪れ、藩主徳川光圀が「常陸国風土記」編纂のため資料収集をおこなっている旨を伝えた。また後者によれば、寛文七年七月一四日に鵞峯が水戸藩屋敷を訪れた際、光圀は藩儒者の小宅生順に編纂させた「新書」の「常陸国風土記」を披露した。ここから「常陸国風土記」編纂は、寛文六年頃から彰考館で資料収集が始まり、小宅生順の執筆によって翌七年七月頃に完成したといえる。光圀は、「常陸国風土記」編纂にあたって『大明一統志』や『方輿勝覧』を参照させており[36]、『古今類聚常陸国誌』凡例も「書体大約倣大明一統志」とあるので、「常陸国風土記」は『大明一統志』の構成にならって漢文で書かれたと思われる。

『家世実紀』によれば、寛文六年八月一一日に光圀は江戸会津藩邸に保科正之を見舞い、山崎闇斎の『中庸』講釈を受講したという[37]。前述の『会津風土記』完成が同月六日だったことを考えれば、このときに正之が光圀へ完成直後の『会津風土記』を披露したことは十分考えられよう。あるいは「常陸国風土記」の名称、中国方志にならった記述形式などは、『会津風土記』を参考としたのかも知れない。なお［史料11］によれば、「常陸国風土記」には「仏寺」が立項されなかった。光圀は、寛文三年（一六六三）に領内寺社の実態調査である「開基帳」を作成し、同五年には寺社奉行を設置、翌六年四月「諸宗悲法式様子之覚」を出して寺院整理を始めるとともに、同月に一村一鎮守社の制を打ち出すなど、正之に似た厳しい寺社統制策を推し進めていた[38]。

(4)日本地誌編纂構想とその思想

以上、寛文期の藩撰地誌とその編纂過程を検証してきた。このほか、例えば平藩領の地誌『磐城風土記[39]』は、

寛文九年（一六六九）頃の成立といわれ、構成は『会津風土記』にならう。谷秦山によれば、保科正之正室の生家である平藩主の内藤左京亮義泰（義概）が、『会津風土記』を借り出して模作したという[40]。このように、寛文期における藩撰地誌編纂については今後一層の調査と検討が必要だろう。

ここで再び『会津風土記』に戻り、改めて他の藩撰地誌との比較を試みたい。そこで次の二つの史料を掲げる。

［史料12[41]］

唐虞之盛也、伯禹功成而九州定矣

本朝之開也、陰陽神合而八州生矣、彼九州区別為国郡県郷邑、此八州分析為五畿七道亦為六十六国、毎国有郡、郡有郷、郷有荘村、其方域雖異所以本立而末分者倭漢同揆也、

（中略）

方今闔国混一車同軌同文、則

教令編降則六十余州之風土可立而致焉、正四品左中将源君者貴介之顕族而武林之模楷也、封奥州会津郡城而兼管耶麻大沼河沼三郡、常惜風土記之絶、而喜遇一統之化、而試記会津管内之封城風俗城主郡村山川道路土産神社仏寺墳墓人物古蹟等為一巻、草藁既成申、命家臣巡見管内、詳問於郷耆質之旧証、択其正者刪其疑者、如其奇事怪行則姑任伝説不必除之、使見者自悟也、検之定之頃間浄書漸畢、一日招僕請作之序、僕顧其為書、則四郡之広縮於一策懸於雙眼也、蓋不労孟子之轍、有成子長之遊之趣不亦幸乎、竊聞滕国之仁政者、天下可取法横渠一郷之試、亦可施之天下、則此管内之風土記於五畿七道豈不倣依之乎、不準知之乎、君之盛慮雖不可輙測焉、僕之微志無敢隠焉云爾、寛文辛亥仲冬中旬、弘文院学士林恕謹序

［史料13[42]］

（前略）

六十六国名風土記、始于元明天皇成于醍醐天皇、夫王者在室中周知四方之地域、邦国之要害則頼乎図書之存焉、此周礼大司徒之所掌職方氏、致其詳隷於司馬、蓋秘而蔵之、所以防患也、漢滅秦、蕭何先収其図書、高祖具知天下阨塞、戸口多少則何之功也、漢之地図掌之司空、浸以泄露、当時准南諸王謀反、皆按地図部署兵所従入、王鳳所謂地形阨塞之書、不宜在諸侯王者正得周人之遠慮矣、唐人設兵部属四而職方居其一、則能戒後車者也、明人亦属職方於兵部而一統志之成、漢唐以下所未有也、然建邦之土地人民之数則未備焉、故丘濬議之、以請依周礼別為一籍、可謂知佐王安擾邦国之首務矣、我風土記大政官掌之、王室衰焉、官職廃焉、或放散而不収、或失亡而不補、今流落于人間者往往非其本書也、可歎而已矣、会津中将源正之、尋大八洲之起惜風土記之逸、私記会津之風土、令嘉潤色其文且為之序、以俟国家修成之挙云

寛文六年丙午八月六日　　　　山崎嘉謹序

ともに『会津風土記』序文の一節で、前者は寛文一一年（一六七一）一一月の林鵞峯執筆、後者は同六年八月の山崎闇斎執筆である。［史料12］で鵞峯は、中略部分で中国における「郡国黄図方輿括地府県等志記録」の存在を述べる。次に日本の古風土記に言及し、中国では「明朝之志」に至るまで地誌編纂が続いているが、日本では湮滅して再興されず僅かに断簡が残るのみと嘆く。そして天下統一の今日に、号令を発して「六十六州之風土」編纂を成り立たせるべきと論じ、保科正之が『会津風土記』を編纂した様子を紹介する。最後に『会津風土記』に依拠した「風土記」編纂が全国に波及することを希望している。この以前から鵞峯が全国地誌編纂の構想を抱いていたことは、前掲［史料7］の『芸備国郡志』序文に見た通りである。

これに対し、［史料13］で山崎闇斎は、まず前略部分で日本誕生の神話から各天皇の代における国郡の整備までを述べる。次に古風土記の編纂をとりあげて、中国皇帝が全国の地域・要害を図書によって掌握したことと比較し、『周礼』の大司徒職方氏の記述を紹介する。(43) さらに明代には一統志が成立し、これが『周礼』によること

を指摘した上で、日本では古風土記が亡失したと嘆く。最後に保科正之が「風土記之逸」を惜しんで『会津風土記』を私撰したことを述べる。

どちらも日中双方の地誌編纂史を比較し、中国では一統志が編纂されて繁栄した一方、日本では古風土記が湮滅してしまったと嘆くことがわかる。両者の目標は、『大明一統志』にならった日本の「風土記」の復興にあった。そこで［史料12］の冒頭部分に注目したい。ここで鵞峯は、日中双方の建国と地方制度を比較して類似性を指摘し、「倭漢同揆也」と述べる。おそらく鵞峯や闇斎は、幕藩体制を中国の州県制に対応して捉え、藩撰地誌の編纂を中国方志に読み替えることで、中国にならった地方統治秩序の構築を意図したのではないか。したがって「風土記」編纂は、本来は自らの伝統である古風土記の体裁に従うべきだったろう。しかし日本の古風土記は既に亡失してしまっていたため、明代の総志である『大明一統志』をテキストに選択せざるを得なかったと考えられる。

もっとも、全国にわたる地誌編纂の構想を抱いたのは鵞峯らだけではなかった。次の史料を参照しよう。

［史料14(44)］

先是正則謂余曰、本朝風土記今亦修得否、余曰、抝国法則出雲国風土記可以証焉、倣華制則大明一統志為例、正則曰、与編年録一時合修否、余曰、風土記比編年則易修、使国主郡守各点検其領地之山川土産等、則易於求旧記、然人物行実当時難知而已、頃日姫路拾遺亦及此事、与会津羽林談、羽林曰、今天下一統之盛事、何以加焉、拾遺語余曰、若有　台命則試修播州風土記、余曰、君難知編輯之趣、然下文字如何、拾遺微笑、

これは寛文四年八月頃の、幕閣と鵞峯の間の地誌編纂をめぐる会話の記録である。あるとき老中稲葉正則は、「本朝風土記」編纂について鵞峯へ尋ねた。鵞峯は出雲国風土記をもって編纂の証しとして、実際の体裁は『大明一統志』にならうよう答えた。また稲葉は、「編年録」＝『本朝通鑑』と「本朝風土記」は同時に編纂できるか

否かを尋ねた。鵞峯は、各地の「国主郡守」に領地を点検させれば「編年録」よりも編纂は容易であると答えた。またあるとき、保科正之は「今天下一統之盛事」に何を加えるかと問い、老中榊原忠次は「播州風土記」を編纂してみたいと答えたという。

興味深いのは、寛文印知における朱印状の発給が終了する寛文四年八月の時点で[45]、幕閣内で「本朝風土記」編纂が話題にのぼった事実である。『会津風土記』や『芸備国郡志』で問題とされたように、寛文印知は中世以来の郡名等を『和名類聚抄』等との比定や現地調査に基づいて古代へ復する作業をともなった。おそらく諸藩では、この作業を通じて自らの領国とその歴史に直面したと思われる。例えば、中世以来の所領を引き継ぐ相馬藩は、豊臣秀吉の領知朱印状写までさかのぼって郷帳を作成し、それを幕閣へ披露しなければならなかった[46]。移封された諸藩の場合、まず領国内の地名確認から始まったことは、会津藩の事例が示している。この段階で、諸藩でも、また幕府でも地理書が要求されたのは当然といえよう。そして、彼らへ「挹国法則出雲国風土記可以証焉、倣華制則大明一統志為例」と助言したのは鵞峯だった。

『会津風土記』序文は、林鵞峯による日本地誌編纂構想と、山崎闇斎による地誌編纂が『周礼』に基づくとの知識が統合した結果、近世日本で中国方志にならって古風土記の復興を目指すという思想の確立したことを物語っている。なお、地誌編纂の思想が、明清交代の直後に成立した点を考えるとき、我々は近世地誌の編纂が日本型華夷思想の形成と無関係でないことに改めて気付くのである[47]。

第3節 展 望

『会津風土記』で確立した地誌編纂の思想は、その後にどう受け継がれたか。次の史料を見よう。

[史料15[48]]

恭賜官暇帰休於上州前橋矣、一日令侍史剛曰、聞周官設掌建邦之六典、以佐王治邦国、且有土訓誦訓之職、掌道四方九州之事物、後世有地志者、乃其遺法、而復史官之所採也、昔　本朝亦有之、今也既泯矣、往歳中将源正之編会津風土記而成矣、開巻見之、則郡荘村閭、巨細畢挙、不遊于其所、而知方域山川古今事物也、如座見其境矣、予采邑、亦温故考新編輯焉、剛即越月成編、予補修、竊挟之蠹帷耳、

貞享元年甲子秋　　　　　　　　　　咸休子識

これは前橋藩主の酒井忠明（忠挙）による『前橋風土記』序文である。『前橋風土記』は、貞享元年（一六八四）九月に成立した前橋藩の地誌で、編者は藩儒者の古市剛である。前藩主の酒井忠清は天和元年（一六八一）に家督を忠明に譲るが、忠明は藩学の好古堂を建立するなど学問に熱心だった[49]。

［史料15］によれば、忠明はおそらく江戸滞在中に『会津風土記』を読み、居ながらにして領内の様子を知ることのできる地誌に関心を抱いた。前橋に帰ると早速、古市剛に藩領の地誌編纂を命じ、古市は一三五日間で編纂を完了したという。忠明は古市の草稿に補筆して、『前橋風土記』は完成した。本書の「凡例」には、「凡此編撰輯之序随大明一統志之例、且考豊後及出雲之風土記、以編焉」とあり、『大明一統志』の例にしたがいながら『出雲風土記』『豊後風土記』も参考にしたことがわかる。「倣例」では中国地理書の『水経』も参考としたと述べる。これらは『会津風土記』における地誌編纂の思想を積極的に取り入れた事例といえよう。

だがそれでも、『前橋風土記』が現れるまでの間、『会津風土記』にならって編纂された地誌は決して多くないと思われる。確かに、寛文期の幕閣において地誌編纂の構想が検討されることはあり、『磐城風土記』などにも影響を与えた。しかし、同じ幕閣が保科正之の屋敷へ招かれて『会津風土記』を読み聞かされても反響を生んだ形跡はない。領国地誌の編纂は、未だ儒学へ強い関心を示す一部の藩に限られていたといえよう。この後、地誌編纂の思想が全国に影響力を持ち始めるのは一八世紀のことになる。

(1) 高木利太「日本地誌編纂史概略」(同『家蔵日本地誌目録』、一九二七) のほか、塚本学「地域史研究の課題」(『岩波講座　日本歴史』別巻二、岩波書店、一九七六)、西垣晴次「自治体史編纂の現状と問題点」(『岩波講座日本通史』、岩波書店、一九九四)、杉本史子「地域の記録」(同『領域支配の展開と近世』、山川出版社、一九九九) のいずれも、近世地誌の記述の冒頭で『会津風土記』をとりあげている。

(2) 註(1)「日本地誌編纂史概略」のほか、平重道『近世日本思想史研究』(吉川弘文館、一九六九)、瀬谷義彦「解説」(『茨城県史料　近世地誌編』、一九六八)、拙稿「近世政治権力と地誌編纂」(『歴史学研究』七〇三、一九九七) など。

(3) 羽賀祥二『史蹟論』(名古屋大学出版会、一九九八)、三〇五～三〇六頁。

(4) 会津藩政の概況については、『会津若松市史』三 (一九六五)、『福島県史』第二巻 (一九七一) を参照。なお前者では、万治三年 (一六六〇) の「郷頭」に対する奢侈統制令を藩政転換の画期と評価している。

(5) 『続々群書類従』第三 (続群書類従完成会、一九七〇) 所収。

(6) 近藤啓吾『山崎闇斎の研究』(神道史学会、一九八六)。

(7) 註(4)に同じ。

(8) 『家世実紀』二 (歴史春秋社、一九七六)、一一〇頁。

(9) 藤井譲治「家綱政権論」(『講座日本近世史』四、有斐閣、一九八〇)。

(10) 註(8)『家世実紀』寛文四年五月二五日条。

(11) 同右。なお、註(24)阿部俊夫論文を参照。

(12) 註(5)『土津霊神言行録』巻之上「事実」。

(13) 註(8)『家世実紀』寛文六年八月六日条。

(14) 同右、寛文四年九月十四日条。

(15) 以下、「万改帳」については、庄司吉之助編『会津風土記・風俗帳』一 (吉川弘文館、一九七九) 所収の史料を参照。

(16) 同右、四〇二頁。

(17) 註(12)に同じ。なお、註(13)の省略部分には「最初被為思召立候以来、六年ニ而致成就候」との記述がある。ここから平重道氏(註2)は編纂着手を寛文元年(一六六一)とした。しかし「万改帳」徴集の時期などから、やはり編纂期間は実質約三年と考えられるので、本書では六年説を採らなかった。

(18) 水谷安昌「寛文期会津藩の宗教政策」(『駿台史学』六三、一九八五)を参照。

(19) 註(8)『家世実紀』寛文七年五月十二日条。

(20) 同右、寛文七年七月五日条。

(21) 同右、延宝二年八月条。

(22) 以下、同右、延宝三年一二月八日条を参照。

(23) 同右、延宝四年一二月九日条。

(24) 阿部俊夫「藩撰地誌『会津風土記』の編纂と会津四郡」(『福島県歴史資料館研究紀要』一八、一九九六)を参照。

(25) 木村礎『村を歩く』(雄山閣、一九九八)、一七四頁。

(26) 両者とも『続々群書類従』九(続群書類従完成会、一九六九)所収。

(27) 同右。

(28) 以下、『国郡一統志』については、肥後国史料叢書一『国郡一統志』(青潮社、一九七一)所収の松本雅明氏による「解題」を参照。

(29) 同右。

(30) 以下、『国史館日録』は、史料纂集本(続群書類従完成会、一九九七〜)を使用。

(31) 『国史館日録』によれば、北嶋は寛文八年六月七日に「以遠路」て林鵞峯宅を訪れている。もし寛文七年一二月の[史料9]が編纂の開始を示すと考えるなら、北嶋は約半年で廻村調査の大半を終えたことになる。この点、松本雅明氏は寛文五年から七年にかけて基礎調査が進んでいたと推測する。

(32) 註(30)『国史館日録』三、寛文八年八月七日条。

(33) 以下、寛文期水戸藩の地誌編纂については、註(2)瀬谷義彦氏の「解説」、木下英明「朱舜水と大日本史編纂について」(『茨城県立歴史館館報』二二、一九九五)を参照。

(34) 註(30)『国史館日録』一、寛文六年六月二日条。

(35) 同右二、寛文七年七月十四日条。
(36) 同右二、寛文七年七月十三日条。
(37) 註(8)『家世実紀』寛文六年八月十一日条。
(38)『水戸市史』中巻（一）（一九六八）を参照。
(39) ここでは『岩磐史料叢書』中巻（岩磐史料刊行会、一九一七）を参照。編者は、藩儒者の葛山為篤と推定されている。
(40)『秦山集』一三、「雑著　甲乙録」八（明治大学図書館所蔵）。この史料については、富澤達三氏の御協力を得た。なお、『秦山集』一〇で、秦山は保科正之に仕えた経験を語っている。
(41) 独立行政法人国立公文書館所蔵本（一七四一―三三）。なお、註(16)『会津風土記・風俗帳』一を参照した。
(42) 同右。
(43) 山崎闇斎の『周礼』引用をよく読むと、中国方志の起源とされる司徒誦訓を、地図の作成を司る地官司馬職方氏と混同している疑いがある。また、最初の「一統志」が明代と記したのも事実と異なる。闇斎が『大明一統志』を知っていたことは明白なものの、中国方志の知識がどれほどあったかは不明である。だが、これらは後々引用され続ける点に留意したい。
(44) 註(30)『国史館日録』一、寛文四年八月二一日条。
(45) 註(9)に同じ。
(46)『相馬藩世紀』一（続群書類従完成会、一九九九）、寛文三年四月一九日条。
(47) 桂島宣弘「『華夷』思想の解体と国学的『自己』の生成」（『江戸の思想』四、一九九六）を参照。
(48)『続々群書類従』八（続群書類従完成会、一九七〇）所収。なお、豊国義孝編『前橋風土記』（一九一三）も参照した。
(49)『前橋風土記』については、註(1)杉本史子「地域の記録」も言及する。

第3章　『五畿内志』編纂の歴史的意義

『五畿内志』は、伊藤仁斎門下の儒学者である並河誠所が、関祖衡の遺志を継いで享保一四年（一七二九）に編纂を始め、元文元年（一七三六）に板行が完了した畿内五カ国の地誌である。正式な名称は『日本輿地通志畿内部』と言い、『山城志』一〇巻六冊、『大和志』一六巻四冊、『河内志』一七巻三冊、『和泉志』五巻二冊、『摂津志』一三巻四冊の合計六一巻一九冊で構成された。編纂調査に際しては、江戸町奉行大岡忠相を通じて幕府の財政的支援を受けた。また『五畿内志』は一八世紀の日本で地誌編纂のモデルとされており、近世地誌編纂史の研究上欠かすことができない。本章では、吉宗政権期の各種編纂事業やその政治的背景に留意しながら、『五畿内志』編纂の過程を明らかにしてその歴史的意義に迫ることとする。

『五畿内志』に関する研究は、幸田成友氏が最初に手がけ(1)、室賀信夫氏の研究(2)で、編者である並河誠所と『五畿内志』をめぐる事実関係が紹介された。しかしその後は、晩年の並河の活動を紹介した高橋敏氏を除けば、その研究はほとんど等閑に付されていた(3)。近年、徳川吉宗政権期の研究が活発化しているが『五畿内志』編纂への言及はなく(4)、近年の近世地誌研究でも同様である(5)。最近、筆者(6)や井上智勝氏の研究(7)を得て、ようやく新たな研究が始まったといえよう。

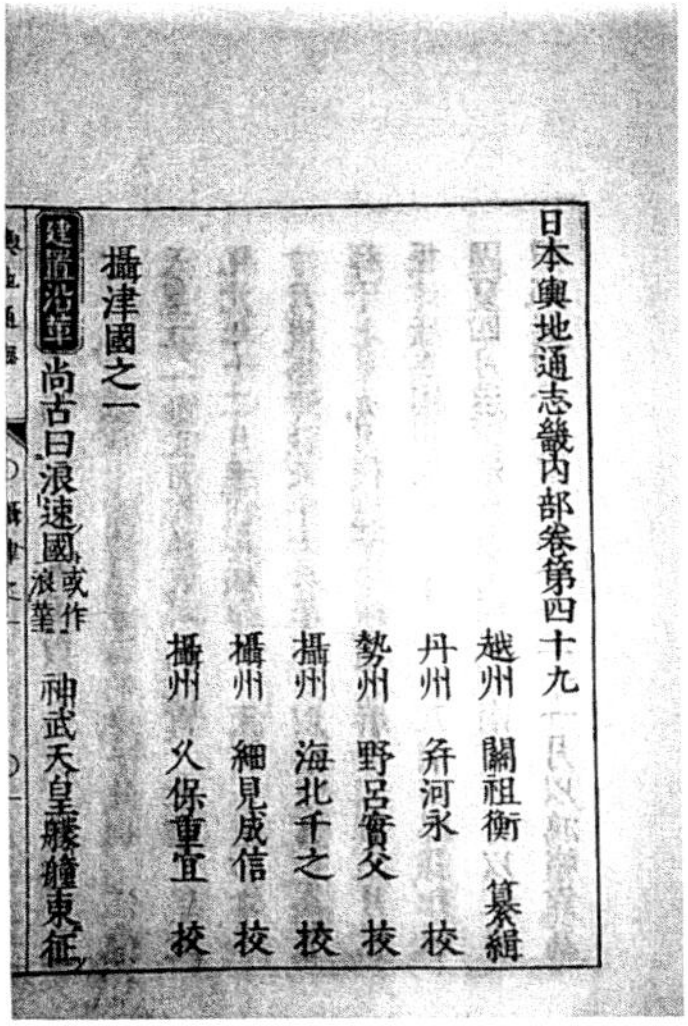

図4　『五畿内志』

編者の並河誠所（永・五一郎）を、ここで簡単に紹介しておこう。[8] 並河は、寛文八年（一六六八）京都生まれで、同じ儒学者の並河天民は実弟である。吉川惟足などに師事した後、元禄四年（一六九一）に伊藤仁斎の門人となり、宝永二年（一七〇五）に掛川藩の儒者、同五年（一七〇八）に川越藩の儒者となる。この頃から江戸に住み、享保元年（一七一六）頃に川越藩を辞した後も江戸に滞在した。同八年（一七二三）に、後述する幕府の古文献捜索に携わる。同一一年（一七二六）から翌年までは大坂懐徳堂で教鞭を執る。晩年は伊豆国三島で私塾「仰止館」を開き、第5章で触れる『豆州志稿』編者の秋山富南らを門人とした。元文三年（一七三八）に三島で没した。

第1節　享保期地誌編纂の諸前提

『五畿内志』編纂の歴史的意義を考えるためには、二つの問題を押さえる必要がある。第一は元禄～享保期、すなわち一八世紀初頭における地誌編纂の意味、第二は徳川吉宗政権における文化政策、とりわけ地誌の収集との関係である。

(一)地誌をめぐる思想と行動

一八世紀初頭の日本社会において、地誌編纂はどのように語られたのか。次の二つの史料を掲げる。

［史料1］(9)

当代ハ封建ノ制ヲ創テ既ニ百年ナリ、大小ノ諸侯各分国有リテ封彊ヲ守ル、此時ニ於テ、地理ノ正シキ書世ニ行ハレザル故ニ、諸侯以下ノ領主、隣国隣郷ト境ヲ争フコト往々ニ是レ有ルトキ、奉行所ニテ決シ難キコト多シ、異国ノ如クニ、勅撰ノ地志天下ニ流布スレバ、彊界分明ニシテ、下民モ常ニ是ヲ知ル故ニ、自然トシテ争訟モ起ラズ、若争ヒ起リテモ、官府ニテ判断シ易シ、是地志ハ天下ヲ治ル道具ニ非ズヤ、当代モ、天下ノ地図記録ハ本ヨリ有リ、近世ニ及デ、憲廟ノ時、又天下ノ国郡ニ詔シテ新図ヲ作ラシメラル、数年ヲ経テ成就セリ、是誠ニ治道ノ要務ヲ知シメシタル也、然レドモ其図モ記録モ官府ニ秘シテ世ニ行レザレバ、人ノ知ルベキ様ナシ、今ノ世ハ、天下文明ノ時ニテ、文章ニ達セル儒者モ前代ヨリ多ケレバ、此時ヲ幸トシテ、儒臣ニ命ジテ我国ノ一統志ヲ作ラシメ、海内ニ頒行ハレバ、実ニ一大ノ盛挙ニシテ、天下ノ人ノ重責ナルベシ

［史料2］(10)

六十六国風土記今亡矣、是神慮乎、地理之志詳尽国之禍也、若大明一統志、適為戎狄入兵之資、今於長崎禁日本之図、恐使外国知我境也、風土記今存、則其損益豈相半而已哉、恐徒自禍耳、

［史料1］は、享保一四年（一七二九）の太宰春台『経済録』巻四「地理」の一節である。太宰は、この引用箇所の前段で、中国の『山海経』や『周礼』職方氏の記述などを紹介して、「地理ヲ知ルハ、天下ヲ治ル本也」と地誌・地図の政治的必要性を強調する。特に『大明一統志』や各府志を編纂する中国は「地理ニ於テハ遺憾ナシ」だが、日本では古風土記の散逸以降「今ニ至ル迄地理ノ書トテ一部モ伝ハラザルハ、歎シキコトニ非ズヤ」と感嘆する。それに続く［史料1］では、江戸幕府の開府から一〇〇年経つが、正しい地理の書がないため村境・国境論争が往々にして起き、奉行所でも裁許が難しい、地誌が流布すれば裁許も易しいだろうと述べ、「地志ハ

天下ヲ治ル道具ニ非ズヤ」と主張する。そして元禄国絵図及び郷帳とその非公開に論及したのち、儒者に命じて日本の一統志を編纂・板行するよう提言する。

ここで確認すべきは、第2章でみた『会津風土記』における地誌編纂の思想が踏襲されている点である。そして、地誌の必要性が境論争の裁許との関係で主張され、しかも国絵図との対比で論じられたことに注目したい。杉本史子氏によれば、元禄国絵図では藩などの領分記載を省き、国郡境の論争地を決着させて作成した絵図上で国境を引き合わせており、これを「公儀」権力の編成原理である国郡を全国レベルで措定・把握するものと評価した[11]。太宰は、この政治的機能を地誌に期待し、かつ板行によるその普及を提唱したのである。

［史料2］は、谷秦山（重遠）『秦山集』一五「甲乙録」の一節である。秦山は、土佐国の神官家に生まれ、山崎闇斎に学んだ神道家・儒者で、享保三年（一七一八）に没した。ここで秦山は、古風土記が失われたのは「神慮」という。清朝が明朝を滅亡させる際に『大明一統志』を参考としたように、地誌は「国之禍」である。長崎で日本図の持ち出しを禁ずるのは、外国に日本地理を知らせないためであるから、いま風土記が存すればその損益は相半ばする、と秦山は地誌編纂の意義を否定する。重要なのは、ここで秦山が明清交代を踏まえて地誌編纂を批判する点である。元禄国絵図作成も、国際環境の激変による徳川綱吉政権の国家意識の表出と評価されていることを考えれば[12]、対外関係の変化が一八世紀初頭の地誌をめぐる議論の背景をなしたといえよう。

同じ時期、民間でも別のかたちで日本地理の再認識が始まっている。「流宣日本図」の名で知られる元禄四年（一六九一）「日本海山潮陸図」の作者石川流宣は、ほかにも貞享四年（一六八七）『本朝通鑑綱目』や、元禄二年（一六八九）『江戸通鑑綱目』などの地理書を出版して好評を得た。また、彼が挿絵を描いた磯貝捨若撰の元禄四年『日本鹿子』一五巻は、日本全土を網羅した最も早い民撰地理書の一つで、『本朝通鑑綱目』の内容を取り入れて国郡名、知行高、城主、陣屋、代官、主要寺社、名所旧跡、古城・古戦場などを収録する[13]。さらに菊本賀保撰の同一〇年（一六九七）『国華万葉記』は、『日本鹿子』と同様、各地の領主・代官、主要寺社、名所旧跡を記するほか、三都の問屋や諸職人の名鑑を付して当時の流通経済状況を反映させる。(14) このように一七世紀末以降の社会では、〝日本〟の枠組を意識した地理の再認識が社会的に広がったと考えられる。

この点、一七世紀末以降の畿内で、民撰地誌の編纂・刊行が始まったことは特筆すべきである。管見の限り、後述する元禄二年（一六八九）の原田蔵六撰『淡海志』のほか、同一一年（一六九八）の岡田志撰『和泉志』、同一四年（一七〇一）刊の同人撰『摂陽群談』、同一三年（一七〇〇）刊の石橋直之撰『泉州志』、正徳元年（一七一一）刊の坂内直頼撰『山州名跡志』などがあげられる。これらはすべて一国単位で編纂されており、国郡制に基づく地理認識が民間にも浸透したことがうかがえる。『泉州志』の場合、日根郡下出村の旧家出身である石橋は伊藤東涯と親交を結び、契沖の支援と松下林見の序文を得て本書を完成させた。(15) このように民撰地誌の成立には知識人たちとそのネットワークの存在があった。

その背景として、同じ時期に同じ知識人たちの間で古風土記の研究が始まったことに注目したい。秋山吉郎氏によれば、現代に伝来する古風土記は、松下林見・荷田春満・谷秦山・今井似閑たちが元禄期に所在を明らかにしたという。また坂内直頼編の貞享二年（一六八五）『本朝諸社一覧』や、今井似閑編の元禄一三年（一七〇〇）『万葉緯』など、古風土記逸文を駆使する研究書も出された。(16) 地理認識の社会的な広がりと軌を一にして、一部の知識人たちが古風土記の研究と地誌の編纂に着手する姿をここで確認しておこう。

興味深いのは、これらが収録する古風土記逸文に、偽書の類が多く存した点である。谷沢修氏は、古風土記逸文の初出及び引用例の年代比較作業を通じて、鎌倉末期から逸文の初出例が途絶えるにもかかわらず、近世に初出の逸文が突如増加することを指摘し、「近世偽作の『風土記』の出現」を考えた。(17) その例として谷沢氏があげるのは、後述する『日本惣国風土記』である。一八世紀初頭の作成とされるこの偽書を見破ったのは、一般には一九世紀前半の伴信友と中山信名の論争が知られるが、(18)関祖衡の正徳三年（一七一三）『弁日本惣国風土記』(19)が最初である。関は『日本惣国風土記』の疑問点を一二カ条にわたってあげたのち、本書を捏造された偽書と断定した。後述の通り、この関がのちに並河誠所へ地誌編纂を託した本人である。このことからも『五畿内志』編纂は、当時の日本地理に対する再認識を背景に抱えた事業と評価できよう。

(2)吉宗政権の古文献調査・収集

徳川吉宗が各種書物の収集に熱心だったことは、「さきに本邦の古書は。令を下されて求めさせ給ひ。また唐商等もたらし来る類も。まづ書目を御覧ありて。就中有用の書をえらばる」(20)という言葉が言い尽くしている。その全面展開というべき享保七年（一七二二）の古文献捜索について、次の史料を掲げる。

［史料3］(21)

覚

一、目録之書籍共御用候間、所持候ハヽ、可被差上候、自分所持無之候ハヽ、家来又ハ領知之寺社百姓町人等ニ至迄相尋、右之書於有之は、差上候様ニ可被致候、

一、新国史より風土記迄ハ、御蔵ニ全部無之候、

但、風土記ハ豊後、出雲御蔵ニ有之候、

一、本朝月令より類聚国史迄書付之通巻数ハ御蔵ニ有之候得共、端本ニて候、此闕本之分所持候ハヽ、可差上候、

一、右書物之儀ニ付承合候事も候ハヽ、林大学頭父子え可被相談候、

以上

この後に「目録」として、「新国史」や「風土記」のほか『本朝世紀』『弘仁式』『律』『令集解』『類聚国史』など一七種の書名が並び、さらに後で『式目追加』などが追加された。[22] 幕府はこれらの古文献について、家臣や領民にも捜索の手を伸ばすよう諸藩へ命じるとともに、荷田春満の弟子である羽倉在満らへ別途古書捜索を命じて畿内の寺社などを調査させた。

並河もその捜索者の一人で、[23] 吉宗近習の大島雲平（古心斎）から古文献捜索を内密に依頼され、享保八年（一七二三）正月から六月まで畿内各所を調査し、江戸へ戻って一〇月に「上書」を提出した。[24] このとき並河は、かつて学んだ古義堂の伊藤東涯の助力を得て各地の蔵書家を訪ねた。収集された書物は、同一七年（一七三二）一一月に紅葉山文庫で確認調査をおこなったのち、偽書及び重複本は廃棄するよう命じられた。その結果六〇部が保存され、四六部が廃棄決定を受けたが、廃棄本の圧倒的多数は『日本惣国風土記』だった。[25]

その後、吉宗は、青木昆陽（文蔵）に書物書写と古文書調査を命じた。[26] それは享保一〇年頃に始まった調査の延長と位置づけられる。その史料を次に掲げよう。

［史料4］[27]

駿州寺社領又は百姓ニても、今川家、北条家之証文等有之候ハヽ、写差出候様可被致候、信玄之判物証文は先年御尋有之、小幡上総介勤役之節差上候間、信玄之証文は不及差出候、

右駿府町奉行嶋角右衛門迄差出候様可申渡候、角右衛門手前ニて取集、越中守佐渡守え差越候様可被申談候、

これは、享保二一年（元文元年＝一七三六）四月に出された触である。これによれば、駿府町奉行の小幡孫市が、在任中の享保一一～一五年（一七二六～三〇）頃に武田信玄関係文書を調査した。そして今回は、今川家・北条家関係文書について写を作成し、駿府町奉行まで提出するよう命じている。その後、翌五月には、発給者に

限らず古証文を提出するよう訂正された(28)。

そして「大岡忠相日記(29)」によれば、元文五年(一七四〇)八月、青木は老中の松平乗邑から甲斐国・信濃国の古文書調査へ向かうよう命じられた。さらに寛保元年(一七四一)四月には武蔵国秩父郡・高麗郡、同年六月には前年に調査できなかった信濃国、さらに同二年(一七四二)四月には相模・伊豆・遠江・三河の各国及び武蔵国金沢文庫の調査を命じられた。青木が調査に及んだ地域は、いずれも今川・武田・後北条の各戦国大名の旧領地及び関係地域だった。この調査の成果は『諸州古文書』としてまとめられている。

調査に際しては、勘定奉行・寺社奉行連印の書付を与え、当地の代官へ調査の旨の触を発したほか(30)、当地の旗本へは江戸城へ招集して青木と対面の上、掛の寺社奉行大岡忠相から書付の写を直接与えた(31)。諸藩には、代官所から書付の写とともに触が送られたが、それをそのまま廻状として領内の村々へ伝達する場合もあった(32)。念のため、青木に与えられた書付を次に掲げよう。

[史料5(33)]

寺社奉行支配青木文蔵義、甲州・信州国中相廻、於所々書籍・書物其外旧記等可相尋候間、神社仏閣町在共書物等見申度旨申候ハヽ、無滞為致披見写取候儀并本書預リ候之儀文蔵申通可致対談候、且文蔵旅宿之儀在方町方寺社共是又無滞宿借可申候、勿論賃銭之儀者可致相対、為其如斯候以上

申八月

木 伊賀守
水 対馬守
神 若狭守
河 豊前守

山　因幡守
大　越前守
本　紀伊守
牧　越中守
甲州信州
御料私領寺社領
諸寺社
在町中

ところで幕府は、享保二〇年（一七三五）に各大名の勧進した東照宮の所在地及び神領の調査を命じたという。(34)

実は、青木が書物書写の仕事を命じられたのも享保二〇年だった。ここで次の史料を見よう。

［史料6］(35)

一、遠江殿罷申候ハ、先日御申候慶長太平記認様之義、惣体書物文談ニ而縦太閤何と被申候なと、有之様之所ハ書物之通先日御申候ニ無替儀候、其外作者之言葉も書物之内ニ有之候、是ハ縦内府公何と被仰候と可認候旨御申聞、扨又先日上候慶長太平記之内関ケ原御陣有之所之書物之内、権現様御若キ時ゟ御くせニ而御指をかませ給ふと有之文談之所白紙にて御張、ケ様之文談ハ除可申候、除候而も文談之続ニ不相障候、又文談之つゝきニ障候ハヽ、無用可仕候、不障所ケ様之類も有之候ハヽ、相除可申由御申聞、先月廿六日差出候太平記御返し請取、とかく是ハ文蔵江申付不残一通りしらへさせ可申由申上候

これは「大岡忠相日記」元文三年九月五日条の一節で、青木が『慶長太平記』の書写にあたり、家康が幼少より指をかむ癖の記述を削除するよう、加納久通から指示されたと述べる。青木は、古文書調査に出ない時期を書

物の捜索と書写に費やしたようで、捜索した書物は献上して吉宗の判断を仰ぎ、指示のあった書物を書写した。「大岡忠相日記」によれば、『関ケ原御陣絵図』『伊水温故』『服忌故実』『佐渡略記』などのほか、鑁阿寺文書などの古文書も逐次書写している。また、調査先で徳川家康文書が発見された場合、由緒の明確なものは別に収集する指示が出されており、[36] 調査目録には加えずに写を提出させて持ち帰った。[37]

寛保二年（一七四二）七月、吉宗はかつて綱吉が編纂させた『武徳大成記』を誤りが多いと排斥する一方、林家に対して大坂の陣に関する史料を収集・編纂させ、延享三年（一七四六）に『御撰大坂軍記』を完成させた。[38] このように、この時期の古文献捜索は単なる古典籍の収集にとどまらず、徳川家による幕府成立史関係史料の意図的な収集をおこなったと考えるべきだろう。古文献の捜索は、延享二年（一七四五）三月にも諸家及び寺社の所蔵する「日本之記録、日記類之書籍」調査の触が出され、[39] 少なくとも吉宗存命中は続けられたと思われる。

享保七年から開始される古文献の調査・収集は、吉宗政権の末期まで続く一貫した文化政策だった。享保二〇年以降はそれに加え、青木昆陽を中心に、徳川家による幕府成立史に関わる資料の調査・収集を広範囲に展開した。調査は青木が直接廻村したが、事前に勘定奉行・寺社奉行連印の書付を発給するとともに、その写を代官・旗本及び諸藩へ廻して周知した。その調査形式は、『五畿内志』編纂でも同様である。

(3)徳川吉宗と地誌への関心

徳川吉宗は、政治上の実用書として地誌を評価しており、彼が収集した書籍の中で中国方志が大きな部分を占めることはよく知られる。[40]「幕府書物方日記」から、吉宗政権期における日本地誌及び中国方志の利用記事を拾い出したものが表２である。

吉宗政権期における最初の地誌の出納は、享保二年（一七一七）六月末の古風土記である。同四年（一七一九）

には、加納久通が古風土記の利用と所在確認をおこない、その後同八年（一七二三）にかけて、加納や有馬氏倫が古風土記などを借り出している。また、同六年（一七二一）頃から中国方志の利用が始まり、同一三～一五年（一七二八～三〇）にかけて短期間の利用が集中的に見られるほか、同一九～元文二年（一七三四～三七）にも集中的な利用が確認できる。この間の日本地誌の出納は、元文元年（一七三六）に側衆の小笠原政登がやや長期に利用する程度で、あまり多くない。

一方、享保六年から中国方志の収集・輸入が始まり、同一〇～一三年（一七二五～二八）及び同一七～一九年（一七三二～三四）には大量の輸入があった。(41) これらの地誌、特に中国方志の収集や出納は、どのような理由によるのか、次の二つの史料を掲げる。

［史料7(42)］

右、御用之由、遠江守ゟ被仰下、致持参候処、御退出ニ付、兵部少輔殿江御直ニ差出之候、雲南通志・貴州通志ハ産物之所計差出候様、被仰下候故、右之冊計差出之候、

十月廿三日　　　　　　　　　　　　松村左兵衛

［史料8(43)］

一昨夕兵庫頭殿より被仰下候ハ、　　庶物類纂御用ニ付、御文庫ニ有之候府志・縣志・通志之類丹羽正伯方へ被遣候、委細ハ追而可被仰聞候、

［史料7］は「幕府書物方日記」享保一五年一〇月二三日条の一節で、加納久通が中国方志の「産物之所計」を集めていたことがわかる。この点、大庭脩氏は吉宗が「地方の産物に関心を持ったためであろう」と推測していた。(44) 実は、中国方志の収集・利用が始まる同じ頃から、丹羽正伯や植村政勝らによる日本各地の薬草見分が始まっていた。大石学氏によれば、薬草見分は享保五年（一七二〇）から宝暦三年（一七五三）まで継続しておこ

表2『幕府書物方日記』に見る吉宗政権期の日本地誌・中国方志出納状況

(無印：日本地誌／☆：中国方志／○付き：閏月)

年 月 日	事 項 ※( )は返却日、[ ]は『幕府書物方日記』巻-頁
享保2. 6／23	有馬氏倫、出雲風土記・豊後風土記御用(享保3．1／2返却)[2-175]
4. 5／9	加納久通、出雲風土記・豊後風土記御用(返却日不明)[2-310]
4. 5／22	加納久通、駿河風土記御用、無所蔵確認[2-312]
4. 5／23	駿河風土記、加納久通へ断申上[2-312]
4. 5／24	加納久通、後風土記所蔵有無御尋、出雲・豊後以外無御座、会津風土記計有之由返答[2-313]
6. 4／24	☆有馬氏倫、中国方志12部御用(11／1返却)[3-128]
6. 5／20	☆有馬氏倫、中国方志9部御用(返却日不明)[3-141]
6. 6／5	加納久通、出雲風土記・豊後風土記御用 (8／16返却)[3-148]
7. 3／9	☆加納久通、中国方志2部御用(8／19返却)[4-25]
7. 3／11	戸田政峯、山城名勝志御用(3／15返却)[4-27]
7. 4／4	林信充、諸国風土記拝借(4／5返却)[4-42]
7. 4／7	加納久通、山城名勝志御用(4／24返却)[4-49]
7. 4／14	☆加納久通、太平府志御用(6／21返却)[4-57]
7. 4／16	有馬氏倫、林家拝借分諸国風土記御用(日本惣国風土記御用ニ不達 4／20返却)[4-59]
7. 4／19	有馬氏倫、薦河風土記御用(4／23返却)[4-62]
7. 4／20	有馬氏倫、駿河風土記御用(4／26返却)[4-62]
7. 9／16	☆戸田政峯、東国輿地勝覧・中国方志16品御用(10／28返却)[4-149]
7. 9／25	☆加納久通、中国方志5部各1冊御用(12／29返却)[4-158]
8. 5／3	有馬氏倫、諸国風土記御用(5／11返却)[4-251]
8. 5／11	有馬氏倫、諸国風土記御用(5／15返却)[4-258]
8. 5／18	☆加納久通、中国方志1部御用(5／23返却)[4-266]
8. 5／20	有馬氏倫、諸国風土記御用(5／22返却)[4-266]
8. 8／1	土岐朝直、出雲風土記・豊後風土記御用(11／28、8/5返却)[4-318]
9. 3／19	☆加納久通、中国方志3部他御用(3／26返却)[5-23]
10. 12／16	☆有馬氏倫、大明一統志御用(享保11．2／18返却)[5-284]
11. 3／20	☆加納久通、山海経御用(同日返却)[6-36]
11. 10／8	下田師古、豊後風土記拝借(10／10返却)[6-155]
12. 7／4	☆土屋秀直、中国方志1部御用(7／8返却)[6-313]
12. 10／13	有馬氏倫、後風土記御尋、無所蔵返答[6-375]
13. 2／10	下田師古、丹後風土記・但馬風土記拝借(2／17返却)[7-14]
13. 5／29	☆加納久通、中国方志3部御用(6／9、8／9返却)[7-58]
13. 6／14	☆安藤愛定、中国方志7部御用(6／17返却)[7-67]
13. 6／15	☆安藤愛定、中国方志10部御用(6／17返却)[7-70]
13. 6／17	☆安藤愛定・土屋秀直、中国方志20部御用(6／19返却)[7-73]
13. 6／19	☆安藤愛定、中国方志20部御用(6／21返却)[7-78]

13. 6／21	☆戸田政峯、中国方志20部御用(6／25返却)[7-84]
13. 6／25	☆安藤愛定、中国方志20部御用(6／29・7／12返却)[7-89]
13. 6／29	☆土屋秀直、中国方志20部御用(7／2返却)[7-95]
13. 7／2	☆安藤愛定、中国方志20部御用(7／4返却)[7-101]
13. 7／4	☆戸田政峯、中国方志19部御用(7／16返却)[7-105]
13. 7／8	☆安藤愛定、中国方志20部御用(7／16返却)[7-111]
13. 7／16	☆戸田政峯、中国方志20部御用(8／1返却)[7-117]
13. 8／1	☆土屋秀直、中国方志20部御用(8／13返却)[7-127]
13. 8／10	☆加納久通、中国方志1部御用(9／29返却)[7-140]
13. 8／12	残存風土記・未提出中国方志目録、岡村直純へ提出[7-141]
13. 8／13	☆土屋秀直、中国方志12部御用(8／24返却)[7-144]
15. 4／6	☆戸田政峯、大明一統志御用(5／8返却)[8-195]
15. 4／7	☆有馬氏倫、中国方志4部御用(6／6，6/14返却)[8-195]
15. 9／17	☆戸田政峯、中国方志2部御用(10／6返却)[8-272]
15. 9／18	☆安藤愛定、中国方志4部御用(10／6返却)[8-274]
15. 9／21	安藤愛定、豊後風土記御用(享保16．3／6返却)[8-275]
15. 10／23	☆加納久通、中国方志5部御用(11／18,11/28返却)[8-285]
16. 6／26	安藤愛定、常陸国誌御用(9／1返却)[9-44]
18. 3／21	☆有馬氏倫、中国方志1部御用(4／29返却)[10-20]
18. 5／23	戸田政峯、山城名勝志御用(7／3返却)[10-46]
18. 8／12	☆戸田政峯、中国方志1部御用(9／18、10／29返却)[10-98]
18. 8／14	☆戸田政峯、中国方志1部御用(10／29返却)[10-99]
18. 11／12	巨勢至信、山城名勝志御用(返却日不明)[10-126]
19. 3／9	巨勢至信、出雲・豊後・肥前・常陸風土記、会津風土記御用(6／29返却)[10-151]
19. 6／5	☆有馬氏倫、中国方志3部御用(6／17返却)[10-170]
19. 6／24	☆戸田政峯、中国方志3部御用(7／3返却)[10-179]
19. 7／3	☆巨勢至信、中国方志3部御用(7／20返却)[10-188]
19. 7／19	☆戸田政峯・巨勢至信、中国方志8部御用(8／23返却)[10-194]
19. 8／21	☆巨勢至信、中国方志5部御用(9／29返却)[10-212]
19. 9／24	☆戸田政峯、中国方志13部御用(10／9返却)[10-222]
19. 10／5	☆巨勢至信、中国方志10部御用(10／25返却)[10-229]
19. 10／20	☆加納久通、中国方志11部御用(10／28返却)[10-233]
19. 10／26	☆渋谷良信、中国方志13部御用(11／24返却)[10-236]
19. 11／12	安藤愛定、山城名勝志御用(11／30返却)[10-252]
19. 11／17	☆巨勢至信、中国方志34部御用(12／6返却)[10-244]
19. 12／1	☆戸田政峯、中国方志32部御用(12／29返却)[10-253]
20. 1／15	☆巨勢至信、中国方志36部御用(2／15返却)[11-10]
20. 2／13	☆戸田政峯、中国方志40部御用(3／3返却)[11-33]
20. 2／29	☆戸田政峯、中国方志37部御用(3／29返却)[11-47]

20．３／20	☆戸田政峯、中国方志42部御用(③／12返却)[11-65]
20．③／７	渋谷良信、山城名勝志御用(③／9返却)[11-78]
20．③／10	☆渋谷良信、中国方志32部御用(４／３返却)[11-79]
20．４／１	☆戸田政峯・巨勢至信、中国方志52部御用(５／３返却)[11-103]
20．４／29	☆加納久通、大明一統志御用(６／２返却)[11-135]
20．５／１	☆加納久通、目録未収載分中国方志等26部御用(５／27返却)[11-136]
20．５／23	☆渋谷良信、目録未収載分中国方志31部御用(６／22返却)[11-156]
20．８／25	☆戸田政峯、大明一統志御用(11／６返却)[11-238]
20．９／３	☆戸田政峯、中国方志１部御用(９／７返却)[11-242]
元文元．５／11	☆小笠原政登、大明一統志御用(６／５返却)[12-86]
元．７／27	小笠原政登、五畿内志下渡[12-153]
２．２／９	小笠原政登、出雲・豊後・肥前・常陸風土記、山城名勝志、会津風土記、大和名所記、鎌倉志、常陸国志御用(４／３返却)[13-21]
２．５／27	☆巨勢至信、大明一統志御用(返却日不明)[13-81]
２．６／２	☆小笠原政登、中国方志５部御用(６／３、６／21返却)[13-84]
２．６／３	☆渋谷良信、中国方志12部御用(６／21返却)[13-85]
２．６／８	☆小笠原政登、中国方志１部御用(６／21返却)[13-90]
２．６／９	☆小笠原政登、中国方志63部御用(６／21、７／13返却)[13-91]
２．６／11	☆小笠原政登、中国方志62部御用(６／21返却)[13-97]
２．６／13	☆小笠原政登、中国方志42部御用(６／21返却)[13-104]
２．６／17	☆戸田政峯、中国方志物産部50冊御用(6／21返却)[13-114]
２．６／22	☆戸田政峯、中国方志物産部47冊御用(6／23返却)[13-126]
２．６／23	☆渋谷良信、中国方志物産部53冊御用(6／30返却)[13-131]
２．６／25	☆巨勢至信、中国方志物産部51冊御用(６／30、７／13返却)[13-135]
２．６／26	渋谷良信・深見有隣、中国方志在庫書上提出仰付[13-140]
２．８／15	☆巨勢至信、中国方志１部御用(９／３返却)[13-185]
２．11／14	☆小笠原政登、水経、山海経御用(12／２返却)[13-250]
３．３／20	☆戸田政峯・渋谷良信、中国方志1部御用(５／25返却)[14-42]
３．８／19	☆深見有隣、中国方志１部御用(同日返却)[14-171]
３．10／20	成島道筑、五畿内志、山城名勝志御用(用済二付同日返却)[14-207]
５．２／９	☆渋谷良信、大明一統志御用(３／６返却)[16-18]
５．２／14	☆小笠原政登、大明一統志、東国輿地勝覧御用(３／６返却)[16-22]
５．⑦／15	小堀政方、木津屋本風土記30冊の内26冊、御蔵取払本風土記43冊御用、深見有隣校考(風土記30冊⑦／17返却)[16-118]
５．８／25	小笠原政登・大島以興、五畿内志御用(８／26返却)[16-140]
寛保元．11／18	巨勢至信、五畿内志御用(寛保２．５／２返却)[16-361]
２．６／13	巨勢至信、常陸国誌御用(12／11返却)[17-56]
２．６／22	☆小笠原政登、中国方志７部御用(７／６返却)[17-62]
２．６／30	☆松平忠根、中国方志１部御用(返却日不明)[17-69]

2．8／25	渋谷良信、山城名勝志御用(12／26返却)[17-106]
2．11／2	☆戸田政峯、中国方志12部御用(12／3返却)[17-135]
2．11／3	☆巨勢至信、中国方志3部御用(12／3返却)[17-137]
延享元．2／4	☆巨勢至信・松平忠根、中国方志1部御用(2／20返却)[18-14]
元．10／4	☆渋谷良信・巨勢至信、中国方志22部御用(12／18返却)[18-119]

注：『幕府書物方日記』テキストは大日本近世史料（東京大学出版会）による

なわれ、当初は全国の山間地域を中心に展開したが、享保一六年（一七三一）頃からは関東に集中してくるという。(45)

［史料8］は同じく「幕府書物方日記」享保一九年六月五日条の一節で、有馬氏倫が『庶物類纂』編纂のため中国方志を丹羽正伯へ提供したことがわかる。この直前の同年三月には、やはり『庶物類纂』編纂のため「諸国之産物俗名并其形」の調査実施に関する触が出され、(46)のちに「諸国産物帳」が作成された。『庶物類纂』とは、もともと稲生若水が元禄一〇年（一六九七）に編纂を始めた中国本草全集というべき書で、享保五年（一七一五）若水の病没により前編三六二巻で中絶していた。吉宗は享保一四年（一七二九）にこの編纂を再開させて、薬草見分に携わっていた丹羽や野呂元丈らに増補作業を命じ、元文三年（一七三八）後編六三八巻を完成させた。本書では中国方志所載の植物に和名を比定する作業がおこなわれたから、薬草見分と不可分の事業といってよいだろう。

吉宗政権期における日中地誌の利用には、薬草見分を軸とする全国産物調査のための資料収集という性格を指摘できる。この点からすれば、表2の冒頭に見える古風土記の利用は薬草・産物調査の着手段階と考えてよいだろう。おそらく調査の参考となる地誌が日本に存在しないことを知った吉宗は、直ちに現地調査へ着手するとともに、中国方志へ参考書を求め、その事典になる『庶物類纂』の編纂を再開させたと考えられる。やがてそこへ『五畿内志』編纂計画が上呈されてくる。

第2節　『五畿内志』の編纂過程

(一)調査開始まで

『五畿内志』編纂のきっかけは、並河自身が『五畿内志』序文で語っている。すなわち、地誌編纂を志した関祖衡が、遺言でその稿本を並河に託したため、その遺志を継いで完成させたというものである。(47)関は、並河と同じ伊藤仁斎の門人だが、その履歴は生没年を含めて不明で、元禄～正徳期に地理書を上梓したことが知られる程度である。(48)並河は、この関と正徳六年（享保元年＝一七一六）四月に上州伊香保温泉へ赴くなど、(49)親交を持っていた。また、並河が享保八年（一七二三）に畿内で古文献捜索をおこなったときは、近江国大津の原田蔵六（又兵衛）を訪れて『淡海志』二〇巻を調査したほか、「河内志村寺社脱漏之事」も調べている。(50)室賀信夫氏は、このとき並河が「地誌志」の校訂を進めていたと指摘する。(51)「河内志」は『五畿内志』の発端である関祖衡の遺稿と思われる。(52)

『五畿内志』編纂に関する史料の初見は、享保一四年（一七二九）三月である。それを次に掲げよう。

［史料9］(53)

覚

木挽町紀伊国橋向川岸
野呂玄丈方ニ罷在候浪人
並河五一郎

右此間被仰聞候五畿内志仕立候付、五畿内相廻り候節、先々ニ而之致方相尋申候処、別紙書付之通被仰付被下置候得は、不滞全部出来可仕旨ニ而、書付差出申候間、奉入御覧候、右五畿内志、只今迄草案認候帳面拾弐冊、是又差出申候間、奉入御覧候、以上、

三月

大岡越前守

右書付、五市郎差出候書面、草案十二冊弁書付相添、酉三月十四日、水野和泉守殿江上ル、

［史料10］(54)

覚

一、五畿内志仕立申候付而相廻候節、相対ニ而無滞宿借シ候様ニ仕度事、

一、村により水帳見申度儀御座候事、

一、承合候事有之節、名主、年寄之内、其所ニて様子能存知候者、出合候様ニ仕度事、

一、寺社ニ而有来候旧記、書キ物等、好ミ次第為相見候様ニ仕度事、

一、名所、古跡、土産物、其所々ニ而為申聞候様ニ仕度事、

一、壱国宛之絵図、御領所御役所ニ有之候様ニ承及候、弥左様ニ御座候ハヽ、其国と相廻り候節致拝借候様ニ仕度事、

一、畿内ニ而壱ヶ所天度《(ママ)》伺度儀出来候ハヽ、重而願可申上候、

一、壱ケ国相済候度々、於上方御米弐拾俵宛被下置候之様ニ奉願候、右は其所々ニ而手伝之者江配分仕度奉存候事、

右之通被　仰付被下候は、相弁可申候半と奉存候、以上、

三月

並河五市郎

［史料9］は、享保一四年三月一四日に老中水野忠之へ提出された大岡忠相の上申書で、［史料10］はそれに添えられた並河の願書である。史料中に「右此間被仰聞候五畿内志仕立」とあり、この時点で幕府は並河へ『五畿内志』編纂を命じていたと思われる。このとき並河は『五畿内志』草稿一二冊を提出し、廻村調査実施の願いと調

査に関する要望を出した。要望の内容は、調査における宿泊費の貸与、検地帳の閲覧、村役人に対する聞き取り調査、寺社所蔵の旧記・書物調査、名所旧跡の調査、国絵図の貸与、調査協力者への給米などである。これに対し老中は、四月二二日に絵図がなくとも地誌編纂が可能な旨を並河へ確認し、翌二三日に国絵図の貸与のみを却下した。

興味深いのは、このとき並河が野呂元丈宅で寓居していることである。並河が幕府の下で『五畿内志』編纂の準備を進めていた時点に野呂の関与が認められることは、幕府内における『五畿内志』編纂と薬草調査の関係を窺わせる点で注目に値しよう。

(2)廻村調査の行程

並河の廻村調査について、管見の限りの史料は表3の通りである。それによれば、調査の許可は四月二〇日に出された。その史料を次に掲げる。

[史料11][55]

浪人並河五市郎与申者五畿内志書物編集候付、五畿内相廻り、於所々旧記可相尋候間、所之者具可申聞候、神社仏閣等ニ而茂書物等見申度由申候ハヽ、無滞為致披見可申候、五市郎旅宿之儀、在方町方寺社共ニ是又無滞宿借可申候、勿論賃銭之儀者可致相対候、為其如此候、以上、

酉

四月　　稲下野

久大和

寛播磨

駒肥後
小信濃
土丹後
井河内
黒豊前
五畿内御料私領
在町中

これは並河へ発せられた文書だが、［史料5］と全く同じ形式をもっていることに注目したい。並河も青木昆陽も、吉宗政権期において所領を越えた調査を実施する者は、勘定奉行及び寺社奉行の連印による書付を携えて行動するとともに、この文書の写が各領主・各役所へ周知されたのである。［史料11］の場合も、その写が京都町奉行へ送られている。次の史料を見よう。

［史料12(56)］

浪人並河五市郎と申者五畿内志編集に付、五畿内相廻り於所々旧記等可相尋候間、所之者具に可申聞候、神社仏閣等に而も書物等見申度旨申候はば、無滞為致披見可申候、五市郎旅宿之儀、在方町方寺社共に是又無滞可致相対旨、寺社奉行勘定奉行印形之証文右五市郎持廻り候付、為心得申越候、
右之趣、伏見奉行奈良奉行へも可被相達候、且又五市郎へ相渡候証文写差越候間、可被得其意候、以上、

四月廿二日　　水　和泉守

本多筑後守殿
長田越中守殿

表3 『五畿内志』廻村調査事項年表

年　代	事　項・出　典
享保14. 4／20	並河の廻村調査に関する触が出される(『撰要類集』3)
14. 4／28	廻村調査の触につき、大坂三郷の町方へ触が出される(『大阪市史』3)
14. 4／	廻村調査の触につき、大坂町奉行所の触が摂津国川辺郡久代村へ届く(『川西市史』5)
14. 5／2	廻村調査の触につき、摂津国井居太神社へ触が届き、池田村へ廻す(『池田市史』史料編1)
14. 5／9	廻村調査の触につき、摂津国西成郡へ代官玉虫左兵衛から郡触が出される(十八条村藻井家文書――注)
14. 5／14	廻村調査の触につき、大坂町奉行所の触が摂津国井居太神社へ届く(『池田市史』史料編1)
14. 5／	廻村調査の触につき、山城国へ郡触が出される(『京都町触集成』2)
14. 5／	廻村調査の触につき、河内国古市郡へ郡触が出される(『羽曳野市史』5)
14. 7／13	並河が、河内国古市郡誉田村・古市村ほかの調査をおこない、片山村へ向かう(『羽曳野市史』5)
14. ―	廻村調査の触につき、和泉国泉郡南王子村へ廻状が届き、触留所から京都への返納路銀を渡す(『奥田家文書』10)
15. 4／5	並河が、摂津国川辺郡久代村の調査をおこない、池田村に宿泊の並河へ提出する(『川西市史』5)
15. 4／6	並河が、井居太神社の調査をおこない、その日の内に山中へ帰る(『池田市史』史料編1)
15. 4／14	摂津国川辺郡久代村が、並河へ村の道幅について書上を提出する(『川西市史』5)
15. 5／1	並河が、調査のため摂津国西須磨村に宿泊する、翌2日は二ツ茶屋村へ向かう(『新修神戸市史』歴史編3)
15. 5／5	摂津国菟原郡御影村が、並河へ書上を提出する(『新修神戸市史』歴史編3)
16. 1／19	並河が、大和国調査へ向かう途中に河内国古市郡古市村を訪れる(『羽曳野市史』5)

注：村田路人「代官郡触と幕府の畿内近国広域支配」(『待兼山論叢』31・史学篇、1997)

右之趣、大坂町奉行堺奉行へも相達候、以上、

[史料13][57]

浪人并河五市郎与申者、五畿内志書物編集候付、五畿内相廻り於所々旧記等可相尋候間、所々者具に可申聞候、神社仏閣等にても書物等見申度旨申候ハヽ、無滞為致披見可申候、五市郎旅宿之儀、在方町方寺社共ニ是又無滞宿借可致候、勿論賃銭之儀者可致相対旨、寺社奉行御勘定奉行印形之証文、右五市郎持廻り候条、差支無之様可相心得候事、

一、御料并私領、城下之寺社町方共、其向寄ニ相廻シ不洩様可致事、

右之通山城国中郡切ニ相触候得共、洛中洛外町続郡入込有之候間、猶又不洩様洛中洛外江可相触者也、

酉五月

前者は、[史料11]の内容について老中水野忠之が京都町奉行へ伝えた文書である。ここから、伏見奉行・奈良奉行へは京都町奉行が達すべきこと、大坂町奉行と堺町奉行へは別途老中から達したことがわかる。こうして畿内の各奉行所から出された触の一つが後者である。これは山城国に出された郡触だが、表3では摂津国と河内国で同様の郡触が確認できるほか、同年中に和泉国でも触の廻達が確認できるので、おそらく享保一四年(一七二九)四月から五月にかけて、畿内一斉に郡触が廻ったと思われる。実際の調査は同年七月に始まり、同年一〇月に幕府は調査費用として一カ国廻村につき米二〇俵の下付を決定した[58]。

並河の廻村調査の様子について、二つの事例から確認しよう。

[史料14][59]

乍恐以書付御断申上候

一、并川五市郎様上下五人、昨晩国府村ニ御一宿、今日誉田村八幡寺中不動院へ御越、誉田村・古市村庄屋水

帳持参候様ニ御申被遊候故、則水帳持参仕候得者、水帳御覧之上字とも御尋被成、其上陵之儀御尋被成候、是ハ入組本多豊前守様領内ニ而御座候、氏神之儀御尋被成候、古市村者牛頭天王、白鳥大明神、婆利妻女右舎殿ニ而御座候由申上候、其外ニ古跡在之候哉と御尋被成候得共無御座候由申上候御儀ニ候、誉田村近在村〻御呼、水帳御披見被遊候而今晩片山村ニ御泊り、明日片山辺御仕廻、夫ゟ石川郡へ御移被成候由承候故、以書付申上候、以上、

享保十四年酉七月十三日

古市村
森田三郎右衛門(印)

御役所様

これは、河内国古市郡古市村の庄屋が領主へ提出した、並河による廻村調査の報告である。並河の一行は全五名で、享保一四年七月一二日に志紀郡国府村へ宿泊したのち、翌一三日に古市郡誉田村へ到着、近隣の村々へ検地帳を持参するよう命じた。集まった村々から、並河は検地帳の字名・古墳・氏神・古跡などの聞き取り調査をおこなった。この後並河は片山村で宿泊し、翌一三日は片山村周辺を調査して石川郡へ向かったという。ここから、並河の一行が河内国内を郡域にこだわらず調査していき、各地で近隣の村々を呼び集めて聞き取り調査をおこなったことがわかる。

[史料15[60]]

安部多宮様御知行所摂州川辺郡
久代村

一、高五百八石九斗壱升三合

一、新開高百二十四石五斗七升三合

弐口〆

一、氏神春日大明神境内東西九拾間 南北六拾間

本社五尺四面　向拝付　拝殿弐間ニ五間

右之通相違無御座候、以上

享保十五年庚戌年四月五日　　　　　　　　久代村庄屋 伝兵衛

并川五一郎様

如此書付相認池田旅泊迄持参スル、其上文禄慶長之御検地帳一覧候而左之文字等御書留有之候、

一かうちう　一妙見　一菜摘原　一左吉長　一井ノ宮　一清水かもと　一春日の清水　一経塚　一宝樹院塚

並河が摂津国川辺郡久代村を調査した際の記録である。この頃の並河は摂津国西部を調査しており、五月一日は西須磨村に宿泊、翌二日には八部郡二ツ茶屋村へ移り、そこから近隣の村々へ検地帳や村明細帳及び寺社の什物・記録を持参するよう求めたという。このとき並河の一行は、本人、門弟、下男、草履取、挟箱持の五名で、[61]人員構成は河内国調査のときと変わらないだろう。その後、並河は川辺郡池田村へ移り、久代村など近隣の村々を調査した。このとき久代村庄屋の伝兵衛は［史料15］のような書上を提出した。調査内容は、村高、氏神、検地帳の字名で、久代村からは同月一四日に街道の間数に関する書上を追加提出させた。なお、今のところ河内国では書上が確認できていない。

この二つの事例を見る限り、並河の廻村調査の主眼は神社・墓地・地名にあったといえる。井上智勝氏によれば、後述する『五畿内志』の完成後の享保二〇年（一七三五）閏三月、並河は畿内の天皇陵、式内社、四条畷楠正行の戦死地への建碑を幕府へ願い出て、そのうち摂津国内二〇の式内社に限って建碑が認められた。これは並河の弟子である久保重宜によって進められ、元文二年（一七三七）までに終了したという。[62]だが、並河の建碑は必ずしもそれに限られないと思われる。次の史料を見よう。

［史料16[63]］

並河五一戦死之碑建る事

儒家並河五一、諱永祟、字永父、五一ハ其号なり、性質篤実至懇なる先生にて、昔元和の夏陣に、河州若江村に於て、関東方山口伊豆守重信を木村長門守打取、長門守も此所にて打死す、山口伊豆守石碑の文、林道春撰、書ハ石川丈山にて立といへとも、長門守ハ大坂方なるにより、石碑もなく、かたへに松の木二本墓しるしに植をけるとそ、いと哀なりしを、五一いたはしくおほしてや、公に御願申上て、石碑を立らる、碑面に長門守木村重成墓とあり、文ハなし、書ハ三宅春楼也、又住吉阿倍の海道安部野村中程に立石有、其東野中に北畠顕家卿の墓所、海道より壱丁計東也、又西国海道兵庫の津の西堤の南手の端に武蔵守平知章の墓（新中納言知盛の息）石碑有、三基とも並河五一建らる、書ハ何れも三宅春楼なり、其余も有へけれとおり見しハ是らなり、かゝる忠孝の墳墓人も知らさりしに、石碑を建給ひしより、往来の旅客も是を拝し見て、昔を追慕し□歎すといふ者なし、湊川の楠公の碑ハ水戸西山公建させ給ひ、此三基ハ並河氏の建給ふもの、難有事ならすや

幕末期に書かれた随筆中の、並河による建碑を讃えた一節である。これによれば、並河は大坂夏の陣における大坂方戦死者の石碑や、南北朝合戦における南朝方の北畠顕家墓所などを建てていたことがわかる。享保期に建てられた並河の石碑は、約一〇〇年後も残っていて人々の目に止まったのである。このほか、河内国丹北郡嶋泉村では、享保一五年（一七三〇）五月に並河の使いが来村して、雄略天皇陵北方に当たる当村地内の塚が「忠臣隼人」に比定できたので石碑を建てたい、と申し入れた(64)。このとき「尤泉州にてもケ様之類弐ケ所相建申候」と述べているので、和泉国では調査後に建碑をおこなったと推察される。これは地頭の許可を得て同年一一月二二日に建立され、翌同一六年正月に並河の見分を受け、二月二三日には地元の者が道標を建てた。このように並河は、廻村調査で天皇陵、式内社、忠臣の墓所などを詳細に調査し、幕府の許可を得た式内社以外にも各地で忠臣の墓所の建碑を続けた。

『五畿内志』には、関祖衡や並河と並んで、各国調査における協力者の名が記されている。それを列挙したの

表4　『五畿内志』調査者一覧

氏名	国名	山城	河内	和泉	摂津	大和
並河誠所	京都	○	○	○	○	○
海北千之	摂津	○	○	○	○	○
野呂実父	伊勢		○	○	○	○
中井知徳	伊豆		○	○		○
寺田保正	河内		○	○		
久保重宜	摂津	○			○	○
賀茂保篤	京都	○				
神田祐世	河内		○			
南　良	和泉			○		
細見成信	摂津				○	

が表4だが、契沖の弟子である蔵書家の海北若沖（千之）、前述した本草学者の野呂元丈（実父）、並河の建碑で活躍した摂津国赤川村庄屋の久保重宜、河内狭山出身で並河の弟子である中井知徳[65]らが見える。また、前述の嶋泉村へ建碑を申し入れたのは同郡三宅村の孫四郎という人物で、彼が建碑の最後まで並河の連絡役を務めたというから、協力者はもっと多かったと考えられる。

表3によれば、廻村調査の最後の形跡は享保一六年正月である。おそらく、この後に地誌本文の執筆・編集が始まり、先に『河内志』『和泉志』『摂津志』の計六冊が成稿して、享保一八年（一七三三）三月五日に幕府へ献上された。残りの『山城志』『大和志』を含めた全一〇冊が献上されたのは、翌一九年（一七三四）三月一四日のことである。[66]同年七月八日、吉宗は並河に銀一〇枚を下付し、六年間にわたる編纂の労をねぎらった。[67]

(3)板行をめぐって

『五畿内志』の廻村調査が着手された同じ享保一四年（一七二九）、並河はその板行についても幕府へ願い出ている。その史料を掲げよう。

[史料17[68]]

覚

浪人
並河五市郎

此者相願候ハ、五畿内志之内河内志計ハ、此度罷登候而再吟味仕候上、致板行売本ニ仕度候、此儀は知ル人其外誰ニ而も、他国之地理志編集仕候者も有之候而、右書物之致方見申度と致所望候者江、悉ク書写仕遣候事致かたく候故、板行仕度奉存候、何方ニ而も、書物さへ出来仕候得は　上之御用ニも相達可申儀と奉存旨申候、願之通可申付候哉奉伺候、以上、

四月　　大岡越前守

これは、享保一四年四月二八日に大岡忠相から水野忠之へ出された覚で、並河は『五畿内志』のうち『河内志』のみの板行と頒布を願い出たことがわかる。その理由を並河は、『五畿内志』の閲覧を希望する者が「悉ク書写」する困難を省くためと述べ、地誌の普及を念頭に置いていた。この願いは同月晦日に許可となり、『河内志』が完成したのちの享保二〇年（一七三五）閏三月に板行がおこなわれて、板本も幕府へ献上された。ところがここで問題がおきる。次の史料を掲げよう。

［史料18(69)］

覚　　浪人《》並河五市郎

右之者去年六月差上候五畿内志書物之内、河内志之儀は板行仕立、売本ニ仕度旨、去ル酉年相願候ニ付、其節水野和泉守殿江申上、願之通相済申候、此度河内志板行出来仕候旨ニ而、五市郎差出申候間、則一部差上申候、売本之儀、勝手次第仕候様ニ可申渡候、

一、右河内志、此度板行候ニ付、猶又相改候処四五ヶ所書改候所御座候、依之去年認差上候河内志之内、板行と違候処御座候間、其訳別ニ板行之河内志江附札仕、差出申候間、是又奉入御覧候、去年差上候書本五畿内志之内、河内志相直候様ニ可被　仰付候哉奉伺候、以上、

閏三月　　　　　　　　　　　　　　　　大岡越前守

「河内志之内（張紙）　権現様　御名出候所板行相除候、
是ハ押立候儀ニ候間、相除候ニ不及候、残ル四
ケ国ニも、此類可有御座候間、板行ニ書入させ
可申候、如此書入候段書付候て、入御覧可申候、
権現様　御身之儀并御物語等之類ハ可相除候、
板行出来書物差上候節、御請書認上ケ可申旨被
仰渡奉畏候、以上、

卯壬三月廿日　　　　　　　　大岡越前守　」

此承付別ニ相認、本紙ニ張付上ル、

右書付、享保二十年卯壬三月十六日、松平左近将監殿江上ル、

これによれば、板行された『河内志』は頒布も勝手次第だが、板本『河内志』を改めたところ先の献上本と相違点が何カ所かあった。大岡忠相はこれについて、献上本の『河内志』を訂正するよう並河へ言い渡すべきか否か、閏三月一六日に老中の松平乗邑へ伺いを立てている。その張紙に書かれた通り、相違点とは徳川家康の名が登場する部分の削除だった。

享保七年（一七二二）一一月、幕府は新板書物の規制に関する触を出した(70)。そこでは「猥成儀異説等」を唱える書、「好色本」、「人々家筋先祖之事」を記した書の出版を禁じて、奥書に作者と版元の実名を記するよう定めた。そして「権現様之御儀は勿論、惣て御当家之御事板行書本、自今無用ニ可仕」。すなわち、家康はじめ徳川

家に関する書物はこのとき一切出版が禁じられたのである。これを踏まえて並河は、『河内志』に掲載された寺社の由緒に関する記述の中から、家康にまつわる話の部分をすべて削除して板行したのだった。ところが松平乗邑は、削除した部分をすべて元に復すとともに、残る四カ国分も板行する際は同様にするよう、同月二〇日に言い渡した。『河内志』のみの板行を考えていた節のある並河は、二日後の二二日に改めて『河内志』を除く『五畿内志』の板行を幕府へ願い出て二六日に許可され、旅費の金二〇両が下付された。[71]

一方、以上の経緯を踏まえて、翌五月に幕府は次の触を出した。

[史料一九][72]

覚

此度浪人幷河五市郎編集致板行候五畿内志之内ニ
権現様御名出候所押出候儀は書入させ候、就夫、只今迄諸書物ニ　権現様御名出候儀相除候得共、向後急
度仕たる諸書物之内押立候儀は、　御名書入不苦候、御身之上之儀且　御物語等之類は可相除候、
一、軽キかな本等之類は、只今迄之通　権現様奉始、御代々様御噂事　御身之上之儀　御物語等之類、都て
書入申間敷候、
右之通松平左近将監殿被仰渡、此度相定候之間、書物問屋共え申渡候以上
五月

これによると、幕府は『五畿内志』における徳川家康の記述の扱いに準拠して、享保七年一一月の触における方針を変更し、今後は「軽キかな本等之類」を除いて家康の記述に対する規制を撤廃した。ここで思い出すべきは、享保二〇年以降に始まる、徳川家による幕府成立にかかる史料の調査・収集である。『五畿内志』板行を契機に起きたこの事態は、徳川家による幕府成立史への注目と無関係ではないだろう。このとき吉宗にとっての

『五畿内志』は、産物調査の資料に加えて徳川家による幕府成立史資料としても位置づけられ、それを普及する機能が期待されたのである。これはのちに一九世紀の地誌が歴史資料集としての性格を持つ、その端緒と評価できよう。

その後、享保二一年（元文元年＝一七三六）一月には『摂津志』と『大和志』の板本が完成して同月二四日に幕府へ献上され、[73] 同年五月には『山城志』と『和泉志』が完成して同月二一日に献上された。[74] これらは同年七月二七日に紅葉山文庫へと収められ、これにより手稿本『五畿内志』は一〇月二二日に並河へ返還された。[75] これ以後、『五畿内志』は板本が正本となったのである。

（4）完成とその影響

完成した『五畿内志』とは、どのような書物なのか。正式名称『日本輿地通志畿内部』巻第一は「山城国之一」＝『山城志』で、その冒頭には「日本輿地通志凡例」と「上　江都布政所書」が掲載されている。[76]

「日本輿地通志凡例」では、古風土記が大和国を第一と定めたのに対し、本書は山城国を第一と定めたことを述べる。そして、祥異（氏族）、村里山川、土産、神廟仏刹、文苑、図について解説するが、そこでは六国史や『和名抄』など古典の記載を踏まえて編集したと強調する。但し、図については『周礼』の記載を引用したのち、元禄国絵図の存在を記して、本書は郡界所在のみを示す略図を掲げたと述べる。次に「上　江都布政所書」は、幕府への上申書の体裁をとった序文である。ここでは神武東征以来の国土掌握の歴史を述べ、古風土記が失われたことを嘆いたのち、泰平の世になり「余友井水関氏」＝関祖衡がそれを「憾」として「擬地志」の一書を作ったが、病いのため後事を並河に遺言したと述べる。その後、並河は「蒙恩命」、すなわち幕府の命で五畿内を巡視し、山川・邑里・神廟・仏刹・橋梁・名産・古跡・池塘を訪れて「其興廃」をつまびらかにし、「其名実」を質したという。そして本書を「日本輿地通志畿内部」と名付けたと結ぶ。

以上で明らかなのは、並河における地誌編纂の思想が、本章の冒頭で指摘した太宰春台のそれと共通する点である。そして並河の独自性は、本書が五畿内に限られているにもかかわらず、題名を「日本輿地通志」と命名して、日本地誌編纂構想を敷衍化したことである。板行の目的は、［史料16］に見える通り「他国之地理志編集仕候者」には誰にでも本書を提供できるようにするためだった。この点、林鵞峯や太宰春台のように、日本地誌の編纂構想を語った知識人は以前にも存在するが、部分的にせよ自らその実践を試み、かつ普及させようとした者は並河を嚆矢としよう。

それでは地誌本文の構成はどうなっているか。『河内志』の場合、[77] 巻一は建置沿革・彊域・形勝・風俗・祥異・租税の各項によって国全体を概括する。そして巻二以降は郡毎の構成になり、郷名・村里・山川・関梁・土産・藩封・公署・神廟・陵墓・仏刹・古蹟・氏族・文苑の各項によって部門別に記述する。土産については手工業製品の場合に「製造」と特記され、神廟については式外社を「式外」と特記する。この構成や項目は『大明一統志』を模したもので、文章は漢文だった。ちなみに『大明一統志』は、元禄一二年（一六九九）と正徳三年（一七一三）に和歌山藩の儒者である陰山元質によって翻刻された。[78] 限られた輸入本でしか接し得なかった『芸備国郡志』や『会津風土記』の頃よりも、『大明一統志』は手近かな参照が可能になっていたのである。

『五畿内志』の構成を考えるため、享保一九年（一七三四）三月に、近江国で膳所藩儒者の谷川寒清が完成させた『近江国輿地志略』を参照しよう。『近江国輿地志略』の凡例及び跋文によれば、本書はもともと谷川が独自に調査していたところへ、藩主から「近江国志」編纂を命じられ、寺社の「旧記野録叢説」や「諸家故老」の「伝説」を集めて異同や是非を論じたという。本文は藩命で和文としたが、本来は漢文だった。[79] 書名は「勅撰」を畏れて「風土記」と命名しなかったというが、中国方志に準じたのは明らかである。この点、本書の序文を執筆した伊藤東涯との関係を含めて、並河の『五畿内志』と谷川の『近江国輿地志略』は近しい存在にあるといってよい。冒頭に述べた通り、一八世紀初めには一部の知識人たちによる民撰地誌の編纂が試みられたが、『五畿内志』もその大きな流れに位置したといえる。

だが他の地誌と異なり、「日本輿地通志」編纂を提唱した『五畿内志』は直ちに反響を生みだした。例えば、若狭国の一国地誌『若狭国志』は、延享二年（一七四五）に小浜藩主が儒者の稲庭正義へ「国志」編纂を命じて寛延二年（一七四九）に完成したものだが、序文で稲庭は「並河氏等所著畿内志、擬体於明志、稽信於古籍、以成編最善矣、可謂近世之良志也」と賞賛し、構成・項目・漢文使用など『五畿内志』に準じた。(80)また伊賀国上野藩の城代である藤堂元甫は、宝暦一三年（一七六二）に伊賀・伊勢・志摩三カ国の地誌『三国地誌』を完成させたが、序文で藤堂は「五畿内上梓後、輟不復講」と『五畿内志』に続く地誌が現れないことを嘆き、自ら『大明一統志』に準じた地誌を編纂したと述べる。(81)民撰地誌でも、元文元年（一七三六）『豊島郡誌』二巻は、摂津国豊島郡南郷の今西玄章（春章）が『五畿内志』成稿に刺激されて編纂したといわれ、建置沿革、山川陂池、彊域形勝、路程渡駅、風俗稼穡、物産土宜、村里戸口、姓氏人物、仏刹寺院、名勝文苑、古墳旧蹟などの項目を立てて、漢文で記述した。(82)紀伊国でも、年代不明の武内玄龍撰『紀伊志略』が内題に「日本輿地通志南海道部」と記し、『五畿内志』に準じた構成を採用した。(83)

並河の地誌調査に協力した久保重宜も、当時の調査成果を享保二〇年（一七三五）『摂津国記』としてまとめた。(84)晩年の門人である川合長行も、「駿河名寄」という地誌の編纂を手がけて、没後の天明三年（一七八三）『駿河名勝志』に結実した。同じ晩年の門人である秋山富南もまた、第5章で論じるように「日本輿地通志伊豆国部」編纂を試みた。ちなみに、幕末期の懐徳堂教授で並河の孫である並河寒泉は、安政二年（一八五五）に京都町奉行所から『五畿内志』の後を継ぐべく陵墓調査を命じられている。(85)

このように「他国之地理志編集仕候者」へのテキスト提供をもくろんだ並河の成算は確かに実り、一八世紀末まで『五畿内志』は各地で「日本輿地通志」編纂を志す者たちのテキストであり続けたのである。

第3節　まとめと課題

一七世紀末に始まる地誌編纂の動向は、中国明朝の滅亡という対外関係の激変がもたらした国家意識の変化と、それにともなう日本地理の再認識を根底にもっていた。それは『会津風土記』以来の思想を受け継ぎ、『大明一統志』に準じた形式の『五畿内志』を生み出すに至った。

また、吉宗政権はほぼ一貫して日本の古文献・古記録の収集に努めたが、その後期には徳川家による幕府成立史に関わる史料の収集・調査という方針が加わった。その結果、同じ時期に編纂が進められた『五畿内志』は、それまで禁止されていた刊本における徳川家康関係記述を認めるという方針転換を導き出して、徳川家と地域の関係を語る書物としても意義づけられたといえる。なお、幕府は並河の活動を費用面や調査の便宜において支援したが、このような間接的な編纂事業への関与は一八世紀末でも見られる。

但し、青木昆陽の古文書調査が物語るように、地誌と古文書調査はこの段階でリンクしていない。第6章で論じる一九世紀前半の地誌編纂において、地域における由緒の源泉である古文書は地誌の重要な調査項目である。ちなみに、地誌に古文書集が付される初見は、管見の限り前述の『三国地誌』と思われる。ここでは全一一二巻のうち二〇巻が「別録」として「公案」「旧案」等と名付けられた古文書集にあてられ、伊賀国黒田庄文書などが収録された。

以上、『五畿内志』編纂の歴史的意義について論じてきたが、『五畿内志』の研究は再開されたばかりである。最後に、今後の課題として吉宗政権との関係を展望しよう。

享保一四年（一七二九）一二月、幕府は一二年間に及んだ享保日本図の編纂事業を完了した。[86] その直後から幕府が『五畿内志』編纂の支援を開始した事実は、やはり注目に値しよう。並河の廻村調査願いを老中へ取り次いだのは一貫して大岡忠相だったが、彼は吉宗政権内における独自の存在で、江戸町奉行在任中は「地方御用」として本来の勘定所―代官とは別系統の地方支配をおこなっていた。[87] 前述の通り青木の古文書調査も大岡の専管で、大岡は青木をわざわざ寺社奉行支配に組み込むよう運動している。[88] なぜ大岡が並河や青木の掛となったのか詳細は不明だが、彼らの事業が吉宗の意志の下で動いたことは確かである。

では、吉宗はじめ幕閣は『五畿内志』をどう捉えていたのか。次の史料を掲げる。

［史料20[89]］

一、遠江殿江先頃御物語申候河内志之内興教寺と同弁才天社之義ニ付、湯島霊雲寺改正之義相願候ニ付相遣（ママ）之所致吟味候所、興教寺を大念仏寺之支院と認候事者成程相違ニ而、宗旨も違候得者大念仏寺之支院ニ而無之候、弁天社之儀先年大坂ニ而公事合有之、神主持共興教寺斗之支配共不定候、并河五一郎も此所をはしかと認メ置不申、二篇之様ニ認メ申候、此両所之義斗ニ付改正仕らせ候而者残り候所も相違之様世上ニ而存間敷物ニても無之候、ケ様成相違之所者外ニも可有之哉、只今ニ至り世上ニ出候書物悉ク改正難致、五一郎者病死仕候得者只今迄之通差置可然候、弁天之義此已後公事合ニ成候とも河内志を証拠ニ可仕様も無之旨申談、其趣書付進達申候所、遠江殿御申候者、先日物語申候節被達御聴之候所、五畿内志上ゟ被仰付候書物ニても無之、五一郎撰上候書物之事ニ候得者、五一郎病死後改正可仕様も無之候間、其通之事之由御意ニ候間、左様ニ可心得旨御申書付御返候

「大岡忠相日記」元文五年九月一四日条の一節である。並河の死後、『河内志』訂正の願いが幕府へ出された。これに対し加納久通は、既に流布した書物の訂正は困難であり、並河も病没しているのでそのままにするか、あ

るいはこの件に関して『河内志』を公事等の証拠に用いないよう触を出すかの案を持って吉宗の判断を仰いだ。すると吉宗は、『五畿内志』は「上より被仰付候書物ニても無之」、すなわち並河の個人的編著であり幕府の「仰付」ではないので、改正には及ばないと言い渡した。ここに吉宗の『五畿内志』に対する認識は明らかだが、一般的には、調査への便宜と多額の費用をかけた『五畿内志』に対して、幕府の撰上させた地誌であるとの認識があったと思われる。

また吉宗にしても、中国方志のみならず日本地誌への関心も持ち続けたことは明らかである。前述の通り、青木には『伊水温故』『佐渡略記』など地誌を書写させたほか、『懐橘談』など多数の地誌を献上させた。(90)さらに、文政一二年（一八二九）に幕府へ献上された飛騨一国の地誌『飛州志』は、もと飛騨代官の長谷川忠崇が職を辞して江戸へ戻ったのちの延享二年（一七四五）頃、吉宗から地誌編纂の内命を受けて編纂した草稿を増訂したと伝えられる。(91)もし吉宗の内命が事実なら、一八世紀の地誌編纂史はこの観点から改めて全国の地誌を検討し、その上で吉宗政権の地誌収集を再評価しなければならないが、本章ではその課題を示して後考を待ちたい。

（1）幸田成友「並河誠所と五畿内志」（『大阪朝日新聞』明治三六年（一九〇三）二月一一日より三回連載、のち『幸田成友著作集』六（中央公論社、一九七二）に所収。
（2）室賀信夫「並河誠所の五畿内志に就いて（上・下）」（『史林』二一—三・四、京都帝国大学文学部、一九三六）。
（3）高橋敏「宝暦明和地方文化論」（西山松之助先生古稀記念論集『江戸の民衆と社会』、吉川弘文館、一九八五）、のち同『豪農と民衆』（平凡社、一九八五）に収録。管見では、このほか田代善吉「並河五一翁墓及び伝記」（『歴史地理』三六—六、一九二〇）がある。
（4）例えば、大石学『吉宗と享保の改革』（東京堂出版、一九九五）など。
（5）例えば、杉本史子「地域の記録」（同『領域支配の展開と近世』、山川出版社、一九九九）。
（6）拙稿「近世政治権力と地誌編纂」（『歴史学研究』七〇三、一九九七）。

(7) 井上智勝「並河誠所の式内社顕彰と地域」(『大阪市立博物館研究紀要』三二、二〇〇〇)。なお、同「近世中期における京郊神社の動向」(『京都市歴史資料館紀要』九、一九九二)も並河誠所に言及する部分がある。

(8) 以下、「并氏年譜」(『並河文書』四、東京大学史料編纂所所蔵写本)による。

(9) 滝本誠一編『日本経済叢書』巻六(一九一四)所収。

(10) 『秦山集』一五「雑著 甲乙録」一(明治大学図書館所蔵)。この史料については、富澤達三氏の御協力を得た。ちなみに『秦山集』二二では、『会津風土記』が老中の支持を得なかったことを「蓋有深慮焉」と評価している。なお、『故事類苑』地部一(吉川弘文館、一九七六)を参照。

(11) 杉本史子「元禄国絵図作成事業の歴史的位置」(註5『領域支配の展開と近世』)。

(12) 塚本学「綱吉政権の歴史的位置をめぐって」(『日本史研究』二三六、一九八二)、高埜利彦「一八世紀前半の日本」(『岩波講座日本通史』近世三、岩波書店、一九九四)を参照。

(13) 高木利太『家蔵日本地誌目録』(一九二七)を参照。

(14) 註(12)「一八世紀前半の日本」及び註(13)に同じ。

(15) 芳賀登「大日本地誌大系 五畿内志・泉州志解題」(『五畿内志・泉州志』一、大日本地誌大系、雄山閣、一九七一)、『阪南町史』上巻(一九八三)を参照。特に後者は契沖と石橋直之の関係について詳しい。

(16) 秋山吉郎『風土記の研究』(ミネルヴァ書房、一九六三)所収の「近世の風土記研究」を参照。なお、『万葉緯』は最終的な成立が享保二年(一七一七)といわれる。

(17) 谷沢修「畿内国風土記の成立」(『駿台史学』六四、一九八五)。

(18) 羽賀祥二『史蹟論』(名古屋大学出版会、一九九八)、三〇三頁。

(19) 栗田寛編『古風土記逸文』(大岡山書店、一九二七)所収。栗田氏は「日本惣国風土記」について、元禄・宝永期に駿河国の神官が創作したと推定する。

(20) 「有徳院殿御実紀附録巻十」(『徳川実紀』第九篇に所収)。

(21) 『御触書寛保集成』(岩波書店、一九三四)No.二〇一七。

(22) 同右、No.二〇一八。

(23) 註(20)に同じ。

(24) 註(8)に同じ。
(25) 森潤三郎『紅葉山文庫と書物奉行』(昭和書房、一九三三)、四〇頁。
(26) 相田二郎著作集三『古文書と郷土史研究』(名著出版、一九七八) および註(6)を参照。
(27) 『御触書寛保集成』No.二〇二八。
(28) 同右、No.二〇二九。
(29) 大岡家文書刊行会編『大岡越前守忠相日記』全三巻 (三一書房、一九七二) をテキストとした。
(30) 同右・上、四五四頁、元文五年八月二二日条を参照。
(31) 同右・上、五六九頁、寛保二年四月二五日条を参照。
(32) 市川雄一郎「青木文蔵の古書採訪と佐久の資料」(『信濃』一二、一九四二) を参照。
(33) 市村咸人「青木文蔵の古書採訪に関する伊奈郡の史料とその解説」(『信濃』一一、一九四二) に所収。
(34) 註(12)「一八世紀前半の日本」で、この内容に関する中野光浩氏の研究が紹介されている。
(35) 註(29)『大岡越前守忠相日記』上、五七六頁。
(36) 同右・上、五七六頁、寛保二年五月三日条を参照。
(37) 浅川益次郎「青木文蔵の古書採訪と田野口藩日記」(『信濃』八—一〇、一九五六) を参照。
(38) 「右文故事」巻之一三 (『近藤正斎全集』二所収、国書刊行会、一九〇六)。
(39) 『御触書宝暦集成』(岩波書店、一九三五) No.一三五七。
(40) 例えば、日比野丈夫「徳川幕府による中国地方志の蒐集」(同『中国歴史地理研究』、同朋舎出版、一九七七)、大庭脩『江戸時代における中国文化受容の研究』(同朋舎出版、一九八四)、川勝守「徳川吉宗御用漢籍の研究」(同『日本近世と東アジア世界』、吉川弘文館、二〇〇〇) などを参照。
(41) 大庭脩「江戸時代の中国漢籍交流」(『日中文化交流史叢書九　典籍』、大修館書店、一九九六) を参照。
(42) 『幕府書物方日記』八 (東京大学出版会、一九七一)、二八六頁。
(43) 『幕府書物方日記』一〇 (東京大学出版会、一九七四)、一七〇頁。
(44) 註(41)に同じ。
(45) 大石学「享保改革期の薬草政策」(同『享保改革の地域政策』、吉川弘文館、一九九六)。

(46)『御触書寛保集成』No.二〇二五。
(47)『五畿内志』序文は『編脩地誌備用典籍解題』二（東京大学出版会、一九七三）にも掲載されている。
(48)註(2)に同じ。
(49)註(8)に同じ。
(50)「五一先生古書捜索記」（京都大学文学部所蔵写本）。
(51)註(2)に同じ。
(52)芳賀登氏も註(15)解題で、関が「河内志」を書いただけで亡くなったと指摘する。
(53)『撰要類集』五「新規物并書物類之部」に所収。これは藤實久美子氏の御教示によって、辻達也校訂『撰要類集』第三（続群書類従完成会、一九七九）六六頁を参照した。
(54)同右。
(55)『並河文書』一（東京大学史料編纂所所蔵写本）所収。
(56)「好書故事」第五八（『近藤正斎全集』三所収、国書刊行会、一九〇六）、二〇三頁。
(57)『京都町触集成』二（岩波書店、一九八四）No.二五七。
(58)註(53)に同じ。
(59)『羽曳野市史』五（一九八三）、六九一頁。
(60)『川西市史』五（一九七八）、七二頁。
(61)『新修神戸市史』歴史編III（一九九二）、二四三頁。
(62)註(7)井上智勝「並河誠所の式内社顕彰と地域」。なお典拠史料は前掲註(53)に同じ。
(63)加藤以修（東岡）著の嘉永六年（一八五三）『名なし草』二冊（大阪府立中之島図書館所蔵）のうち、上冊に所収。なお、本史料は『大阪編年史』八（一九七〇）に抄録されている。
(64)註(59)に同じ。
(65)註(3)を参照。
(66)註(53)『撰要類集』三、七〇頁。
(67)同右、七一頁。

(68) 同右、六八頁。
(69) 同右、七二頁。なお「 」内は貼紙の記載である。
(70) 『御触書寛保集成』No.二〇二〇。
(71) 註(53)『撰要類集』三、七三頁。
(72) 『御触書寛保集成』No.二〇二六。なお註(53)によれば、この触は四月一六日に大岡忠相から松平乗邑へ伺いが出され、同月二八日に伺い通り「仰渡」された。
(73) 註(55)に同じ。
(74) 註(53)『撰要類集』三、七六頁。
(75) 註(55)に同じ。
(76) 註(15)『五畿内志・泉州志』一に同じ。
(77) 註(76)に同じ。
(78) 山根幸夫「『大明一統志』について」(同『明清史籍の研究』、研文出版、一九八九)。
(79) 大日本地誌大系『近江国輿地志略』一(雄山閣、一九七一)。
(80) 郷土叢書二『若狭国志』(孔版、一九三三、明治大学図書館所蔵)。
(81) 大日本地誌大系『三国地誌』一(雄山閣、一九七〇)。
(82) 『豊中市史』史料編四(一九六三)、二二九頁。
(83) 註(13)『家蔵日本地誌目録』を参照。
(84) 『編脩地誌備用典籍解題』二(東京大学出版会、一九七三)を参照。
(85) 陶徳民『日本漢学思想史論考』(関西大学出版部、一九九九)第一〇章「並河寒泉と幕末の懐徳堂」を参照。
(86) 註(4)に同じ。
(87) 大石学「大岡忠相支配役人と勘定所機構の改革」(註45『享保改革の地域政策』に所収)。
(88) 註(29)『大岡越前守忠相日記』上、元文五年七月一日条ほかを参照。
(89) 同右・上、四六二頁。
(90) 同右・中、二五四頁、延享元年五月三日条ほかを参照。

(91) 岡村利平「飛州志解題」(『歴史地理』四一―四、一九〇九)。

第2部　日本型地誌の成立過程

第4章　寛政～文化期の書物編纂と江戸幕府

日本近世の地誌編纂史上、一九世紀前半に進められた江戸幕府の地誌編纂事業は最も重要な出来事で、従来も多くの研究が言及してきた。しかし、それは単独でおこなわれた事業ではない。この時期は「編纂書の時代」[(1)]と呼ばれるほど、幕府が歴史・地理・法制・外交など多種多様な書物の編纂を同時に進めた時期だった。[(2)]

この時期を含む江戸幕府の編纂・刊行物につき、個別の史料解題を通じてその全貌を明らかにしたのは福井保氏である。[(3)]そこで福井氏は、昌平黌に設置された実紀調所・地誌調所・沿革調所の活動に注目し、全体を統括した林述斎の役割を論じた。[(4)]その業績に立脚して、前述の「編纂書の時代」を提唱した高橋章則氏は、各編纂事業の起点を寛政一一年（一七九九）に特定し、そこで林述斎の主導性を高く評価した。[(5)]このように、この時期の書物編纂は従来、思想・文化史の側面から論じられ、とりわけ林述斎個人の業績として評価する傾向があった。

その中で、藤田覚氏が天保改革研究の視点から、幕政史上に編纂事業を位置付けたことは特筆に値する。[(6)]そもそも当時の書物編纂は林家の単独事業ではない。松平定信をはじめ、松平信明・堀田正敦ら幕閣の下で進められたことを改めて認識するべきである。[(7)]また、中国の明や清ではさまざまな歴史書や史料集が編纂された。内藤湖南氏は清代の官製史書として、実録・聖訓・御製集・方略・典礼・史志・系譜・譜録・目録の九種類をあげているが、江戸幕府の書物編纂もその強い影響下にあったことを踏まえる必要があろう。[8]

そこで本章では、寛政改革期から地誌編纂事業が着手される文化期までを対象として、この時期の江戸幕府による書物編纂及び調査の具体的な過程を検証し、それらが幕政史上に占めた意義を考えていきたい。

第1節　大目付・目付と昌平黌の編纂・調査

ここでは大目付・目付と昌平黌が携わった書物編纂及び調査につき、寛政期に着手されたものを中心にとりあげて、その過程や政策的背景を検証する。分析に際しては、『徳川実紀』(以下『実紀』と略す)、天明・天保の『御触書集成』(以下『天保集成』等と略す)、及び『憲教類典』『憲法類集』等の法令集を中心にとりあげ、[9]調査された大名家や地域の側の史料を併せて編纂・調査の実態を解明していく。

(一)『国鑑』[10]

天明八年(一七八八)一〇月一〇日、若年寄就任直後の本多忠籌は、自邸において聖堂付儒者の柴野栗山に対し、中国の史書である『資治通鑑』の綱目作成を命じた。これは『資治通鑑』を容易に使えるようにし、儒学思想に基づく民衆教化のテキストとしての活用を意図したものだった。

しかし柴野は、本格的な中国史論の作成を目指したため、執筆には長期間を要し、その存命中には完成しなかった。文化二年(一八〇五)に柴野が死去した後は、同じく聖堂付儒者の尾藤二洲が、さらにその死後は同じく依田利和が引き継ぎ、完成をみたのは文化七年(一八一〇)一一月である。『徳川実紀』では「通鑑綱目和名国鑑」と記している。

（2）『孝義録』

『孝義録』については既に多くの研究があり、[11]ここでは編纂の流れを簡単に追うにとどめたい。『天保集成』（No.五一二四～八）によれば、寛政元年（一七八九）三月、松平定信は三奉行と尾張藩・水戸藩に対して、「前々より孝行又は奇特成者」で「御褒美等も有之候程之者書留メ有之分」につき、「国所名前」と「行状」を詳しく記して提出するように申し渡した。また『憲法類集』巻之七によれば、同年九月六日には現時点における孝行・奇特者の書出も命じている。『実紀』寛政三年（一七九一）三月一七日条に、忠孝信義の者計四五人を一挙に褒賞したとあるのは、これらの結果だろう。

孝行・奇特者の書出は、各領主が村方へ調査を命じ、村方の回答を集積して幕府へ提出した。例えば、清水領知における調査は、寛政二年（一七九〇）におこなわれた。翌三年一〇月に村方が出した回答には、「孝行之者」「奇特成者」「不身上ニ而永煩等仕難立者」「五人組仲間不和成者」「悪事ヲ催人数ヲ集メ才之宿等致候か、又ハ金銀貸借等不埒仕人ヲ掠メ我儘申候もの、惣而工事仕出入等相企候者」の五項目が並んでいる。[12]本来の調査項目は最初の二項のみで、あとは清水家役所が領内調査のため独自に付したと思われる。

その後、『天保集成』（No.五二五五）によれば、寛政一〇年（一七九八）五月二四日に、若年寄の堀田正敦は勘定奉行に対し、同二～九年分の褒賞者の追加書出を命じた。そして『実紀』によれば、全調査を集成して完成をみたのは同一二年（一八〇〇）八月二九日である。編纂作業は昌平黌がおこない、当初は柴野栗山が、のちに尾藤二洲・古賀精里・山上藤一郎等の聖堂付儒者が編集に携わった。終始、昌平黌の事業として進められたようで、完成時には林述斎も褒賞を受けた。なお『孝義録』の出版は、翌享和元年（一八〇一）一一月のことである。[13]

（3）『藩翰譜続編』

本書の編纂事情を物語る「藩翰譜始末」によれば、寛政元年（一七八九）九月二一日に松平定信等は、聖堂付儒者の岡田寒泉及び奥右筆所詰の近藤孟郷、秋山惟祺等に対し、新井白石『藩翰譜』の書き継ぎを初めて命じた(14)。また『実紀』では、寛政元年一一月二二日条に大目付の桑原盛員に対して、万石以上諸家の系譜編纂を命じたとあるのが初見である。そして『憲法類集』巻之五によれば、同月二九日には諸家に対して次のような系譜書類の提出に関する触が出された。

［史料1］

口上之覚

其家々之内、碑銘等有之分并著述等之儀ニ有之候、或は格別之行状、一領一家中之政事に取候ても格別之品は留有之分者、写候て儒者岡田退助方江可差出事、

諸家系譜差出候覚

一、古き家筋之分者従誰と可被相違候、其以前者書出に不及候、
一、延宝元年以後万石以上ニ相成候分は、先祖之由緒并連綿致候代々之儀不残認可差出事、
　但分知者家元延宝八年迄万石以上ニて有之候者本家誰代分知、或は家元誰代分流与認候て、遠祖迄委敷書出し候ニも不及候、
一、家督初て　御目見、隠居、分知、官位、昇進、死去并歳附、次男、厄介、家来等新規に被　召出等之儀、
一、御名代、御使、御手伝、其外かと立候御用之儀、
一、御加増、所替、御役儀被　仰付候儀、
一、減知、御役御免、其外御咎等之品、右之分年月日委細認候事、
右之外、其邸宅江　御成之儀、又者格別成拝領物・誉等不依何事其家之美目に存候儀者認可申事、

但御門番、火之番等例刻之儀者不及認事、繁々不相成様堅要之儀斗簡易ニ認可申事、

ここでは、代々当主の御目見、隠居、分知、官位、昇進、死去、兄弟親類の召出、名代・使・手伝、知行高の増減、邸宅への将軍御成、その他格別の記事について書き上げ、岡田寒泉へ提出するよう命じている。これに対し、岡部藩では寛政二年八月二八日に「分知末家之分書上覚」で過去の分家の記録を提出した。(15) 延岡藩の場合も、(16) 寛政二年（一七九〇）七月に系譜を提出したが、同四年（一七九二）閏二月一〇日に大目付の桑原盛員から書類の不備を指摘され、同年一〇月二九日に差し替えた。これらの作業の一方で、岡田による新井白石『藩翰譜』の校訂作業が進められ、同七年（一七九五）三月に校訂本『藩翰譜』が献上された。だが、その後の編纂に関する動きはしばらく不明である。

寛政一一年（一七九九）一月、若年寄の堀田正敦が系譜調査を再開する。「藩翰譜始末」によれば、同年二月二二日に堀田は大目付の池田長恵へ「藩翰譜書継諸家系図取集」の掛を命じた。同年四月に池田は、万石以上の諸家に対して前年までの系譜を追加で提出するよう触を出した。(17) これに対して、前述の岡部藩では同年一二月に「系譜」を池田へ提出したが、その後加筆を命じられて翌年七月に再提出している。(18)

編纂作業は、大目付の監督下に奥右筆所でおこなわれ、当初は岡田寒泉と奥右筆所組頭格の瀬名貞雄が作業の中心だった。岡田は同六年（一七九四）に代官へ転出し、瀬名も同八年（一七九六）に辞職したため、その後は同三年に奥右筆所組頭となった近藤孟郷を中心に、奥右筆所分限帳掛の兼務として作業が続行された。同一一年以後は出役も増員され、のちに地誌調所頭取となる中神守節も加わった。

本書の完成は、本編が文化二年（一八〇五）一二月二六日、系図備考が翌三年（一八〇六）四月九日である。同年一二月一六日には近藤孟郷・秋山惟祺・屋代弘賢など計一一人が褒賞を受けた。だが内容の補訂・訂正作業はその後も続いている。岡部藩の場合、文化五年（一八〇八）五月に大目付の井上利恭から先に提出した「系

譜」中の不明点を問いただされ、同年八月に回答書である「系譜之内御尋ニ付書上覚」を井上の留守居の元へ届けたのである。[19]

（4）『寛政重修諸家譜』と『譜牒余録』

『憲法類集』巻之五によれば、寛政三年（一七九一）五月一五日に松平定信は、旗本諸家に対して絶家や御目見以下を含めた先祖書の提出につき、目付の平賀貞愛と中川忠英へ担当を命じた。同日に彼らが示した先祖書の作成要領と雛型に関する触の冒頭には、「万石以下　御目見以上」の先祖書の「改正取調」と記されている。[20]『天保集成』（No.五一八三）の触によれば、「是迄認来候先祖書之振合を以可被認」内容のほかに、「先祖書之内え今度可書加儀」として、改名、年齢、母の名、家紋・幕紋、葬地、家の「芸術」、拝領物、家蔵書等の書き上げが指示された。また、急な調査では粗略になるので数度に分けて提出してもよいとした。

その後、『実紀』寛政一一年（一七九九）一月一五日条によれば、堀田正敦は正穀とともに改めて先祖書調査の命を受ける。そして同年四月九日に、老中松平信明は次の触を出した。

［史料2］[21]

万石以下　　御目見以上先祖書御用ニ付差出候様、去ル亥年相触候処、今以不差出向モ有之候、早々取調、当年中ニ可差出候、

一、先祖書認方之儀、先達て相達候趣を以、去ル午年迄之事跡相認可申候、尤其家々之系図等ニ有之儀計相認、外々広く穿鑿候ニは不及候、難相知儀ハ不詳と記し、可差出事、

（後略）

これによって寛政一一年調査は、基本的に寛政三年調査の再開・補訂として実施されたことがわかる。しかし

『天保集成』（No.五二六一〜二）によれば、翌一〇日には目付の松平栄隆と小長谷政良から諸家に対し、惣領の法名及び「儒葬等ニ致候儀も候ハヽ、其訳共」と中国的葬儀の有無が調査された。また同年六月一四日には従来の「御目見以上ニ罷成候者より書出」という基準を、判明する限りの先祖にさかのぼり書き出すよう改めている。

なお、これと併行して、堀田正敦は参考資料の筆写をおこなった。作業の再開直後である寛政一一年二月から九月にかけて、紅葉山文庫に架蔵されていた綱吉政権期の家譜調査『貞享書上』一三〇巻を借り出し、奥右筆に書写させて増補と分類編集を加え、書名と序文を付して一二月二六日に完成、翌年一月九日に献上した。[22]これが『譜牒余録』である。

その後、『憲法類集』巻之七によれば、寛政一二年（一八〇〇）一二月と享和元年（一八〇一）三月には幕紋・家紋の一斉調査がおこなわれ、『天保集成』（No.五二八四〜五）によれば、同二年（一八〇二）一二月及び同三年（一八〇三）正月にも、目付の土屋廉直と松平康英による追加調査が実施された。そして『実紀』文化九年（一八一二）一一月二三日条によれば、書物は同年一〇月に完成し、この日、大目付・目付・奥右筆所詰のほか山岡景風・夏目信平等の出役たちが褒賞を受けた。

先祖書調査の再開は『藩翰譜続編』と併せて御用取扱を命じられたようで、触に「内願之通被仰付候」とあるので堀田正敦の申し出によると思われる。作業は林述斎の監督を受け、堀田の屋敷内で目付、右筆所詰、他所からの出役が携わった。『寛政重修諸家譜』条例[23]によれば、担当は山岡景風・山本正邦・深尾元隆・松平一乗・柴村盛庸の五人を首として計六六人にのぼり、浄書にも二六人が従事した。その中には屋代弘賢、奥右筆所組頭の近藤孟郷など『藩翰譜続編』と同じスタッフが並ぶほか、大久保酉山、のちに地誌調所出役になる勝田献等の名が見られる。

(5)旗指物調査

『憲法類集』巻之五によれば、寛政四年(一七九二)五月一五日に大目付の安藤惟徳は旗指物帳面の調査に関して、従来は変更の有無にかかわらず毎年六月・一一月に帳面改を実施していたが、今後は変更の度毎に提出すればよい旨の触を出した。そして同年七月一六日には、安藤と目付の中川忠英・石川忠房が旗指物の調査に関する触を出している。

[史料3][24]

此度諸向簱、馬印、指物等取調候様被仰渡候ニ付、一同追々申達、絵図面等被差出候事ニ候、右ニ付、或者虫喰、色替等之趣ニ而、俄新規被申付候向も有之哉ニ相聞候、右者旧来之儀ニ而仕立、寸法等御旧記ニ引合相糺候上、猶又追々従拙者共及懸合候ニ有之候間、其節ニ至相改、御調置可然事と存候、尤当時所持之品見聞等致候儀者無之候、此段為御心得申達候、御支配向御組中江も不洩様御達有之へく候、以上、

この調査が「旧来」から諸家に伝わる旗指物の調査であること、諸家から提出された資料は幕府の「旧記」と照合して異動を確認する予定であること、などがわかる。その後、『天保集成』(No.五二七〇)によれば、同一二年(一八〇〇)八月に安藤と目付の蜂屋成定は、老中の水野忠友の「被仰聞」として寛政四年調査の未提出分の催促をおこない、『憲法類集』巻之五によれば、この時に五〇〇〇石以下の者へも馬印・指物等の絵図面の提出が命じられた。

旗指物は合戦で敵味方の区別をつけるとともに、自分を誇示する目印であり、常に幕府へ届けられていた。この時期に再調査がおこなわれたのは、前述の諸家の先祖書・系譜の編纂に連動した動きと考えられよう。この二回の旗差物調査結果がどう集成されたか不明だが、『諸役指物帳』等に反映されたと思われる。[25]

(6)小　括

以上、寛政期に着手されて書物編纂及び調査を追ってきた。明らかなのは、高橋章則氏が「編纂書の時代」の起点と評価した寛政一一年以前から書物編纂が開始されていたことである。これらの編纂事業の背景について、藤田覚氏や竹内誠氏らの寛政改革研究によりつつ考えていこう。(26)

松平定信の老中就任前日である天明七年（一七八七）六月一八日、幕府は倹約と文武忠孝を「別て心掛可申」との触を出し、(27)特に後者は綱紀粛正及び人材登用において具体化された。最初に幕府の意を受けて行動したのは聖堂付儒者の柴野栗山である。橋本昭彦氏によれば、柴野は幕臣の綱紀粛正政策として、武芸吟味の実施、人材登用、幕府付儒者の精選、昌平黌における講釈の充実、諸士の勲功を記した名鑑の編纂等を構想していたという。(28)この点、『国鑑』や『孝義録』は、聖堂付儒者へ編纂が命じられ、系譜調査にも聖堂付儒者の岡田寒泉が関与した。もっとも『藩翰譜続編』の編纂を実際に担ったのは大目付である。

その一方、『宇下人言』で松平定信は、幕府日記の整備に触れた後で『孝義録』『藩翰譜続編』等の編纂を述べている。『実紀』天明六年（一七八六）一二月二五日条によれば、「日記編集」精勤により目付の山川貞幹及び表右筆所詰二人が褒賞を受けており、幕府日記の整備は田沼政権期からの課題だった可能性がある。また若干性格を異にするが、『天明集成』の編纂は同七年（一七八七）一一月二三日に、将軍代替の恒例として三奉行から松平定信へ上申され、それを受けて作業が開始されたものである。(29)

ここで寛政期における幕府日記や記録の整備を確認しよう。その最初は、『天保集成』（No.五一三七）の寛政元年（一七八九）七月（二八日カ）付の、勤役中の諸帳面及び書付類の引継に関する触である。また同年八月には、表右筆所組頭の神谷脩正が紅葉山文庫から表右筆所日記を借り出している。(30)『実紀』同年九月一六日条では、「日記」方精勤により大目付の桑原盛員と目付二名が褒賞を受けた。『天保集成』（No.五一八七）では、同三年七月には各所の非現用書類を多門櫓へ納置する触が出され、『天保集成』（No.五一九〇）では翌八月に大目付・目付・右筆所に対し、「御日記都て調方」につき、右筆所日記との照合及び清書を迅速におこなうよう触が出された。

この間、日記掛目付の曲淵景露は同三年四月の建議書で、表右筆所日記の写本作成と分散保存を提案した。[31]これは採用されたようで、例えば、同じ目付の中川忠英は同三年から六年にかけて表右筆所日記を頻繁に借り出し、長崎奉行への転出期間を経て、勘定奉行に就任後の寛政九年（一七九七）八月に返却している。[32]また右筆所専用の文書蔵も「御宝蔵のかたはらの御蔵」に設定された。[33]『実紀』同年一二月一九日条によれば、目付の桑原は「日記」方精勤につき再び褒賞を受けている。右の経緯から、日記や記録の整備は大目付・目付の監督の下で右筆所が主に携わったこと、作業内容は各所に残された日記の収集、右筆所日記との照合や写本の作成などであったことが推察されよう。

ところで各書物編纂の過程を検証すると、中断時期のあることがわかる。『孝義録』の場合、寛政三年（一七九一）以降の触はしばらく確認できず、同一〇年（一七九八）の触はそれまでの褒賞者の追加調査である。『藩翰譜続編』の場合も、出役の交替を除けば寛政七年（一七九五）三月から同一一年（一七九九）一月の間に動きは全く見られない。『寛政重修諸家譜』や旗指物調査でも同様で、書物編纂の中断時期は、おおよそ寛政七年（一七九五）から同一〇年（一七九八）の間にあることが指摘できる。

ここで想起されるのは、当時の幕閣における意見対立である。寛政改革の末期は、蝦夷地対策などで松平定信と本多忠籌の対立が表面化しており、松平定信が老中を解任された同五年七月以降、本多忠籌を中心とする幕閣は定信の政策を変更した。[34]この点筆者は、書物編纂に停滞が見られる原因は幕府の政策変更だったと考える。さらに、編纂作業が再開されるのは、寛政一〇年（一七九八）一〇月に本多忠籌が幕閣を退く前後からで、後任の老中首座である松平信明は、再び積極的に書物編纂を推進していく。その理由は、横山則孝氏が指摘した「ことに服して何事も赤心をおかしてとひ給ふ」松平信明と松平定信の個人的関係にあったと見てよいだろう。[35]そして松平信明の下で実務を指揮したのは、かつて定信に抜擢された若年寄の堀田正敦だった。この限りでは、寛政期における書物編纂の進捗は、松平定信の影響力の盛衰に規定されたと見るべきである。

さて、寛政改革期の書物編纂が再開された寛政末年頃、新たな書物の編纂が開始された。例えば中国清代の史志に相当するもので、松平定信が編纂構想を持っていた「御実録」と「風土記」につき、前者は寛政一一年に徳川家事蹟の史料収集として林述斎が建議し、享和元年（一八〇一）から奥儒者の成島司直等によって着手された。[36]文化六年（一八〇九）二月二八日には、成島司直を中心に『徳川実紀』を手掛ける実紀調所が設置され、文政二年（一八一九）には『朝野旧聞裒藁』の編纂を手掛ける沿革調所が、実紀調所から分離して宮崎成身を中心に設置された。三つの調所はすべて昌平黌内に設置され、その中心には林述斎がいた。なお『天保集成』（№五二九八～九）によれば、文化四年（一八〇七）九月九日には、『孝義録続編』の編纂が同じ昌平黌で始まっている。これらは綱紀粛正を契機として始まった幕府の編纂物が、林家の下で「歴史意識の操作によるイデオロギー統制」[37]の傾向を強める過程と評価できよう。

だが一方で、『五街道其外分間延絵図』など地理関係の書物編纂が同時期に勘定所で進んでいた。これらの編纂事情を論じるには、関東郡代兼帯勘定奉行を拠点とした「地理糺し」の実態を解明する必要がある。次にこの問題に触れよう。

第2節　勘定所の編纂・調査――関東郡代兼帯勘定奉行を中心に――

関東郡代兼帯勘定奉行は、寛政四年（一七九二）三月に関東の世襲代官である伊奈家が改易された後、その役儀を継承して、幕領支配、鷹野御用、公金貸付、江戸湾防備、関所の管轄等を主な職務とした役職である。同年三月一〇日に、勘定奉行の久世広民が「関東御郡代兼帯」を最初に命じられ、寛政九年（一七九七）六月に中川忠英へ引き継がれ、中川が文化三年（一八〇六）正月に大目付へ転出した後は後任が置かれず、同年三月に正式に廃止された(38)。

右の一五年間に勘定所が関与した日本地理の調査には、寛政四～五年（一七九二～三）の江戸湾海防巡見、寛政六年（一七九四）完成の『四神地名録』、寛政一〇年（一七九九）完成の日本海岸図、同年着手の江戸周辺廻村調査、寛政一二年（一八〇〇）～文化三年（一八〇六）編纂の『五街道其外分間延絵図』、享和三年（一八〇三）調査の「郡村仮名付帳」、文化二年（一八〇五）勘定所管轄となった『大日本沿海輿地全図』（伊能図）等がある。これらを考えあわせると、江戸周辺地域から全国に及ぶ地理調査が、一時期に特定の役職によって集中的に実施されたという、興味深い事実がうかびあがってくる。以下、これら「地理糺し」の実施過程をみていこう。

(一)江戸湾海防巡見

関東郡代兼帯勘定奉行が機能し始めた寛政四年（一七九二）六月、徳丸原と鎌倉にあった幕府の大筒稽古場が久世広民の管轄となり、郡代附代官の大貫次右衛門支配下へ入った(39)。同年九月のラクスマン根室来航以前であるこの所轄替えから、海防対策は当初から関東郡代兼帯勘定奉行の機能だったと考えられる。

そして同年一一月から一二月にかけて、松平定信が海防政策を提言していた頃、久世は安房・上総・下総・相模・伊豆の沿岸地域における巡見の準備を進めた。筑紫敏夫氏によれば(40)、同年一二月には、小人目付の小磯清九郎、普請役の星野瀬助が銚子湊から木更津までの廻村を実施した。寛政五年（一七九三）正月七日には、久世広民の一行が江戸を出発して、一カ月の間に伊豆と相模の沿岸を、続けて房総沿岸を廻村して常陸国佐原まで進み、三月初旬に戻った。一行は久世のほか、目付の中川忠英と森山孝盛、勘定吟味役の佐久間茂之、勘定組頭の勝田彦兵衛、さらに勘定・郡代附代官・徒目付・小人目付・普請役などが随行した。これらの調査では、村高、領主、家数・人数、舟数、村方稼・運上等について村から書上を提出させている。

　これらの調査の後、松平定信自身も久世や谷文晁をともなって海防巡見に向かった。定信の一行は三月一八日に江戸を出発、伊豆・相模を廻村して四月七日に戻った。このとき定信は、伊豆国安久村の名主である秋山富南が作成した伊豆国絵図をもとに巡見をおこなった可能性がある。また、これとは別に、巡見に際して勘定所や定信は国絵図の写を作成している。(41) 以上から、久世らによる江戸湾の海防巡見は、江戸周辺地域の地理に対する幕府の再認識をともなっていたといえよう。

(2)『四神地名録』の編纂過程

　寛政六年（一七九四）一一月、古川古松軒（平次兵衛・辰）は江戸周辺の地理書である『四神地名録』を幕府へ献上した。(42) 古川は、享保一一年（一七二六）備中国下道郡の生まれで同郡岡田町に居住し、当代の地理の専門家として知られた。古川と幕府の関係は、天明八年（一七八八）五月から一〇月にかけて実施された、幕府巡見使への随行に始まる。彼が抜擢された理由は不明だが、徳川家斉側衆である小笠原信喜の医師を勤めた松田魏楽に魏丹という養子がおり、これが古川の実子だったことが関係するといわれる。

図５　古川古松軒肖像

　古川は五月六日から一〇月一八日までの全行程に随行して、特に奥羽・蝦夷の地域の地理及び風俗を調査し、その結果を『東遊雑記』にまとめた。ここで古川は、林子平『三国通覧図説』におけるロシア認識を批判し、ロシアにおける領土拡張の意図を否定した。翌寛政元年（一七八九）正月、『東遊雑記』は巡見使へ提出され、小笠原信喜を通じて松平定信へ届いた。

定信にとって『東遊雑記』は、幕府巡見使一行による北方地域の調査報告である。浅倉有子氏によれば、寛政改革期の蝦夷地政策は、ロシアの領土拡張を伝える最上徳内らの情報に基づき蝦夷地へ幕府役人の派遣を唱える本多忠籌と、従来通りのロシア対策でよいとする松平定信の間に対立が見られた(43)。そこでの定信の見解には、林子平を批判する『東遊雑記』が少なからぬ役割を果たしたといわれ、対外危機に対する定信の政策判断へ地理調査が影響を与えた点に注目したい。

さて、寛政改革の末期にあたる寛政五年（一七九三）三月、古川古松軒は倉敷代官を通じて前述の久世広民から江戸出府の要請を受ける。九月二一日に江戸へ到着した古川は、翌日から勘定所役人より日本地理について聞き取り調査を受け、西日本の地理見聞である『西遊雑記』と地図の提出を命じられた。古川は同年末までかけてこれらの清書を仕上げたが、この間に松平定信や中川忠英からも地理の聞き取りを受けている。中川は九州の地理を詳しく尋ねたので、古川は異国船対策と認識していた(44)。

翌六年の二月初め、老中戸田氏教は古川に対して、武蔵国のうち御府外の村々について実地調査をおこない、その成果を書物と絵図にして提出するよう命じた。当時の事情を示す史料を次に掲げよう。

［史料4(45)］

寅二月四日　久世丹後守様御用人ゟ御切紙寄来之写

被相達儀有之間、明五日八ツ時丹後守御役宅江被罷出候様可申入旨、被申付候、以上、

久世丹後守内

松原久左衛門

二月四日
西　川　東　吾
金子庄左衛門
古川平次兵衛殿

五日八ツ時　丹後守様御屋敷江罷出候処、奥江御召、難有御懇命を蒙り御直ニ御読渡被為遊候書付之写、
伊藤播磨守領分備中国岡田町
古川平次兵衛
其方国々地理之儀相心得罷在趣相聞候ニ付、武蔵之国之内、別紙絵図面赤紙印付置候内之村々江罷越、御府外之分、山々高下、何山ゟ何山江続候と申儀、向背険易、其外往来道筋、海川之深浅、村之広狭、土地之善悪、旧跡、産物等委相改、書面或ハ絵図面ニ認可差出旨、戸田采女正殿被仰渡候、尤御普請役柏原由右衛門、御小人目付室田留三郎差添遣候間、得其意諸事可申談候、
伊藤播磨守領分備中国岡田町
古川平次兵衛
道中路用一ケ月期弐両御扶持弐人扶持五割増
右者此度武蔵国之内御府外村々地理糺しとして罷越候ニ付、廻村中路用并廻村日数御扶持方書面之通被下候、御扶持方
三人扶持
右　同　人
右者御当地へ罷出居候内日数ニ応し、為御手当書面之御扶持方被下候、
右之通戸田采女正殿被仰渡之、

被仰渡候節御出座
御勘定河原伊太夫様
御徒士目付鈴木八兵衛様
六日風邪ニ而休足
七日御掛り御役人中様御礼参上候
柳生主膳正様　御勘定奉行　御館小川町堀留
久世丹後守様　御勘定奉行　御館馬喰町
中川勘三郎様　御目付　御館駿河台杖突坂上
森山源五郎様　御目付　御館赤坂氷川明神裏
佐久間甚八様　御吟味役　御館小石川飛坂上
勝田彦兵衛様　御勘定組頭　御館赤坂新店
八日下絵図ニ取かゝる
柏原うし室田うしへ存寄書并ニ
地理入用之具之一件申遣
九日雨天柏原うし室田うし御出ニ付諸事之申合万事熟談
十一日伺書并路用金御扶持方米之一件
十二日初午室田うし御出
十三日下絵図出来御府外御府内之堺之伺
（中略）

十九日御掛り御役人様方へ御礼ニ参上
廿　日久世様ゟ御用筋ニ而御召ニ而参上
　府内府外之儀仰を蒙る
　御伺直ニ申上候様ニ仰を蒙る
廿一日発足

これは、古川が『四神地名録』編纂を拝命した頃の日記と思われる留書である。古川は、二月五日に関東郡代兼帯勘定奉行の久世広民役宅へ呼び出され、老中戸田氏教から府外村々の「地理糺し」及び路用金と扶持方につき言い渡された。調査対象である「御府外」の村々は、絵図に赤紙を付して古川に示された。その範囲は豊島・多摩・荏原・葛飾の四郡にわたる、いわゆる「江戸十里四方」の村々である。幕府はこれらの村々の地形、村の広さ、地味、旧蹟・産物につき、普請役の柏原由右衛門及び小人目付の室田留三郎とともに調査するよう命じた。

二月七日に古川は、今回の「地理糺し」の担当である勘定奉行の柳生久通、関東郡代兼帯勘定奉行の久世、目付の中川と森山、勘定吟味役の佐久間、勘定組頭の勝田へ挨拶回りをしている。ここから柳生を除き、担当の普請役と小人目付を加えれば、古川の地誌調査は江戸湾海防巡見と全く同じ陣容となる。翌八日には、調査準備のため下絵図の作成に取りかかるが、道具の手配をはじめ調整の一切は柏原と室田がおこなっていた。

二月一三日に下絵図は完成し、同二一日に古川は廻村調査へ出発した。調査の開始とともに、代官の伊奈友之助は次の触を村々へ出した。

[史料5](46)

此度武蔵国御府外、豊島郡、荏原郡、多摩郡、葛飾郡村々之内地理山々為糺、伊東播磨守領分備中国岡田町古川平次兵衛、御普請役・御小人目付差添差遣候間、於場所差支無之様支配村々江申渡、并最寄私領村々江も通達致、是又差支無之様取計、尤私領村々ニ而遣候竹木之儀、最寄御代官江申立候様被仰渡候間、可得其意候、且前書之通私領村々ニ而遣候竹木代之儀者追而我等役所より相渡可申候、尤人足并休泊其外等之儀、差添被越候御普請役・御小人目付申付次第、諸事差支無之様可致候、寺社領之儀者、其向々ゟ申渡有之候得共、洩等無之ため私領・寺社領共令請印相廻し、留りより我等役所江可相返候、已上、

寅二月　　　　　　　　　　　　　　　　　伊奈友之助　印

［史料5］によれば、幕府領へは本触が廻り、寺社領へも寺社奉行を通じて触が廻るが、私領には触の伝達ルートがなかった。そこで代官所は、幕府領の村々に対して「最寄私領村々」へ本触を伝達させ、かつ「洩等」を防止するため、私領・寺社領ともに代官所の廻状へ請印させることを求めた。これは文政一〇年（一八二七）設置の改革組合村における触回達方式と同様な点に注目したい。さらに、古川の廻村調査に関する触は鳥見役からも出された。足立郡鳩ケ谷宿には二月二三日付で「武蔵国御府外豊島郡・荏原郡・足立郡・葛飾郡地理為糺」について、古川と普請役及び小人目付の調査が「御場内江茂罷越、分間等いたし候事」を心得る旨の廻状が届いている(47)。

古川は八月下旬までに調査を終えた。その後の動きを『四神地名録』序文(48)で確認すると、古川は一一月二五日まで編集・執筆に携わり、同二八日に勘定所へ『四神地名録』正副二冊と地図二枚を提出した。うち一部は幕閣の閲覧を経て紅葉山文庫へ収納され、もう一部は勘定所に備えられた。古川の手元に残った草稿は、堅く他見を禁じるよう久世広民から言い渡されたという。

完成した『四神地名録』は、各郡毎の構成で、各村及び村内の名所旧跡毎に記述されている。文体は和文で、地理情報や産業情報が満載される一方、領主や年貢などの政治情報は全くといってよいほど見られない。豊富な挿し絵が特徴的だが、特に地形に関する図版が詳しい。付録の絵図は、「江戸十里四方」における村々の位置と、

街道、地形、主な名所旧跡の位置を描き、特に河川や用水の記述が詳細である。
以上の過程をへて完成した『四神地名録』は、幕府が「江戸十里四方」の実情につき、所領を越えて面的掌握を目指した地理調査の成果であった。その調査は、古川とともに関東郡代兼帯勘定奉行と組附の役人が従事した。このような彼らの活躍は、伊奈家改易後における江戸周辺地域の再掌振を担っていたと評価できよう。

(3)中川忠英の廻村調査と「村方明細書上帳」

寛政一〇年（一七九八）正月、前年に関東郡代兼帯勘定奉行となった中川忠英は、江戸廻りの村々に対する地方廻村調査へ着手した。次の史料は、調査にあたって村方へ提出を求めた「村方明細書上帳」雛型の後半部である。省略した前半部には、村の広狭、道法、地形、土性、田畑反別及び年貢、用悪水、堤川除普請、林野、家数・人別、牛馬数の項目がある。

［史料6］[49]

一、忠孝奇特之もの又者□□(六十)歳以上之男女名前書付、并十五歳已下ニ而格別勝候才能有之候者之事、
一、新開ニ可相成場所、荒地可起返分并起方仕方有無、新規冥加・運上其外都而御益筋可相成儀之事、
一、六十歳以上之やもを・やもめ、拾五歳已下之みなし子ニ而、何も極困窮之もの、并自身自由不叶、病気又者片輪等ニ而自分稼不相成もの丶事、
但やもを、やもめ之儀者、六十歳已上ニ而夫無之妻無之もの、并みなし子之儀ハ、十五歳已下之男子女子ニ而父母ニ離レ、何も暮方難義之者の事、
一、村内ゟ出候衣類、食物之助ニ相成候品、又ハ菜種ニ可相成草木・鳥獣・虫・魚・砂石之類有無之事、
一、田畑山林ニ植ふやし可然もの、其土地相応不相応之事、

一、寺院之名前・宗旨・本寺ニ候者末寺何程有之・末寺ニ候ハヽ本寺何方之何と申哉并開基何と申哉・歳暦・御朱印高・除地等有無之儀、其寺院ゟ書付可出旨、村方ゟ通達可致事、

一、社号・祭詞(祀)・縁起・神職・御朱印高・除地有無之儀前同断立事、

一、寺社・異宝・古器・書画・碑銘・其外都而異形・診玩之物有之儀、前同断事、

一、村内山海川沢之稼、其外古来ゟ仕来候農業之外手業之事、

一、古城跡或者旧記・名所等之事

一、村々貯穀員数之事（略）

一、郷蔵有無之事、

一、御料・私領・寺社領入会之村方一村高何程

内訳

高何程	御料
高何程	誰知行所
高何程	社領
高何程	寺領

一、両毛作有無之事、

一、酒造稼いたし候もの有之候ハヽ、作高之事、

一、村内分限成もの有無之事、

一、用水掛有之村方ハ何川ゟ引、組合等有之哉、又者天水場村方ハ溜井何ケ所有之哉之事、

一、村々定免之内、水旱損ニ而何ケ年破免いたし候哉之事、

一、田畑肥等用方之事、
一、川付村方ハ作場渡有無之事、
一、村々其所之産物等有無之事、
一、村絵図可差出事、
　　但田畑山林居村并秣場、御普請所・自普請所之外村境等委細ニ相認、弐枚ツ、可差出事、
一、村入用等壱ケ年分凡何程相掛候哉之事、
　　但仕来ニ而村入用帳書不加入用も有之候村方ハ、何々之わけニ而書不加哉、書付ニ相認可差出事、
此度中川飛騨守殿其村々巡検有之間、其旨相心得、右ニ付別紙箇条書付之趣、早々取調置可申、且廻村順并泊り其外為糺手代差遣間、其節右書付可差出候、右之外委細之儀者出役・手代可申達間、得其意、諸事差支無之様可謂指図候、此廻状刻付を以早々継送り、留り村ニ而出役之者江相返者也、
　　午正月
　　　　　　　　　　　　　　　　　　菅沼安十郎役所

［史料６］は、通常の村明細帳に準じるが、当時の幕政を反映した調査項目も見られる。例えば、忠孝奇特者の項目は当時再開された『孝義録』編纂と関係すると思われ、一五歳以下の「才能」者書上は昌平黌の人材登用と関連が想定される。「村内分限成者」項目は、村方の「苗字帯刀」身分の把握だが、これは享和元年（一八〇一）七月の百姓町人「苗字帯刀」制限令と関係しよう。(50) また古城・名所旧跡、寺社の由緒及び宝物類に関する調査が充実するほか、農間余業、二毛作、酒造など特産物や産業に関係する項目も詳細である点は、他の村明細帳と比べて特徴的である。これらは前述の通り、『四神地名録』において重要視されていた。

吉岡孝氏によれば、この廻村調査がおこなわれた時期と範囲は、寛政一〇年（一七九八）正月から文化三年

（一八〇六）二月までの八年間に、武蔵国多摩郡・高麗郡、下総国葛飾郡、相模国高座郡・愛甲郡で二五例が確認できるという。[51]興味深いのは、これらの地域が『四神地名録』の収録範囲の外縁部にあたり、調査時期が中川忠英の関東郡代兼帯勘定奉行就任期間にほぼ一致することである。調査に際しては、関東郡代附の勘定組頭である金沢瀬兵衛・西野久備・木城金朝らを中心に、支配勘定や勘定たちが現地へ赴いた。このうち金沢は寛政四年以来の関東郡代附役人である。

このように中川忠英の廻村調査は、『四神地名録』と同じ江戸周辺地域の所領を越えた面的掌握の試みであり、しかも『四神地名録』外縁部を対象としていたのである。

（4）『五街道其外分間延絵図』

寛政一二年（一八〇〇）には、『五街道其外分間延絵図』作成のため、五街道及び脇街道沿道の諸町村に対する調査が始まった。同年六月二三日、支配勘定の上野権内は老中戸田氏教から「五海道筋分間絵図仕立」を命じられ、金二〇両を渡された。[52]翌七月には、道中奉行兼帯の勘定奉行石川忠房及び大目付井上利恭が関係役人を勘定所へ招集し、勘定組頭の関川庄右衛門が次の達を出した。

［史料7[53]］

此度五海道分間絵図仕立為御用、支配勘定上野権内并御普請役等差遣候間、右道中筋宿々間之村々往還筋へ掛候分は一体之儀ニ付、右之内には御領分等も可有之候間、此段申達候、

この史料は、幕府領の代官たちへ分間絵図調査への協力を要請したものと思われる。同月中に調査は開始されたが、このとき日光御成道沿道の村々へ出された廻状を次に掲げる。

［史料8[54]］

今廿三日、御勘定様方岩渕(淵)御泊リニ而、明日早々往還筋御見分有之候間、巨細ニ相分リ候村役人、村境ゟ御案内可被成候、尤往還間数絵図面も御持参可被成候与可然存候、

右急御用ニ付、御心得被成無間違御取計被成、村下へ印形致シ御渡し可被成候、以上、

七月廿三日

川口宿

名主　文左衛門

中居　小渕　辻

右村々御名主中

［史料8］の日付から、分間絵図調査は日光御成道から着手されたと考えられる。管見の限り、分間絵図御用役人による各街道の現地調査は次のように確認できた。

○日光御成道＝寛政一二年七月鳩ケ谷宿（武蔵）

○中山道(55)＝寛政一二年一〇月桶川宿（武蔵）、同年一一月本庄宿（武蔵）、享和元年五月本山宿（信濃）、同年六月藤塚村・八幡村（上野）

○東海道(56)＝享和二年九月本宿村（三河）、同年一〇月矢作村（三河）、同三年一二月神奈川宿（武蔵）

○水戸佐倉道(57)＝文化元年一二月砂原村（武蔵）、同二年正月松戸宿（下総）

○日光道中・奥州道中(58)＝文化二年三月瀬川村（下野）、同年八月長井戸村（下総）、同年一二月粕壁宿（武蔵）

調査人員は上野権内や山田大吉ら勘定の下に関東郡代組附を含む勘定所や評定所の役人数名、そして数人の普請役が分間方、絵図方、清書などの役割分担をもって参加した。桶川宿の調査の場合、上野権内など上下三名ずつ計六名、普請役の皆川定次郎・榎本清次郎・鈴木逸八ほか上下三名ずつ計六名の合計一二名だった(59)。

彼らは各街道ごとに調査班を組み、調査では宿村側から「分間絵図御用村方明細帳」を提出させ、さらに現地

調査を実施した。葛飾郡砂原村に示された調査項目は、村名、近隣宿場からの距離、村高、村内往還の距離と道幅、高札場、往還掃除、並木、村境杭、一里塚、御林、名所旧跡・古城跡、名物・名産、往還附の朱印地・除地、橋、用水路、河岸、船、家並、鷹場、農間渡世、遠望可能な山、助郷などである。[60]大部分が街道にかかわる項目だが、名所旧跡・古城跡や名物・名産もあげられている。また現地調査では、街道から見渡せる山々の景色までも詳細にスケッチし、粕壁宿ではそのため六日間も滞在している。

『五街道其外分間延絵図』は文化三年(一八〇六)に完成した。翌四年(一八〇七)正月に作成された「五街道其外分間見取延絵図総目」の跋文によれば、[61]それは「絵図并大概書」と「諸街絵図」で一揃いと考えられていた。このうち「絵図」すなわち分間延絵図は縮尺一里七尺二寸(一八〇〇分の一)で、道路は方位に従い「迂曲」して描き、街道周辺の事物は「山川城市観霊廟旧蹤古墳」等を描いた。また「大概書」では、諸書に錯綜する「駅路庶事」についての概要を「研究修正」した。そして「諸街絵図」すなわち『諸街折絵図』は、朝鮮半島の倭館やオランダ船の来航路から琉球・北海道・樺太までの陸海路及び宿村・里程・諸大名の江戸屋敷等を描いた、まさに日本諸街道総図というべきものである。これらは三組作成され、一組を官庫に納め、二組を「館駅使所」に置いたという。おそらく道中奉行兼帯勘定所に配備されたのだろう。[62]

(5)「大日本沿海輿地全図」(伊能図)

江戸幕府による日本海岸図の作成は、既に『実紀』寛政一〇年(一七九八)一一月一九日条でその完成を確認できる。そして『五街道其外分間延絵図』着手と同年の寛政一二年三月一四日、老中水野忠友は天文方の高橋景保に対して、門人の伊能忠敬による蝦夷地海岸測量を許可し、[63]伊能はその後四年にわたり東日本の海岸線を測量して沿海地図を作製した。これをきっかけに伊能の海岸測量は勘定奉行の管轄へ入り、西日本及び内陸部の測量もおこなうことになる。(64) 文化二年二月二〇日には西日本の諸藩が招集されて、勘定奉行小笠原長幸から次のような老中戸田氏教の達が言い渡された。

[史料9](65)

申渡

天文方
高橋作左衛門手付
伊能勘解由
作左衛門弟
高橋善助
同　下役
弐　人
同内弟子
四　人

右者此度測量為御用、東海道通り中国筋、四国、九州、壱岐、対馬迄罷越候付、当二月下旬比江戸出立、別紙道筋書之通国々相廻り測量可致候間、其段可被相心得候、

一、右ニ付他領并嶋々江渡海之節者其所之領主ゟ船を出し差支無之様可被致候、尤測量道具為手入止宿いたし候儀茂可有之候間、是又差支無之様可被取計候、

一、廻国先ゟ江戸頒暦所江御用状差出候儀有之候ハヽ、領主便を以被相届、且江戸表ゟ廻国先江御用状差出候節心当之場所其領主役人中江可相達候間、其所江到着候ハヽ、着之上被届、出立後ニ候ハヽ、先々江相届候様可

被致候、

右之趣可相達旨戸田釆女正殿被仰渡候間申達候

丑二月

ここに勘定所の管轄となった全国地図測量事業が正式に開始される。伊能らの全国測量調査の実態について、次の史料を掲げよう。

[史料10(66)]

国々測量為御用、来廿八日頃信州善光寺出立、飯山通り須坂松代通り借宿村迄相越、同所ゟ下仁田通武州本庄迄相測り、夫ゟ無測量ニ而中山道熊谷迄相越、同所ゟ秩父街通り川越、夫ゟ江戸街道筋板橋迄相測り候間、御証文之通り人馬無滞継立、且右通行筋村々ゟ別紙案文之通り書付差出し、村送りニ案内可有之候、尤重立候寺社等江者相越候間、其最寄通達可被致候、

一、惣人数上下拾五人相越候ニ付止宿等差支無之様、泊所ニ而夜分量測《(ママ)》有之間、明地拾坪計用意可有候、

一、雨天其外御用調測量手入等ニ而逗留茂有之間、泊り付て追々途中ゟ可申達候、勿論賄方之義者勘定之木銭米代相払候間、所ニ有合之品ニ而一汁一菜之外可為無用候、

一、御証文写三通書上案紙弐冊相添差遣候、早々順達留り村板橋宿より江戸浅草御蔵前竹町順歴御用所高橋作左衛門御役所江相届ケ可被申候、以上、

戌四月

門谷　清治郎㊞
今泉　又兵衛㊞
永井甚左衛門㊞

伊能　勘解由㊞

これは、武蔵国秩父郡金崎村へ文化一一年（一八一四）五月六日夜に届けられた廻状の写で、九州全域を廻った第八次測量の最後にあたる。伊能以外の三名は、高橋景保配下の天文方下役である。村方にはこの廻状のほか、三通の人馬差出証文が出された。

まず確認すべきは、伊能の測量隊が意図的に各地の街道を測量してまわった点である。［史料10］の場合、信州善光寺から江戸までの間を測量し続けた後、おそらく過去に測量実績のある中山道本庄宿から熊谷宿の間を「無測量」で通り抜けて、熊谷から秩父往還を寄居へ、そして秩父大宮へと測量しながら移動している。秩父への移動が目的なら、本庄宿から直接向かうのが最短距離である。だが、あえて秩父往還へ迂回し、わざわざ秩父から山越えして川越へ向かい、川越街道を測量しながら江戸へ戻る経路は、明らかに海岸線測量の趣旨を逸脱しているといえよう。

また、測量調査にあたっては通行筋の村々へ「書付」の提出を求め、その案文二冊を廻状に添えた。［史料10］と同じ文化一一年五月の秩父往還測量の際、武蔵国比企郡増尾村が提出した「書上」には、村名、村高・反別、家数、彊域、往還筋の景観、居村の位置、隣村、村内街道、川、寺社、庵、古城跡、遠山、名所旧跡、名産の各項目がある。(67)一見してその内容は、日本図作成に収斂させることのできない調査目的を想起させよう。

全国測量調査は文化一二年（一八一五）まで続けられ、その集大成である『大日本沿海輿地全図』は、伊能の死後一年たった文政四年（一八二一）に完成した。

（6）「郡村仮名付帳」

享和三年（一八〇三）、勘定所による諸国郡村名の文字訓等の調査が開始された。(68)

[史料11[69]]

諸国郡名村名等之文字并字訓取調候義有之候間、各様御知行并御支配向末々ニ至迄地方有之候分不洩様、別紙案文之振を以相認御差出可有之候、難相分儀も有之候ハヽ、以書面御問合有之候様存候、依之及御達候、

二月

これは、享和三年二月一八日付で勘定奉行中川忠英が出した触である。同年五月にはこれを受けて寺社奉行の触が出されたほか、それに先立つ四月二五日には勘定奉行から山田奉行を通じて伊勢神宮領の調査が開始されている。諸藩の場合はこれより早く、閏一月には南部藩で調査が始まっていた[70]。また平戸藩の場合、四月には領内の肥前国松浦郡ほか一郡の「郡村仮名付帳」が完成している[71]。この調査は地名読みかな調査として知られるが、関東における調査の実態を見る限りはそれにとどまらない。次にその史料を掲げよう。

[史料12[72]]

御触書留

何国何郡之内　　何之誰知行　何ヶ村

御料
私領　入会歟
入会無之歟　　何郷何庄等之内　何《カナ》村

入会有無　　何郷何庄等之内　何村枝郷　何　村

入会有無　何郷庄領等之内　何新田村

入会有無　何郷庄領等之内　何町

何城下何陣屋附何方之内　何町

入会有無　何郷庄領等之内　何新田

但新田之内□（虫損）□新田ニ而居村も無之分者不及書出候、人家も有之村形ニ成候分ハ書出候、

別紙案文之通り、当四月中迄ニ帳面ヲ認、入念相改可差出候、右者従
公儀被　仰出候間、早々取調可差出候、此案紙刻限□（虫損）留置村下令請印、昼夜早々順達可致者也、

亥三月十二日　御領知

御役所

［史料12］は、一橋領知である武蔵国埼玉郡上平野村へ出された「郡村仮名付帳」調査の雛形である。この史料は、一橋役所へ提出した控である享和三年「国郡村御改ニ付書上帳」に付せられているが、表紙の文言によれば、

村はこの調査を「是ハ郷庄領枝郷新田御改」と認識していた。また寺社領での調査について、常陸国真壁郡田宿村に朱印地を持つ龍雲寺が勘定所へ提出した「郡村仮名付帳」控を見ると、村名などの地名に読みを付していないものの、その代わり郷・庄・領名の書き上げが見られる。(73) このように、関東における郡村名調査は、郷・庄・領名調査を兼ねたと思われる。

武蔵国「郡村仮名付帳」の稿本と思われるものに、内閣文庫の『武蔵国郡村名寄帳』二冊がある。(74) これは、最初に収録する郡の総石高と村数を記し、その後から郡毎に領・郷・庄の呼称に従って村名を書き上げ、各地名には片仮名で読みを付す。ところで、東京都公文書館には『武蔵国郡名帳』という書物が所蔵されている。背表紙に「文化庚午」＝文化七年（一八一〇）の墨書があり、表紙には「松崎文庫」の方形朱印が押されることから、地誌調所出役の松崎純庸が書写したと考えられる。(75) この『武蔵国郡名帳』も村名に片仮名で読みを付して、郷・庄・領の分類にしたがって配列されているのである。

ちなみに、一国規模の「郡村仮名付帳」は駿河国でも文化元年（一八〇四）に完成している。(76) 駿河国での調査例について、例えば駿河国庵原郡宍原村の場合、享和三年（一八〇三）五月に草谷役所へ郷庄名とその読みに関する書上を提出している。(77) ここでは宍原村の字の異動や伝馬継における村々の連合も調べているが、主眼はやはり郷庄名とその読みだった。このように、関東・東海の「郡村仮名付帳」では、歴史的地名へ関心を示すものがある点を指摘しておこう。

領国単位で作成された各地の「郡村仮名付帳」が幕府へ集積されて、一国単位で編集された形跡はない。理由は不明だが、この事業の中心人物と見られる中川忠英が、文化三年（一八〇六）一月に大目付へ転出したため作業が中絶したとも考えられる。

(7)小　括

以上、関東郡代兼帯勘定奉行を中心とする「地理糺し」=地理調査について検討してきた。その結果、これらの調査活動は大きく二つに分けることが可能と思われる。

一つは、寛政四年に始まった江戸周辺地域を中心とする調査である。これは伊奈家の改易と松平定信の海防意識をその政策的背景に持っていた。そして江戸湾の海防巡見に始まり、「江戸十里四方」の広域調査を展開して『四神地名録』を編纂させ、さらにその外縁部地域の廻村調査へと継続した。これらの調査は所領を超えておこなわれた点から、この地域を面的に再掌握しようとする幕府の、おそらくは定信の意図を読みとることができよう。

もう一つは日本全土に及ぶ地理調査である。直接には寛政末年に始まるが、松平定信との関係を考えれば、その初発は寛政元年『東遊雑記』や同五年の古川古松軒招請までさかのぼりうる。その場合、最初のきっかけは蝦夷地問題など対外危機意識だったといってよい。これらは三人の勘定奉行が調査担当を分担する形で実施されたが、『五街道其外分間延絵図』の調査にも関東郡代附の役人や普請役は携わった。これらの調査によって、全国の主要街道、日本列島の輪郭と地形、人家のある地域の地名が明らかになるはずだった。これは先の江戸周辺地域の調査と並び、日本全土の再掌握を目指した行動と見るべきだろう。

したがって当時の幕府は、江戸湾と蝦夷地での対外危機意識に対応する形で、江戸周辺地域と日本全土の二重構造において日本地理の再掌握を目指したと考えることができる。そこには堀田正敦や松平信明の施策があり、背後に松平定信の影響力が存したことは、もはやいうまでもない。

文化三年に中川が勘定所を去った後、勘定所の地理調査は必ずしも持続しないが、その調査機能が途絶えたわけではなかった。天保二年（一八三一）一一月九日、老中水野忠成は勘定奉行竹垣定之はじめ勘定吟味役、目付勝手掛などへ「諸国惣国高取調御用」すなわち天保郷帳の改訂を命じた。このとき勘定所は、従来と異なって自らの手で国絵図改訂をおこない、特に武蔵国では国絵図御用の役人が廻村調査を実施している。このとき村方が提出した絵図の控は、例えば武蔵国内の各地に多く残っている。(78) 勘定所における日本全土の再掌握の志向は、天保郷帳・国絵図の改訂までは続いたのである。

第3節 まとめ

寛政改革期を起点として文化期に至る江戸幕府の書物編纂・調査は、大きく二つのグループの下で進められた。一つは大目付・目付と昌平黌で、ここでは文武忠孝に基づくイデオロギー統制と日記及び記録の整備の二つの志向を持っていた。もう一つは関東郡代兼帯勘定奉行を中心とする勘定所で、ここでは当時の対外危機意識を背景に、江戸周辺地域及び日本全土の再掌握を、二重構造において志向したと評価できる。したがって一九世紀初頭における江戸幕府の書物編纂は、第一にイデオロギー統制、第二に諸記録の整備、第三に日本地理の再掌握という三つの志向を持っていたとまとめられる。

最後に、松平定信の「風土記」編纂構想に端を発する江戸幕府地誌編纂事業への展望を示しておこう。寛政末年から文化初年にかけての勘定所は、自らの職権を最大限に生かし、各種の書物編纂とその調査を通じて、日本全土の再掌握を二重構造において志向した。それを可能にしたのは、伊奈忠尊失脚後における関東地域支配の立て直しを担った関東郡代兼帯の機能である。しかし文化三年以降は関東郡代兼帯が廃され、「郡村仮名付帳」の中絶に見られるように、その調査機能は縮小していった。そこへ代わって登場するのが林述斎の昌平黌である。

第5章で論じる通り、述斎は書物編纂が再開される寛政末年頃に地誌編纂事業を建議し、享和元年（一八〇一）に着手する。したがって、寛政期の『四神地名録』編纂は第三の志向をもって勘定所が担当したが、文化期の地誌編纂は第一の志向を帯びた日本地誌調査として昌平黌で始まると評価できよう。

（1）高橋章則「近世後期の歴史学と林述斎」（『東北大学日本思想史研究』二七、東北大学文学部日本思想史研究室、一九八九）。
（2）阿部真琴「江戸時代の『地理学』」（『歴史地理』一六―五～六、一九三二）、山本武夫「徳川幕府の修史・編纂事業」（『新訂増補国史大系月報』三三～四一、一九六八）などの先行研究がある。
（3）福井保『江戸幕府編纂物』（巌松堂書店、一九八三）、同『江戸幕府刊行物』（巌松堂書店、一九八五）。
（4）福井保「『徳川実紀』の編纂」（『内閣文庫書誌の研究』日本学書誌大系一二、一九八〇）。
（5）註（1）に同じ。
（6）藤田覚『天保の改革』（吉川弘文館、一九八九）、一一〇頁。
（7）小野将「近世後期の林家と朝幕関係」（『史学雑誌』一〇二―六、一九九三）が、近世後期の林家に関する研究史とその問題点をまとめている。また筆者も「地誌調所編纂事業に関する基礎的研究」（『関東近世史研究』二七、一九九〇）で、「寛政の遺老」の役割について言及した。
（8）内藤湖南「支那史学史」（『内藤湖南全集』第一一巻、筑摩書房、一九六九）、四四一～四四六頁。
（9）本章で用いるテキストは、新訂増補国史大系『続徳川実紀』（吉川弘文館）、『御触書天保集成』上下（岩波書店）、『憲法類集』（内閣文庫所蔵史籍叢刊第二八巻、汲古書院）、『憲教類典』（内閣文庫所蔵史籍叢刊第三七～四三巻、汲古書院）である。
（10）註（3）を参照。
（11）伊東多三郎「近世道徳史の一考察」（『国民生活史研究』五、吉川弘文館、一九六二）を主に参照。
（12）『東松山市史』資料編三（一九八三）No.三七。
（13）『御触書天保集成　下』No.六四一三。
（14）『新井白石全集第一　付録　続藩翰譜』（一九〇六）の例言に引用されており、藤田安蔵氏蔵本という。
（15）武蔵国岡部藩主安部家文書（埼玉県立文書館収蔵）No.四六。
（16）延岡藩の史料については『明治大学所蔵　内藤家文書目録』（明治大学図書館、一九六五）による。

(17)「藩幹譜続編並諸家系図御用取扱申付写」(『新井白石全集第二　付録　続藩翰譜』所収)及び註(14)による(以下同)。
(18)武蔵国岡部藩主安部家文書No.一四五。
(19)武蔵国岡部藩主安部家文書No.一四一。
(20)以上、『御触書天保集成　下』No.五一八二～五。
(21)『御触書天保集成　下』No.五二六〇。
(22)『譜牒餘録』(汲古書院、一九七七)、解題を参照。
(23)『寛政重修諸家譜』第一巻(続群書類従完成会、一九六四)。
(24)『憲法類集』巻之五に所収。
(25)旧稿「江戸幕府の書物編纂と寛政改革」(『日本歴史』五六三、一九九五)において、筆者は『諸役指物帳』などが旗指物調査の成果物と考えたが、再検討の結果、その確証を得ることができなかったので、表記のように訂正したい。
(26)註(6)のほか、藤田覚『松平定信』(中公新書、一九九三)、竹内誠「寛政の改革」(『日本歴史大系』三・近世、山川出版社、一九八八、普及版『幕藩体制の展開と動揺・上』、山川出版社、一九九六)。
(27)『御触書天明集成』No.一八四八。
(28)橋本昭彦『江戸幕府試験制度の研究』(風間書房、一九九三)、一二一～一八頁。
(29)石井良助「御触書編纂の沿革」(『御触書天保集成　下』付録)所収の「御触書書集之儀申上候書付」では、三奉行が「御代始之御儀」として触書の収集を提案している。
(30)小宮木代良「『御実紀』引用『日記』の検討」(『日本歴史』四八六、一九八八)。
(31)高橋実「近世における文書の管理と保存」(安藤正人ほか編『記録史料の管理と文書館』、北海道大学図書刊行会、一九九六)、一一九頁。
(32)註(30)に同じ。
(33)註(31)、一二〇頁。
(34)註(26)竹内誠「寛政の改革」を参照。

(35) 横山則孝「松平定信政権所見」(『史叢』一七、日本大学史学会、一九六八)。
(36) 註(1)に同じ。
(37) 註(6)に同じ。
(38) 以下、関東郡代兼帯勘定奉行については、根崎光男「伊奈忠尊失脚後における関東郡代制」(『日本歴史』五二一、一九九一)、太田尚宏「『関東郡代』の呼称と職制」(『徳川林制史研究所研究紀要』三四、二〇〇〇)を参照。
(39) 桑原功一「寛政期における江戸周辺大筒稽古場運営制度の展開」(『近世の地域編成と国家』、岩田書院、一九九七)。
(40) 筑紫敏夫「寛政改革における幕府の房総廻村について」(『千葉県立中央博物館研究報告――人文科学――』一〇、一九九八)。以下、江戸湾海防巡見については、本論文を参照した。
(41) 同右。また、後述する伊能忠敬は、日本図作成の参考絵図のひとつに、寛政五年の下総巡見にかかわって作成されたと思われる下総国絵図縮図を持っていた。これは二〇〇一年二月に開催された国絵図研究会における絵図熟覧での知見で、佐々木克哉「伊能忠敬記念館蔵下総国絵図の検討」(『国絵図ニュース』一一、国絵図研究会、二〇〇二)を参照のこと。
(42) 以下、古川古松軒については、三宅米吉「林子平と古川辰」(『歴史地理』一一―一二、一九〇八)、東洋文庫二七『東遊雑記』の大藤時彦氏による解題(平凡社、一九六四)、朝尾直弘「一八世紀の社会変動と身分的中間層」(『日本の近世』一〇、中央公論社、一九九三)などを参照。また『四神地名録』については、江戸地誌叢書巻四『四神地名録』(有峰書店、一九七六)、葛飾区古文書史料集一〇『かつしかの地誌』(葛飾区郷土と天文の博物館、一九九七)を参照。ちなみに『かつしかの地誌』の表紙は『四神地名録』の付録絵図(内閣文庫所蔵)である。
(43) 浅倉有子『北方史と近世社会』(清文堂、一九九九)、第四章「近世における北方情報と情報秩序」を参照。
(44) 東京大学史料編纂所所蔵写本「古川平次兵衛御用一件覚書」。
(45) 東京大学史料編纂所所蔵写本「古川平次兵衛地誌取調書留」。
(46) 『調布市史研究資料XIII　公令抜記』(調布市教育委員会、一九九四)、一四五頁。
(47) 『鳩ケ谷市史　史料七』(一九八六)、九頁。
(48) 前掲註(42)江戸地誌叢書巻四を参照。なお、註(44)史料にも同様の記述がある。

(49) 『神奈川県史』資料編七(一九七五)No.一八六。
(50) 『憲法類集』巻之一五に所収。なお拙稿「近世政治権力と地誌編纂」(『歴史学研究』七〇三、一九九七)を参照のこと。
(51) 吉岡孝「江戸周辺における地域秩序の変容と『生活』」(村上直編『幕藩制社会の地域的展開』、雄山閣、一九九六)。
(52) 『東京市史稿』市街篇三二(一九三八)、八一〇頁。
(53) 『日本財政経済史料』第九巻下(財政経済史料研究会、一九七二)、九九一頁。
(54) 『鳩ケ谷市史 史料三』(一九八三)、一二七頁。
(55) 「御分間絵図御仕立御用宿方明細書上帳」(『桶川市史』第四巻・近世資料編、一九八二)No.七五。「御分間御絵図御用村方往還明細書上帳」(『本庄市史』資料編、一九七六)文書三二五頁、「御分間御絵図御用宿方明細書上帳」(『長野県史 近世史料編』第五巻三、一九七四)No.一四六五、「御分間御絵図御用村方往還明細書上帳」(『新編高崎市史』資料編七、一九九九)No.一六。
(56) 「分間御用手控」(『神奈川県史』資料編九、一九七四)No.三五、「御分間絵図御用村方明細書上帳」(『新編岡崎市史』史料近世上、一九八三)No.九九・一〇〇。
(57) 「御分間絵図御用村方明細書上帳」(葛飾区古文書史料集三『中茎家文書一』、葛飾区教育委員会、一九八九)No.八、「御分間御絵図御用宿方銘細書上帳」(『松戸市史』史料編・二、一九七三)No.七五。
(58) 「ケ条御書案」(『いまいち市史』史料編・近世IV、一九七八)No.九、「村方書上之覚」(『下総境の生活史』史料編・近世II、二〇〇二)No.二三五、「御分間御絵図御用村方明細帳」(『春日部市史』近世史料編IV、一九八二)、三二〇頁。
(59) 註(55)「御分間絵図仕立御用宿方明細書上帳」に同じ。
(60) 註(57)「御分間絵図御用村方明細書上帳」に同じ。
(61) 文化庁編『五街道其外分間並見取絵図(著色)目録』(一九八二)、一〇一頁。解釈については、埼玉県立歴史資料館杉山正司氏の御教示を得た。
(62) 現在、『諸街折絵図』は、東京国立博物館資料館・明治大学刑事博物館・逓信綜合博物館に所蔵されている。これらは、紅葉山文庫・勘定所・道中奉行の三者で所蔵されたものと思われる。
(63)『千葉県史料近世編　伊能忠敬測量日誌』（千葉県史編纂室、一九八五）所収。
(64)伊能忠敬研究会編『忠敬と伊能図』（一九九八）を参照。
(65)城後尚年「伊能忠敬の九州測量」（『熊本史学』六六・六七合併号、一九九〇）。この論文については、現ＮＨＫ大坂放送局の長野真一氏から御教示を得た。
(66)『皆野町誌』資料編二（一九八〇）、二三四頁。
(67)『小川町の歴史』資料編・四近世Ⅰ（二〇〇〇）No.九二。
(68)塚本学「江戸幕府のかな表示地名調について」（『信濃』三七―一一、一九八五）。
(69)『憲法類集』巻之一〇に所収。
(70)前掲註(68)に同じ。
(71)平戸藩主松浦家文書（明治大学刑事博物館所蔵）。
(72)篠崎家文書（埼玉県立文書館収蔵）、No.一五四。
(73)茨城県明野町田宿・古橋トモエ家文書、知行所支配一般No.四。これは明治大学文学部旧木村礎研究室による史料調査の成果である。
(74)独立行政法人国立公文書館所蔵。
(75)『東京都公文書館所蔵　地誌解題　総集編』（一九九一）、一四七頁。
(76)内務省地理局編『地誌目録』（大岡山書店、一九三五）、六〇頁。
(77)『清水市史資料』近世三（一九六七）、鈴木氏所蔵史料No.一九〇。
(78)杉本史子『領域支配の展開と近世』（山川出版社、一九九九）、二一一頁。

第5章　江戸幕府の地誌編纂内命と日本型地誌

享和三年（一八〇三）、昌平黌に地誌調所を設置した幕府は、全国の各藩及び幕府各役所へ向けて、地誌編纂に着手すべき意向を内々に伝えた。これを本書では地誌編纂内命と呼ぶ。江戸幕府地誌編纂事業の開始を告げるこの内命については、序論で述べた通り従来から存在が指摘されてきたが、内容は必ずしも明らかでない。地誌編纂内命が出された時期は、既に民間の知識人の間でさまざまな地誌書の編纂が進んでいた。江戸幕府地誌編纂事業もそのような社会動向の所産と捉えることが可能だろう。では、江戸幕府の地誌編纂事業はいかなる構想と規模を持っていたのか、また地誌編纂内命はどのような内容を持ち、その後の地誌編纂にどんな影響を与えたのか。本章では、地誌編纂内命をめぐる諸事情及び社会背景の検討を通じて、江戸幕府地誌編纂事業の全容解明を試みる。

以下では、まず内命に基づく地誌編纂事業に先行して、寛政期に江戸幕府が関与した地誌編纂を検証する。続いて、断片的にしか知り得ない地誌編纂内命を復原的に考察し、そこから江戸幕府地誌編纂事業の全体像に迫る。そして地誌編纂内命が与えた影響について調査方法及び形式・内容などから検討し、そこに新しい形式の地誌が出現したことを論じる。

第1節　寛政期地誌編纂の具体相

(一)民撰地誌―『豆州志稿』を中心に

ここでは第3章でも触れた民間の知識人による地誌編纂をとりあげる。第4章で検討した寛政元年（一七八九）『東遊雑記』や、寛政六年（一七九四）『四神地名録』の編纂から、一八世紀末の江戸幕府には対外危機認識に基づく「地理糺し」の志向を確認できた。それでは、当時の知識人の間で地誌はどう認識されていたか、いくつかの例をあげてみよう。

『四神地名録』について、幕府は古川古松軒に対して稿本を他見させぬよう命じたが、古川は同学の来訪者に同書を閲覧させている。既に江戸到着時から、古川は谷文晁や長久保赤水らと交流を続けていた。ちなみに長久保赤水は当時、「本朝地理志」すなわち水戸藩の『大日本史』地理志の編纂をすすめていた。そして『四神地名録』完成後は、「風雅好事家」や「先年の知音」が次々と古川のもとを訪れたという[1]。択捉島など北方地理調査で知られ、後年、書物奉行に就任した近藤正斎（守重・重蔵）も、若い頃に古川と面識を持ち、古川から『四神地名録』を見せられた。のちに近藤が書いた『四神地名録』の序文から、当時の彼の感想部分を次に抽出する。

［史料1[2]］

世之説地誌者、大抵記名勝旧蹟、以便遊覧、資詞藻而已、予無取焉、如老人所記者、則関阨之険易、土地之饒瘠、列国之政法、風俗之美悪、予之所嘗講而好談者、若合符契、□慰宿志、何其偉也、

ここで近藤は、まず当時流行の地誌が「遊覧」のための名所旧跡案内に過ぎないと批判する。このとき彼の念頭にあったのは、名所図会の一群と思われる。鈴木章生氏によれば、安永九年（一七八〇）の秋里籬島『都名所図会』に始まる名所図会刊行は、寛政年間に畿内各所の名所図会が立て続けに刊行されてピークを迎える。その

特徴は従来の挿図にない空間的・俯瞰的な絵画描写で、そこへ出向くことなく当地の繁栄と名所旧跡を知り得る書に仕立てられた点にあるという。(3) 近藤はそのような名所図会の行楽性を批判し、古川の地誌が地形・地味・地方政治・風俗などを著したことを賞賛する。そして史料[1]の後略部分で近藤は、帰国の際に古川が「予欲作地志久矣、曩蒐輯其料、得全書四百余部、如関氏畿内志・貝原氏筑前続風土記者、其最也」と言い残したと記している。古川の念願は、『五畿内志』や『筑前国続風土記』のような地誌を編纂することだったのである。

大坂懐徳堂学主の中井竹山も、地誌に関心を寄せた当時の知識人である。彼が松平定信の諮問に応えて著した寛政元年（一七八九）『草茅危言』(4) 巻之五には「地理の事」がある。そこでは、かつて撰上された古風土記は散逸し、享保期に『五畿内志』は編纂されたが、七〇年経過してもその志を継ぐものがないので、天下に命を下して地誌の続撰に着手するべきである、と中井は述べる。そして民間に広く人材を求め、草稿を各領主毎に提出させて最終的には一国毎の地誌に編集し、これを林家が統括するよう提言した。さらに完成した地誌は幕府の手による板行・分売を勧めている。中井の主張は、『会津風土記』から太宰春台へ続く地誌編纂の思想を受け継ぐといえよう。だが、地誌収集の総裁に林家を指名する点には、のちの昌平黌の事業へ通じる部分がある。

同じ時期、『五畿内志』編者である並河誠所晩年の門人で、伊豆国安久村の名主だった第4章でも触れた秋山富南（文蔵・章）は、地誌編纂を試みていた。(5) 寛政三年（一七九一）一〇月、秋山は伊豆諸島の地誌『南方海島志』三巻を著したが、その序文で彼は以前「豆州輿地」の編纂を試みて成し得なかった旨を記している。この「豆州輿地」は、師の並河誠所の「大日本輿地通志」構想を引き継ぐ「東海道伊豆国輿地志」だったと思われる。

第4章で検討した通り、寛政五年（一七九三）三月から四月にかけて、松平定信は目付の中川忠英と伊豆・相模の海岸巡視に赴いた。その際、秋山は、「国中并国付之島々」について「聞書」を提出するよう要求された。秋山は早速手元の資料を提出したが、その際に「国志一部編集仕奉差上候ハヽ、御覧合之御益ニモ相成可申」と述べたという。(6) この松平定信による海岸巡視は、同年一～二月に実施された勘定所の伊豆・相模・房総の見分成果を踏まえている。伊豆国の地理に通じた秋山の存在は、おそらく勘定所の見分時に判明しており、それゆえ定信は「画図有之故」に伊豆の巡視へ出かけた。(7) ちなみにこの時、谷文晁が同行して海岸のスケッチを描き『公余探勝図』の名でまとめている。(8)

寛政六年（一七九四）六月、秋山は韮山の江川代官所へ「伊豆志」編纂の願書を提出し、江川太郎左衛門英毅はその旨を同年九月に勘定所へ上申した。これに対して幕府は、若年寄の堀田正敦が同九年（一七九七）四月に「国志」編纂の許可を与えた。翌同一〇年（一七九八）七月、当時七六歳の秋山が幕府へ提出した上申書から、その時の様子を確認しよう。

［史料２］(9)

伊豆志編集取調方ニ付奉申上候事

一、私儀伊豆志編集仕度志願御座候ニ付、豆州御代官江川太郎左衛門様江相願、御同人様ゟ御伺被成下候処、右草稿出来候分可差出旨被　仰渡候間、草稿之内三分一斗五巻ニ相認奉差上候、

一、去巳四月、堀田摂津守様ゟ国志編集之儀所々致巡行、参考之上可致全部旨被　仰渡候段、江川太郎左衛門様ゟ被　仰渡候、

一、中川飛驒守様ゟ伊豆七島之事相知シ候海島志并右島全図可差出旨被　仰渡候ニ付、奉差上候、

（後略）

［史料２］から、幕府は秋山へ「草稿」の提出を求め、その検討の上で「伊豆志」編纂の許可を与えたことがわかる。「草稿」とはおそらく「豆州輿地」原稿だろう。なお、当時勘定奉行に就任していた中川忠英は、このときに秋山へ『南方海島志』と伊豆七島図面の提出を求めている。

秋山が伊豆国内の現地調査に着手したのは寛政九年（一七九七）七月である。その調査行程の全貌は不明だが、管見の限りで表5にまとめた。おおよそ伊豆半島を北から南に向かって一年程度で一通りの調査を終え、その後さらに追加調査を実施したのではないかと思われる。現地調査にあたっては、事前に秋山自身による廻状が村々へ出された。それを次に掲げよう。

［史料3］(10)

拙者儀伊豆志編集いたし度旨相願、其段　江川太郎左衛門様御伺被為下置、伊豆志編集全部いたし候様今般
御下知被　仰渡候、依之近日廻村致候、先達而韮山御役所ゟ御触達御座候通り、御心得方万端無差支様御取
計可被下候、尤地野山川寺社旧記名所古跡村高家数人別等、別紙下書之通并村形之図壱枚、右両品共に全而
御認置被成、尚又廻村之節委細御示談可被下候、御廻状早々御順達、於留拙者罷越候節御返却可被成候、以
上

巳十一月廿日　　安久村郷士　秋山文蔵　印

新田始め
瓜野迄
右村役人中

ここで注目すべきは、事前に江川代官所が国内に触を廻して秋山の現地調査へ便宜を図った点である。この時点で「伊豆志」編纂は、江川代官所を通じて幕府が支援する事業に転化したといえよう。調査にあたって秋山は、「別紙下書」＝雛形を示した上で村明細帳と村絵図の提出を村々へ求めている。その雛形には、村高反別、小物成、領主、枝郷・小名、山川、島、湊、野・林、村境、家数人数、寺社堂庵、墓、塚、名所古跡、漁撈などの項目が

表5　『豆州志稿』編纂に関する現地調査行程と史料

年　代	郡名	村　名	史料名	典　拠
寛政9．7／9～20	君沢郡	長浜村 戸田村 土肥村ほか	（廻状）	『増訂豆州志稿』解説
9．11／22	田方郡	四日市村 瓜野村ほか	（廻状）	『韮山町史』第5巻上
9．11／27	田方郡	寺家村	（明細帳・表題なし）	『韮山町史』第5巻上
10．1／	加茂郡	椎原村	「差出帳」	『下田市史』資料編2
10．3／	加茂郡	本須郷村 新須郷村 茅原野村	「村内明細帳」	『下田市史』資料編2
10．3／	加茂郡	須崎村	「村内明細帳」	『下田市史』資料編2
10．3／	加茂郡	吉佐美村	「村内明細書上帳」	『下田市史』資料編2
10．6／	田方郡	山木・瀧山村	「村差出帳」	『韮山町史』第5巻上

見られる。これを第4章で紹介した、中川忠英の廻村調査における「村方明細書上帳」と比較すると、簡略ではあるが名所古跡に注目するなどの共通点が見られる。

調査の過程では隣接する村同士の利害が衝突する例もあった。秋田方郡の中村と南条村の入会山は前々からの争論場だったが、秋山の廻村時に南条村が自村に有利な内容で村明細帳と絵図面を提出したことが発覚し、評定所へ持ち込まれる訴訟へと発展した。(11) これは地誌編纂が持っている領域の把握という性格が発揮された例といえよう。

『豆州志稿』全一三巻の完成は寛政一二年（一八〇〇）三月で、九月に褒美の銀一〇枚が松平信明から秋山へ渡された。各巻の冒頭における編纂者の表記をはじめ、その構成は基本的に『五畿内志』を踏襲するが、本文では和文を採用する。序文にあたる巻一「叙由」で、秋山は、「郷里ノ子弟ヲ教導」する上で「州志」が「地理ニ於テ小補トモナラン」と述べる。だが「闕略踈譌多ク」、「史館ノ采《（採）》択ニ供ス」ため「稿」と名付けたという。

（2）藩撰地誌――『豊後国志』を中心に

中川忠英の廻村調査や秋山富南の『豆州志稿』編纂が進んだ寛

政期に先立ち、一八世紀後半には各地で藩撰地誌の編纂が進行した。例をいくつかあげると、仙台藩における明和九年（一七七二）成立の『封内風土記』や安永三～九年（一七七三～八〇）に収集された「風土記御用書出」、金沢藩における宝暦一四年（一七六四）成立の『加越能三州山川旧蹟志』や寛政年間に編纂された『越登賀三州志』、熊本藩における明和九年（一七七二）成立の『肥後国志』など大部の地誌が目を引く。当時における藩撰地誌編纂の隆盛は、享保期を一つの起点としている。例えば『肥後国志』は、享保一三年（一七二八）成立の『新編肥後国志草稿』を基本として寺社や古跡の記述を増補したものという。(12) そしてそれらの地誌の手本になったのが『五畿内志』だった。

その中で名古屋藩の事例を見よう。名古屋藩では主な地誌編纂を三種あげることができる。第一は、元禄一二年（一六九九）に着手し宝永二年（一七〇五）藩主徳川綱誠の死去で中絶した『尾張国風土記』(13)。第二は、その編纂再開を期して着手された宝暦二年（一七五二）成立の『張州府志』。そして第三は、後述する『尾張志』である。このうち『張州府志』三〇巻は、藩主徳川宗勝の命により、書物奉行の松平君山が編纂を手がけた。その形式は『五畿内志』にならい、各郡毎の構成で疆域・建置沿革・荘名・郷名・村里・形勝・山川・津梁・財賦戸口・賦税・土産・人物・神祠・寺観・陵墓・古城・宅址・古跡などの項目を立て、漢文で記述された。(14) 寛政四年（一七九二）には、この『張州府志』、同じ松平君山編『吉蘇志略』、そして『尾陽志略』の三つの地誌の補訂が稲葉通邦に命じられたが、(15) 藩主及び稲葉の死去もあって実現しなかった。

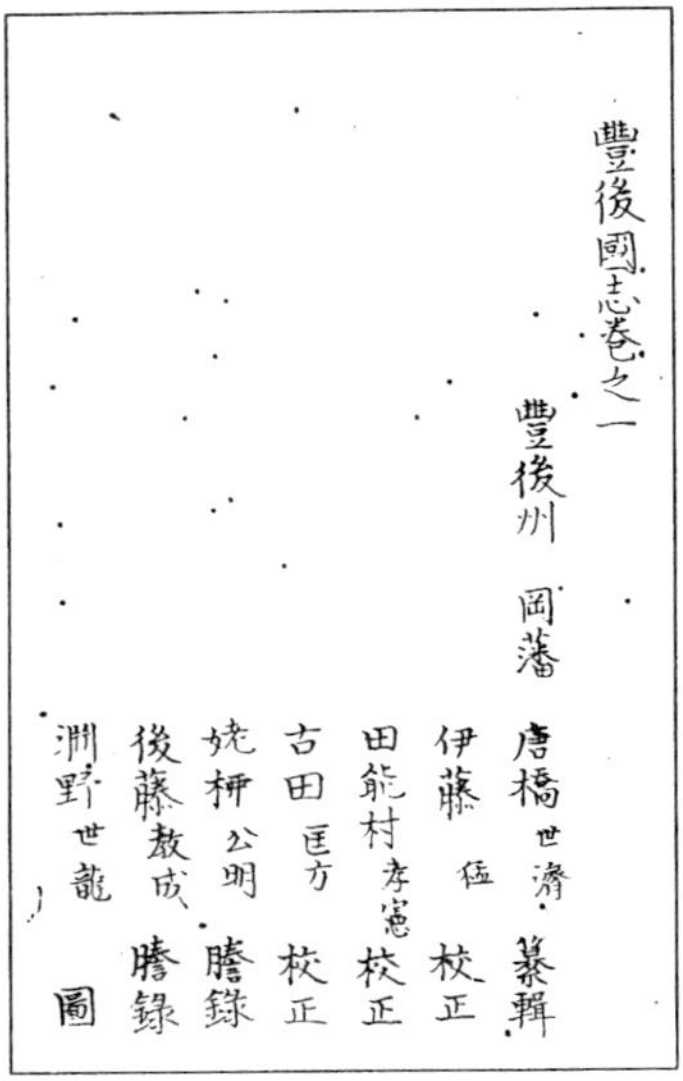
豊後國志巻之一
豊後州 岡藩 唐橋世濟 纂輯
伊藤猛 校正
田能村孝憲 校正
古田匡方 校正
姥柳公明 謄録
後藤教成 謄録
淵野世龍 圖

図6 『豊後国志』

この潮流を踏まえた上で、ここでは岡藩の『豊後国志』編纂事情を検討していこう。[16]『豊後国志』の編纂過程については表６にまとめた。編者の唐橋世済は元文元年（一七三六）生まれ、徂徠学派に属する余熊耳の下で学び、太宰春台に接する機会もあったという。江戸下谷で医業のかたわら儒学の講義を営んでいたが、天明四年（一七八四）に岡藩主中川家の御側医師に採用される。主に江戸藩邸に詰めたが、藩主の参勤交代に随行して岡藩城下町の竹田へ赴くこともあった。『豊後国志』編纂開始以降は江戸に行かず、編纂途中である寛政一二年（一八〇〇）一二月に病没した。

『豊後国志』の編纂着手は寛政一〇年（一八九八）七月七日である。このとき田能村竹田（行蔵）ほか四名に御用掛が命じられ、のちに伊藤鏡河（文蔵）も加わった。編纂作業の場所は当初唐橋の屋敷内に置かれたが、その後、藩校である由学館へ移され、さらに唐橋の本務先である博済館（医学館）へと移された。

それらに先立つ同年一月二五日、唐橋は林述斎の昌平黌へ入門した。[17]また同年五月一五日には大坂の木村蒹葭堂を訪問した。おそらくこの後に唐橋は竹田へ向かったと思われるので、昌平黌入門や蒹葭堂訪問は編纂にともなう準備の一環だったとみてよいだろう。但し編纂作業自体は、同年一〇月に藩主中川久持が亡くなったことにより一時中断を余儀なくされた。

編纂作業の再開は翌寛政一一年（一八九九）三月である。四月一日には岡藩領内の廻郷（現地調査）へ出発し、同年中に計三回、延べ一二〇日以上にわたって豊後国内の現地調査を実施した。その多くは岡藩領外の地域だったが、そのうち日田永山代官所が領内に出した廻状を次に掲げる。

［史料４］[18]

中川万之助家来唐橋世済ト申医師、豊後国之地志取立申度心願ニ而此節当国ニ罷在所々経歴もいたし候由ニ付、日田高松支配所内へ右之者往来、古跡等詮索候事も可有之候間、差支無之様可相心得旨、於御勘定所被

表6 『豊後国志』編纂関係年表

年　代		事　　項
寛政10.	1／15	唐橋世済、昌平黌へ入門(『升堂記』)
	5／15	唐橋世済、大坂の木村蒹葭堂を訪問(佐藤晃洋論文)
	7／1	岡藩、唐橋世済へ豊後志取調を命じる(佐藤晃洋論文)
	7／7	岡藩、田能村行蔵ほか4名へ御用掛を命じる
		その後、伊藤文蔵へ御用掛を命じる
	9／18	岡藩主中川久持死去、豊後志取調御用中断
寛政11.	3月	由学館にて豊後志取調を再開
		同月、林述斎が松平信明へ、豊後志取調への協力を依頼
	4／1	岡藩、唐橋世済へ岡藩領内の廻郷を命じ、即日出発
	4月	日田永山代官所が、豊後志取調に関する勘定所の申渡を廻達
	5／3	唐橋世済、領内の廻郷から帰宅
	8／3	唐橋世済、日田永山代官領の廻郷へ出発、一行5名
	8／6	日田隈町の代官陣屋を訪問
	8／21	日田を離れ、森藩の城下へ到着
	8／27	森城下を出発、杵築藩領へ向かう
	8／28	杵築藩の杵築城下へ到着
	9／1	国東郡へ出発、杵築の郡奉行へ呼び戻される
	9／2	杵築城下へ到着、豊後志調査の内容につき吟味を受ける
	9／4	国東郡へ再出発
	9／11	国東郡の調査を終えて杵築城下へ戻る
	9／13	杵築城下を出発
	9／15	岡城下へ帰宅
	9／29	唐橋世済、府内藩領の湯布院へ出発
	10／9	湯布院を出発、別府へ到着
	10／20	別府を出発、熊本藩領へ向かい、乙津へ到着
	10／23	熊本藩領の高田村へ到着
	10／26	熊本藩領の佐賀関村へ到着
	11／1	臼杵城下へ到着
	11／11	臼杵城下を出発、佐伯藩領へ向かう
	11／12	佐伯城下へ到着
	11／21	佐伯城下を出発
	11／23	岡城下へ帰宅
寛政12.	3／23	豊前国内の廻郷につき、林述斎が唐橋世済へ書簡を出す
		春、小倉藩が領内へ、豊前国志取調に関する触を廻達
	4／10	日田代官所、領内へ豊前志取調に関する勘定所の申渡を廻達
	6／20	岡藩、唐橋世済へ豊前志取調につき30日の廻郷を命じる(佐藤晃洋論文)
	8／14	唐橋世済、豊前国の廻郷へ出発、一行3名

	8／17	宇佐町へ到着、宇佐八幡社等を調査
	8／24	中津城下へ到着
	8／28	中津城下を出発、小倉藩領の岸井村へ到着
	9／7	小倉城下へ到着
	9／9	小倉城下を出発
	9／15	岡城下へ帰宅、唐橋世済、30日の暇を願い出る
	10月上旬	唐橋世済、発病
	12／8	唐橋世済、死去
	12／11	岡藩、伊藤文蔵・田能村行蔵へ豊後志校訂御用を命じる
	12／18	博済館で作業開始
享和元.	5／12	田能村行蔵、５郡志草稿と大分郡絵図草稿を持参し江戸へ出発
	8／5頃	江戸から、国志御用を急ぐようとの連絡
	11／10	松平信明から江戸留守居へ、豊後志・豊前志仕立方につき指示
	11／11	江戸留守居から松平信明へ、豊後志のみ清書を願い出る
	12／17	最後の郡絵図草稿を江戸へ送る
	12／26	伊藤文蔵、豊後志仕立方を家老衆と相談
享和２.	1／6	国志御用掛、豊後志で不明の寺社旧跡等の書付を藩へ提出
	1／14	国志御用掛の所轄を、由学館から月番家老へ変える
	1／23	江戸留守居から松平信明へ、豊後志仕立方につき内意伺書を提出
	2／1	国志御用掛の費用を、従来通り由学館で取り計らうよう決定
	2／13	松平信明から江戸留守居へ、豊後志仕立方につき指示
	3／1	松平信明から江戸留守居へ、豊後志仕立方につき再び指示
	8／14	田能村・後藤、日出・杵築・国東郡・立石領の廻郷へ出発
	9／5	後藤留次、不快のため府内にて廻郷より帰宅
	9／11	田能村行蔵、臼杵・佐伯の廻郷を終えて帰宅
享和３.	4／8	後藤留次、立石領・玖珠郡の廻郷へ出発、一行２名
	4／16	岡城下へ帰宅
	6／14	松平信明と江戸留守居の間で、豊後志仕立方につき伺、指示
	8／1	家老から伊藤文蔵へ、豊後志を９月中に提出するよう要請
	11／	晦、国志御用掛、豊後志の清書及び絵図仕立作業を終了
	12／1	田能村行蔵・伊藤文蔵、城内で豊後志を披見
	12／24	博済館の作業場を撤収
文化元.	1／17	岡藩、後藤留次へ、由学館で国志御控御用を命じる
	7／1	藩主中川久貴、豊後志を閲覧
	7／3	岡藩、豊後志を江戸へ送る
	8／3	松平信明、豊後志を内覧
	8／24	岡藩、老中牧野備前守へ豊後志を提出
	10／18	牧野備前守、江戸留守居へ豊後志を収納した旨を伝える

※特に断りのない限り、出典は「豊後国志御請書仕立方覚」である。他は註(16)(17)を参照。

仰渡候に付、右之者往来有之節者於村方差支無之様可取計候、此廻状村下へ印形早々順達留ら可相返候、以上

未四月

日田御代官所

［史料4］からわかることは、唐橋の調査受け入れが幕府勘定所から日田永山代官所へ指示され、それが幕領の村々へ周知された点である。この廻状を実現させた経緯について次の史料を見よう。

［史料5］(19)

中川万之助家来唐橋世済与申医師私門人ニ而御座候処、年来豊後之地志取立度心願ニ而少々宛書留候品も有之、去年私ら[kogaki=より]も相進何分出精成就仕候様申達、主人らも聲掛遣候、此節も豊後国ニ罷在所々経歴もいたし候由御座候、夫ニ付同国日田高松之御両代官所へ右之者往来候而古跡等詮索候事も可有之候間、差支無之様御沙汰之程私ニ於て奉願候、若不苦儀ニも候ハ、其段御勘定奉行へ被仰渡可被下候、依之申上候、以上

未三月

林　大学頭

［史料5］は、『豊後国志』編纂に関する寛政一一年三月の松平信明宛林述斎書簡である。唐橋という医師は自分の門人で年来「地志取立」の心願を持っていて「少々宛書留」もある。昨年に自分からも「相進何分出精成就仕」ように伝えた。今回は豊後国内の現地調査を実施するので、日田と高松の代官所へ調査の便宜をお願いしたい。問題がなければ勘定奉行へこの旨を仰せ渡してほしい、という内容である。ここから、寛政一〇年に唐橋が昌平黌へ入門したとき地誌の稿本は一部できあがっていたこと、唐橋は昌平黌で林述斎に『豊後国志』編纂を相談したこと、林述斎は唐橋のため松平信明に申し入れて代官所の領内調査に便宜を図ったことなどがわかる。実

は、唐橋はこの林述斎書簡の写を持っており、現地調査の際も携帯していた。遅くとも唐橋が岡藩領外の現地調査に出発した頃には、『豊後国志』編纂は幕府の支援を受けた事業になったといえよう。豊後国内の現地調査が終了した後、翌寛政一一年（一八九九）には『豊前国志』編纂にも着手し、豊後国同様に林述斎の支援を得て、六月から九月にかけて豊前国で八〇日以上の現地調査を実施した。

調査にあたって唐橋は、なるべく寺社や医師宅等に宿泊して村役人に負担をかけぬよう配慮した。調査の基本は現地の巡見及び聞き取り調査だったと思われるが、場合によっては絵図や記録類の提供を受けて写を作成することもあった。だが、岡藩の家臣が幕府の支援を得て領内を調査することに対し、当然ながら他藩の領主や領民は強い警戒感を抱いた。豊後国杵築藩の場合、いったん領内調査へ出発した唐橋を藩の郡奉行が呼び戻して「風土記と申候尋者何等之事」と詮索したが、結局「全く自分好事ニ而為遊覧」との理解で現地調査を黙認した。豊前国小倉藩の場合、藩主らは唐橋の現地調査に理解を示したものの、庄屋から領内絵図を写し取った件については厳しい態度で望み、絵図を返却させた[20]。

豊前国内の現地調査終了後に唐橋は病没し、その後は田能村らによって編集執筆は継続される。そして、部門別の編成と漢文の記述という『五畿内志』にならった構成で、郡図を付した『豊後国志』草稿が享和元年（一八〇一）の年末にできあがった。その編集方針は唐橋が決定したものだが、田能村らも同じ想いだったようである。享和二年（一八〇二）一月六日付の伊藤鏡河宛田能村竹田書状では、『豊後国志』における編纂者名の記入を『五畿内志』にならったことにつき「随分宜敷」と述べている[21]。

(3)小　括

以上は管見に入ったわずかの事例に過ぎないが、それでも若干の共通項を指摘することができる。地誌の編纂者たちは幕臣（近藤正斎・中川忠英ほか）、藩士（松平君山・稲葉通邦・田能村竹田ほか）、民間の知識人（秋山富南・長久保赤水・古川古松軒・唐橋世済ほか）など身分や立場を異にしても、中国方志を手本とする地誌編纂の思想を受容する点で一致していた。彼らは一様に儒学の教養を修め、地域掌握の手段として全国であまねく地誌が編纂される状況を当然のことと考えた。

彼らの手本は並河誠所の『五畿内志』であり、その全国展開もしくは改訂への志向が地誌編纂の動機となっていた。そして彼らは独力で調査を進めながら領主や幕府へ働きかけ、それが認められて本格的な編纂が始まり、完成に至った。このように、一八世紀末には少なからぬ知識人の間で地誌編纂の思想が共通理解となり、それを領主も受容したといえよう。

第2節　享和三年の地誌編纂内命と日本地誌収集・編纂事業

(一)江戸幕府地誌編纂事業の開始

前述の岡藩において、唐橋世済の病没から一〇日を経た寛政一二年（一八九八）一二月一八日に、田能村竹田と伊藤鏡河は『豊後国志』草稿の編集・執筆作業を再開した。翌享和元年（一八〇一）八月に岡藩の江戸留守居は、幕府へ完成した地誌を献上するため草稿を内覧させるよう松平信明から命じられた。伊藤らは急ピッチの作業で草稿を仕上げて江戸藩邸へ送った。江戸藩邸では松平信明の屋敷へ草稿を届けるとともに、既に同年五月に江戸へ向かっていた田能村を含め清書の方法など国元との連絡に当たった。

岡藩側は、当初『豊後国志』の地名や方角等を校訂するため幕府の国絵図・郷帳を閲覧できるよう申し入れていたがかなわなかった。これについて伊藤は、同年一二月二六日に家老衆との相談の席で、江戸にいる田能村を林家に入門させれば可能かも知れないと述べている。そしてその理由として、「兼而承り候茂、林家日本地理志御調御座候由、左候ハヽ、万端都合も可宜哉」と指摘したのである。

翌享和二年（一八〇二）一月二三日、江戸藩邸では『豊後国志』の清書につき松平信明へ伺書を出した。『豊後国志』は唐橋世済の草稿分について地名や方角など再調査の必要がある。本書は「永久相伝ﾘ候儀ニ候得者、可相成候ハヽ、今一応得ト相調、其上被差出候様仕度」と岡藩は願い出たのである。これに対して松平信明は二月一三日に返答を出した。『豊後国志』の清書に当たって再調査の願いは「尤之事」でありその通りにしてよい。但し、唐橋の草稿はそのままにして内容を増補することが可能かと問うている。その上で再調査して清書する場合につき、全く別の方針を示した。次の史料をみよう。

［史料6］(22)

一、世済取立候者真名ニ而出来候得共、今度尚又取調有之候ハヽ、事実委細ニ相分候様片仮名カ平仮名ニ而出来候様可致候事

［史料6］は松平信明から出された返答の一節で、唐橋の草稿は「真名」＝漢文だが、記述が詳しくわかるように再調査後の清書では「片仮名カ平仮名」で書くようにとの指示である。これを踏まえて、世済の草稿をそのまま清書するか、再調査して清書するかを検討するよう言い渡した。

これを受けて江戸藩邸では、「前々組立片仮名カ平仮名ニ而出来候義者、如何程ニ可有御座候哉無覚束」と戸惑いを見せた。そして再調査はおこなわず世済の間違いのみ訂正することにして、「片仮名カ平仮名」による清書は伊藤鏡河らの意見を聞いて決定することとした。この後、田能村は竹田へ戻り、同年八月に約一カ月を費やして豊後国内の現地調査をおこなっている。

そして翌享和三年（一八〇三）六月、江戸の留守居は松平信明に対して「掛之者共仮名書之義茂申談、種々認候処、何分出来仕兼候由、右ニ付世済仕立之儘ニ而清書認掛候」と回答した。結局、岡藩では仮名文の採用を見送

ったのである。この後、田能村らは『豊後国志』の清書へ取りかかり、同年一一月晦日までに全ての作業が終了した。そして翌文化元年（一八〇四）八月、岡藩は松平信明の内覧を経て『豊後国志』を幕府へ献上したのである。

さて、『豊後国志』をめぐる右の経緯は、江戸幕府地誌編纂事業の起点を考える上で極めて重要である。まず、当初は唐橋世済の「心願」で始まった地誌編纂が、享和元年八月段階で急に幕府へ地誌の献上を求められた点である。しかも同年末には「林家日本地理志御調」の情報が岡藩に伝わっていた。さらに岡藩が願い出た『豊後国志』草稿の書き直しについて、幕府は「真名」ではなく「片仮名カ平仮名」を用いるよう命じた。

第4章で検討した通り、寛政期江戸幕府の書物編纂は松平定信の影響力が減じた時期に中絶し、寛政一〇年（一八九六）頃から再開された。この点、『豊後国志』や前述の『豆州志稿』も寛政一〇年頃に幕府勘定所の支援を得て作業が始まったのは興味深い。

実は、それと同じ頃に、林述斎が幕府内で地誌編纂事業を提案していた。天保一二年（一八四一）『駿国雑志』は林述斎の子の銑が序文を載せており、そこでは「寛政中先考建言」すなわち寛政年中に述斎が地誌編纂を建言したと記している。[23] そして享和元年、昌平黌で『徳川実紀』編纂が決定したのと同じ時期に、松平信明は藩撰地誌である『豊後国志』を幕府へ献上するよう求めた。

前述の『豆州志稿』や『豊後国志』自体がそうだったように、寛政末年までの幕府は地誌編纂を支援するものの、その具体的な内容に立ち入る形跡は認められなかった。それが享和元年以降、幕府の対応は一変する。筆者はここで「林家日本地理志御調」、すなわち昌平黌を拠点とする江戸幕府地誌編纂事業の開始が決定したと考える。まさにそれは、松平定信による「御実録」「風土記」の編纂構想を実現する一環だった。また第4章で論じた通り、これまで勘定所を中心に進められてきた「地理糺し」の書物編纂が、のちに林述斎の昌平黌へ主体を移す転換点にもなったと考えられる。

（2）地誌編纂内命

享和三年（一八〇三）正月二八日、堀田正敦は書物奉行に対して、紅葉山文庫所蔵中国方志のうち一五省分六九二函を昌平黌へ移管するよう命じた。[24] これらは地誌編纂事業のための参考資料と思われるので、移管された先は地誌調所と考えて良いだろう。その後も中国方志は、文化初年に清代方志の補充が試みられたが財政的理由から認められず、同一四年（一八一七）に改めて収集が図られている。[25] 従来これらは享保期における中国方志収集の再開と言われてきたが、筆者は中国方志に関する最新の情報収集と評価したい。ちなみに当時の清代では、章学誠らによる新たな方志学理論の構築と方志編纂が進んでいたのである。

この事業は、若年寄の堀田正敦の支配下に林述斎が統括した。堀田正敦は寛政二年（一七九〇）の若年寄就任以来、湯島聖堂再建など昌平黌の整備や『寛政重修諸家譜』など多くの書物編纂を手がけ、また『干城録』など個人的編著も有し、一貫して幕府の文化政策に深く関与した人物である。

そしてこの享和三年から、各地の諸藩・諸役所へ向けて地誌の編纂及び提出の内命が出される。

［史料4］[26]

此度公儀ニ而諸国地志御取立被成候ニ付、諸家林大学頭殿ゟ手寄を以御達有之、依而御家も其趣御達被成度候処、格別之御手寄無之候ニ付、常詰御奏者番一柳新三郎兼々御存之者ニ候間、当三月七日大学頭殿新三郎被召呼、会津風土記之義真字ニ而自ら詳細ニ難相及候事も有之哉ニ相見候間、今其書を本として仮名文ニ認直し、古蹟事実等猶又詳細ニ書立候義ハ出来申間敷哉、貝原篤信撰録候所之筑前続風土記之様ニ書立候へハ、事跡も遺漏無之哉ニ候、併篤信之撰も体例等全備とハ難申候ニ付、あなかち是ニ拘候訳ニハ無之由之書付被相渡、猶口上ニ被申候ハ、其御家寛文年中御取調之風土記御献上ニ相成、殊ニ近頃ハ別而御領中彼是御世話有之、且又教之筋も御取計共之由粗及承候、今般御主意の地書出来候へハ、格別成御家之事ニ候間、外々之手本ニ相成候義ニ付、幸其許兼而知人ニ候故、此段内々相達候様御沙汰ニ付、御主意之趣紙面ニ記相達候、此書出来候へハ松平伊豆守殿へ差出、夫ゟ御上覧被遊候事ニ候条、其心得を以御取調可然旨、委曲新三郎へ被申含、此段新三郎申出候ニ付則言上、家老共申談、御承知御使者不表立事ニ候へハ新三郎相勤候様申付之、尤取調入用ニ筑前続風土記全部二十九冊、林家ゟ致借用、

(後略)

これは『家世実紀』の一節である。林述斎が知人である会津藩士の一柳新三郎に対し、地誌編纂の内命を伝えたのは享和三年三月七日だった。当時、既に地誌編纂内命が諸藩の話題となっていたことがうかがえる。内命の通達は述斎の書簡と口頭でおこなわれた。その内容は、会津藩に『会津風土記』の存することを踏まえて、第一に「仮名文」で書くこと、第二に「古蹟事実」の記載を充実すること、第三に貝原篤信の『筑前国続風土記』を参考として内容の充実を図ることだった。

述斎はさらに、地誌の完成後は「外々之手本」とする意図のあること、完成本は松平信明を通じて将軍へ献上することなどを伝えた。この内容は『豊後国志』清書における松平信明の指示と共通する点に留意したい。会津藩では、内命が「不表立事」という理由で承諾の使者を送っていないが、その後『筑前国続風土記』を林家から借り出している。

次に水戸藩の事例を掲げよう。

[史料5][27]

此度諸国地理之書於　公儀委細に御吟味有之候に付、右御用掛相立、諸家よりも追々書出候由、当国之義は義公様御代より常陸国志漢文にて草稿出来、世間へ致流布候得共、尚更巨細に致穿鑿、仮名文にて相認指出候様に、内々御沙汰も有之候間、御領内之義　御城下武士屋敷町家より郷村寺社等に至迄、支配〳〵より

銘々相糺候様相達候條、別分之振を以可被書出候事、

これは、文化五年（一八〇八）『水府志料』の序文に掲げられた、調査にあたっての触である。ここではまず、幕府が「諸国地理之書」の吟味にあたって「御用掛」を設置し、諸藩から地誌を収集していることが記されている。次に水戸藩へは『古今類聚常陸国誌』の存在を踏まえて、第一に内容の充実、第二に「仮名文」による記述を求める旨の「内々御沙汰」があったと述べる。序文ではこの後に「覚」として、「別分之振」にあたる村から提出される書上の雛形が付される。その項目は、各郡の方位・里数・境界、郡毎の郷村名・民戸、組分け、郡図、各村の里数・町数・境界、河川湖沼、山谷、古城跡・古墳墓・里老の伝説、産物、陣屋・籾蔵・用水堀・橋・渡場、街道・駅所、各村の原野・秣場・牧場・井関、課役免除の由緒、特に元和以前の古書・古図・古証文・古器である。

このように幕府から諸藩に対する地誌編纂の意志は、触や達ではなく内命として伝えられた。同じ内命は幕府内の各役所にも伝えられている。次にその史料を掲げよう。

［史料６］(28)

以切紙申入候、玄寒節彌無御障、可為御勤、珍重存候、然者駿河地志、拙者先勤中取調をり候之趣、松　伊豆守殿被及御聞、当勤にても無遠慮取調候様御沙汰之由、堀　摂津守殿被仰渡候間、此段申入候に付、一統之者へも御自分より被申通、出精取調候様可被取計候、且宝泰寺へも被通候様存候、右可貴意如此御座候、以上、

十二月五日　　　　　　服部久右衛門

佐藤吉十郎様

駿府町奉行の服部久右衛門が文化九年（一八一二）の退任に際して、後任の佐藤吉十郎へあてた書状である。

ここには、当時、奉行所内において「駿河地志」の編纂が準備されていたこと、その事実を「松　伊豆守殿」＝松平信明が知っており、その継続の沙汰を「堀　摂津守殿」＝堀田正敦から言い渡されたことが記されている。

［史料7］(29)

文化二丑年九月六日　　　甲州御代官江

甲州地志編集いたし候ハヽ、御見合可相成儀ニ付、寄々心掛可然段、堀田摂津守殿御沙汰も有之由、右ニ付尋度儀も可有之間、其旨通達いたし置候様、松平侶之允談有之候、右者御用と申筋ニハ無之候得共、同人より談も可有之間、不差支様取計可遣候、尤御隠密筋之儀者自分共江申聞候上、差図可被為仕候、

これは甲州代官宛なので、勘定奉行から出された触と思われる。「甲洲地誌」＝『甲斐国志』の編纂調査について堀田正敦から指示があったことを踏まえ、「松平侶之允」すなわち甲府勤番支配で『甲斐国志』編纂に携わっていた松平定能の調査に協力するよう述べている。ここでも「御用と申筋ニハ無之候」と正式の命令ではないと強調し、「隠密筋之儀」は奉行所へ相談のうえ指図を受けるよう指示している。

こうして林述斎、あるいは堀田正敦はじめ幕閣から、地誌編纂の内命が諸藩・諸役所へ伝えられた。これを受けて各藩・各役所では、編纂者の人選をはじめ具体的な作業が開始された。福山藩の場合、(30)文化二年（一八〇五）に藩主の阿部正精は儒学者の菅茶山へ編纂を命じた。茶山は、当初『大明一統志』にならった『古今類聚常陸国誌』を手本とする考えだったが、逆に『筑前国続風土記』を手本とするよう命じられた。茶山はこれが林述斎の意向で、林家が各地の地誌を集めて「新一統志」編纂を意図していると理解した。だが当時、福山では『筑前国続風土記』が入手できず、茶山は「僅ニ目録を得て其事を想像して」地誌の草稿を執筆した。このほか、正精から詩歌や絵図を多く入れるよう指示があり、茶山は「古器」「勝境」などの図を描いた。このとき茶山は「名所図会のチヤリを除き、やゝ民饒ニ心ツカレ候様ニ意ヲ致したるのミ也」、すなわち名所図会に見られる洒落や諧

諱を排して、貧富などの民情を知り得るように描いたと述べている。この成果が文化二年（一八〇五）『福山志料』である。

さて、享和三年の地誌編纂内命につき以上のような知見が得られた。ここで改めて「内命」の内容を確認してみよう。

(ア)本文を「仮名文」＝漢字仮名交じり文で書くこと。また、漢文で記された既存の地誌は、「仮名文」で書き直して提出するよう求められた。

(イ)『筑前国続風土記』を手本とすること。これは『五畿内志』及びその手本である中国方志の形式を採用しないことを意味する。

(ウ)絵図など図版を入れること。

このうち(ア)については、第6章で検討する『新編武蔵国風土記稿』では「読易ク且事誤ナカランコトヲ要ス」[31]ために仮名文を採用したと述べる。既存の地誌を「仮名文」に改訂して提出した例は、『尾張志』『重訂古今類聚越前国誌』などがある。しかし、(イ)に関していえば、二つの地誌はともに『五畿内志』にならった部別の構成を採用しており、こちらは訂正されていない。したがって(イ)は新規に地誌を編纂する際の方針といえるが、その結果、地誌の冒頭に「提要」を配し、本編は郡毎に編成して項目別の記述ではなく村毎に記述する形式が一般化した。(ウ)については、これにより名所旧跡・景勝のほか、古文書・古物などの図版が描かれた。

(3)日本地誌収集・編纂事業の構想

現在まで「地誌編纂内命」との関係が確認・推定できた地誌は表7に掲げた通りである。この他にも同時期に編纂された地誌は多く、その数はもっと増える可能性がある。

備　　考	典　　拠
	『会津藩家世実紀』15
岩瀬郡須賀川町ほか4町分	『家蔵日本地誌目録』
文政元「白河旧事考」あり	家蔵日本地誌目録』
	『茨城県史料』近世地誌編
滝川利雍文化3調査着手	『甲斐国志』1（大日本地志大系）
	『歴史地理』3－1（荻野由之論文）
駿府町奉行服部貞勝着手	『地方史静岡』11（平野日出雄論文）
	『地方史の思想と視点』（芳賀登論文）
享和3改訂着手	『歴史地理』14－4（岡村利平論文）
「張州府志」を仮名文改訂	『歴史地理』38-1（花見朔巳論文）
中絶、明治期補訂	『家蔵日本地誌目録』
幕府から提出要請	『一語一言』（太田南畝）ほか
堀田正敦要請で仮名文改訂	『家蔵日本地誌目録』
天保11幕府献上	羽賀祥二『史蹟論』
藩主阿部正精指示	『福山城築城三百七十年記念誌』
	『広島県立文書館だより』6
林述斎要請	『家蔵日本地誌目録』
林述斎支援、松平信明要請	本文参照のこと

年代を示す。

表3でわかるのは、地誌編纂の着手時期が享和三年にあまり重ならないことである。［史料4］の「諸国地志御取立被成候ニ付、諸家林大学頭殿より手寄を以御達有之」という文言から、享和三年段階で林述斎は「地誌編纂内命」の書状を各方面へ送っていたと思われるが、各藩の対応は必ずしも一様でない。そのため述斎や堀田正敦は、事ある機会をとらえては諸藩へ地誌の編纂・提出を促したと思われる。例えば、文化三年（一八〇六）に朝鮮通信使来聘御用で対馬を訪れた目付の土屋廉直は、対馬藩の郡役である平山次郎右衛門の案内を受けて、彼の地域の歴史や地理に対する博識を知った。そこで述斎へ報告し、対馬藩主及び述斎からの命で編纂されたものが『津島記事』であるという(32)。

また、編纂主体によって地誌の領域が異なる点も注目される。諸藩の地誌は基本的に自らの領国に関するもので、大藩の場合はそれが一国または複数の国にわたることもあった。これに対し、幕府各役所の関与した地誌は基本的に一国単位で、後述する地誌調所と同じ編纂方針を持っていたといえる。その地域的傾向を見ると、関東・中部は幕府各役所の一国地誌が中心で、その外側の東北・西日本は諸藩の領国地誌である。この傾向は第4章で述べた「郡村仮名付帳」に一致すると思われる。これが幕府及び諸藩の所領配置に強く規

表７　享和３年「地誌編纂内命」との関連を確定・推定できる地誌一覧

書　　名	着手(成立)年	完成年	領　域	編纂者(役職)
新編会津風土記	享和３．６	文化６．３	会津藩領	田中玄宰(家老)
岩瀬郡風土記書		文化元	白河藩領	不明
白河風土記		文化初年	白河藩領	広瀬典(藩儒者)
水府志料	文化２	文化４．４	水戸藩領	小宮山楓軒(郡奉行)
甲斐国志	享和３．11	文化11.12	甲斐国	松平定能(甲府勤番支配)
佐渡志		文化年間	佐渡国	田中美清(佐渡奉行所)
[駿河国志]	文化８	中絶	駿河国	佐藤吉十郎(駿府町奉行与力)
[三河国志]	文政年間	中絶か	三河国	不明
飛州志	(寛延２か)	文政12	飛騨国	佐々木忠崇(飛騨郡代)
尾張志	天保３．閏11	天保14	尾張国	深田正韶(名古屋藩儒者)
新撰美濃志	(弘化年間)	万延元	美濃国	岡田啓(名古屋藩士)
越登賀三州志	(寛政10.)	文政４	金沢藩領	富田景周(藩儒者)
重訂古今類聚越前国誌	(文化元)	文化７	越前国か	有馬純芳(丸岡藩家老)
紀伊続風土記	文化３．８	天保10．３	和歌山藩領	仁井田好古(藩儒者)
福山志料	文化２	文化６．３	福山藩領	菅茶山(藩儒者)
芸藩通志	文化元	文政８．８	広島藩領	頼杏坪(藩儒者)
津島記事	文化３	文化６	対馬藩領	平山次郎右衛門(郡役)
豊後国志	(享和元)	文化元	豊後国	唐橋世済(藩儒者)

注：表題の[　]表示は、中絶により書名未確定のものである。成立年の(　)は、既存の地誌の成立

定されているのはいうまでもないが、ここで「新編諸国風土記」につき、前述の林韑が『駿国雑志』序文で「寛政中先考建言、因命編修関左八州地志」と述べていること[33]に注目したい。この点、後述する『新編武蔵国風土記稿』の現地調査を受け入れた川越喜多院の役僧も「今般於 公儀関東風土記御撰集被為在候」と書き留めていた[34]。これらに従えば、地誌調所が編纂を担当したのは関東の地誌だったと考えられる。

このように享和三年の地誌編纂内命は、諸藩から領国地誌を提出させるとともに、幕府各役所からは支配領域を中心とする一国地誌を編纂させるものだった。しかしその内命は、水戸藩などを除けば関東を対象としていなかった。将軍の膝下に位置する関東の地誌編纂は、昌平黌へ設置された地誌調所の機能に付加されていたのである[35]。

地誌調所の機能は、関東の地誌編纂のみではない。初めは「内命」によって収集された地誌の整理と解題目録の作成を手がけ、続いて昌平黌の蔵

書から各種編纂事業の参考となる書物の整理及び解題目録の作成に従事した。地誌調出役を勤めた村井量令の言[36]によれば、昌平黌の蔵書は中国・朝鮮・日本の三カ国にわたるが、中国本は「四庫条目」による分類がおこなわれ、朝鮮本は少量で分類を必要としなかった。和書は「神書」「帝紀」「公事」など一七項目の分類を改めて、「地誌」「記録」「雑書」の三項に分置した。述斎は実紀や地誌の編纂に便ならしめるため、これら三種について解題目録の編纂を発起し、まず地誌解題に着手して完成させ、次に記録解題・雑書解題を完成させたという。文政三年(一八二〇)『編脩地誌備用典籍解題』、文政九年(一九二六)『番外雑書解題』、文政一一年(一八二九)『記録解題』の三書は、このような事情で成立したものである。そして地誌調所が編纂した最初の地誌『新編武蔵国風土記稿』完成の翌年である天保二年(一八三一)、地誌調所が所蔵する地誌の総目録『地誌目録』が作成された。

享和元年(一八〇一)頃に決定された江戸幕府地誌編纂事業は、以上のように日本各地からの地誌の収集・編纂、すなわち日本総志の編纂事業ともいうべきスケールの大きな文化政策であった。だが、これはどこまでも内命によって進められ、国絵図・郷帳のように全国へ向けた触は発せられなかった。表7を見れば、地誌を編纂した藩は御三家・幕閣とそれに近い諸藩が中心である。幕藩体制では、徳川将軍権力は諸大名の上位に立つが、大名家臣団や領民は諸大名の権力下に置かれた。国絵図は徳川将軍による支配領域を空間的に掌握し、郷帳は支配地全土を地名と石高で掌握する。特に後者が印知の基礎であることを考えれば、国絵図・郷帳作成とは徳川将軍と諸大名の権力関係において成立可能だろう。[37]しかし大名家臣団や領民は徳川将軍が直接支配する対象ではない。地誌を幕府へ献上する行為は、領民支配を徳川将軍へ委ねるような象徴性を帯びたと思われる。

また提出された藩撰地誌も、果たして幕府の思惑通りだったか。『尾張志』の場合、既存の地誌である『張州府志』の仮名文改訂として着手されながら、『張州府志』との重複を避けると称して「村里賦税の員数戸口等」

を削除している。[38] また、佐渡国や甲斐国などの一国天領では編纂が順調に進んだが、駿河国や三河国など所領が錯綜する国では必ずしも成功していない。その理由も、やはり幕府の日本地誌収集・編纂事業が幕藩体制の秩序を侵犯する問題を孕んでいたためだろう。

第3節　地誌編纂内命と藩撰地誌

(一)会津藩『新編会津風土記』

前掲の[史料4]によれば、享和三年三月七日に地誌編纂内命を言い渡された一柳新三郎は直ちに上申し、家老衆による相談の結果、一柳に御用掛を命じて会津へ向かわせた。会津では会所内に「編集之役場」すなわち地志方役所を設置し、御用所役人の武井寛平・岸源五郎・佐藤彦四郎・宗川直記、司業の安部井吉蔵、神学指南の大竹喜三郎、郡方勤の田村清次右衛門などへ御用掛を命じた。[39]

御用掛は領内の村々へ対し、地誌編纂のための書上を提出するよう命じた。この書上は「地志扁集《ママ》」「御尋ニ付地志書上帳」などと名付けられ、郷庄組名、村名、端郷、村名の起こり、小名、戸数、新田、若松からの方角、村境、隣村への距離、街道・脇道、継立場、神社、寺院、堂庵、墳墓、古城跡、由緒ある人物、石碑、地名と旧跡、堰、川、橋、入会原、馬草場、草木、湖水などの項目を書き上げさせた。管見の限りで書上は、享和三年七月から八月にかけて会津郡黒谷組、同年一〇月頃に耶麻郡からの提出が確認できた。追加調査と思われる最も遅い例は文化二年（一八〇五）九月で、この頃までに村々の調査を終えたと思われる。[40] 猪苗代河西組の大寺村の場合、早くも享和三年三月中には「地志扁集」を書き上げ、若松の地志方役所へ村役人が届けた。宛先は地志方役人の田村清次右衛門と小野佐織だが、直接村人と接したのは郡方勤である。地志方役所は調査項目の雛形を提示したが、直接村々を廻ったかどうかは不明である。[41]

この結果、領内で多くの墓所や石碑の所在が明らかになった。そこで藩では、文化二年（一八〇五）二月一一日に、中世以来の「老臣忠士又ハ名誉之者ニ而遺跡及断絶墳墓位牌等」について検討の上、「年忌祥期香花茶湯幷墓所掃除之儀」が後々までおろそかにならぬように「御式方」へ吟味を命じた。その結果、九カ所の墓所に掃除等の措置を施した。それらは、会津藩関係者よりも中世領主である芦名氏や蒲生氏らの旧臣の墳墓が多かったが、第2章で述べた保科正之時代の家老である佐藤勘十郎の墓にも同様の措置がとられた(42)。

その後、会津藩はできあがった草稿の内覧を林述斎へ依頼している。これに関して、かつて庄司吉之助氏が紹介した次の史料を再検討しよう。

[史料八](43)

仮名文風土記追々御成就近寄、耶麻・河沼之両郡ハ草稿ニ而林大学頭殿江内見ニ差出候所、土地之風俗は勿論、婚葬書業古めかしき仕来幷神社仏閣之儀式古風成義、其外目馴ぬ異風なとも組ことの初ニ可載候由申聞候、依右之事跡為取調候ニ付而ハ、書出シ無之候而ハ不為成候所、貞享年中組々より右風俗之荒増を書出置候由ニ候得共、何れ年を経候義ニ而当時ニ而ハ移り替可在之候、尤不足候廉も有之形ニ付、貞享書出を本とし、体例書ともニ四冊同様為認、地志方より為相廻候筈ニ候、四郡ニ而触前之御代官熟談致、心附候義ハ組々江相顕候様可致候、委曲書中ニ相見候通、一組中之惣斗を顕候義ニ候得ハ、享和書出方と違事々地元江尋候而も出来申間敷、組々御代官所ニ而村老ニ尋候と、何れニも御代官手卸之吟味ニ無之候而ハ相成間敷哉、是等之趣共ニ宜ヒ及評義、不相弁義ハ地志方へ承合、大抵別冊之形ニ取調、来月上旬迄ニ差出候様、

一、享和年中組々書出ニ相成候書出方不差紙、組々有之段々吟味之上ニハ夫々ニ取捨も可在之、殊更堂社之義ハ先達而申聞候通、新地ニ建置候形も相聞候、何れ右書出を以取調候義ニ有之、万一不相成事跡等入交り、後来ニ残り候而ハ如何ニ候間、地志方より対談次第請書致、凡而寛文年中書上置候土地帳ニ準シ御代官名印

を以差出候様、
右両条宜敷被取斗、且林大学頭対州江被遣候御用有之由相聞、先ニ寄候而ハ格別繁多ニ可相成候ニ付、地志草稿之義尚秋中迄ニハ不残内見為済候様可取調旨、地志方掛り者共江申聞、依而ハ書出方之義も此節繁多ニハ可在之候得共、時期も有之義ニ候得ハ、是迄吟味掛り之廉者急度取極、右心得を以猶又出精果敢行候様、任役とも へも可被申聞候事、

伊与田安太夫
坂十郎左衛門

年号がないが、文化四年（一八〇七）二月頃に領内の代官へ出された触と思われる。伊与田安太夫他一名は地志方の役人だろう。これによれば、『新編会津風土記』草稿のうち耶麻郡と河沼郡の分を林述斎へ見せたところ、冠婚葬祭や寺社の儀式など風俗の記述が見られないことを指摘された。これらは先の「地志扁集」の調査項目にあげられていない。ここで興味深いのは、述斎が領内の風俗に関する記述を求めた点である。『新編武蔵国風土記稿』などの項目を考えれば、述斎の要求は鎮守祭礼や五節句など村の習俗にあったと思われる。

これに対し会津藩では、貞享二年（一六八五）に領内から提出させた「万風俗書上帳」があるが記録が古すぎるので、それを手本として新たに地志方役所が調査することになった。但し、「地志扁集」は村毎の提出だったが、今回は組合村毎の提出とするため代官の協力が不可欠で、地志方とよく相談して書上を提出すること、また新規建立の堂社について入念に調査することを述べている。

その後同年三月に、「地志方風俗帳」が各組から提出された。その内容は、農事暦、農間余業、方言、冠婚葬祭儀式、年中行事、人情、土地の寒暖など多様である。だが、これも代官の元で組内の村役人たちが語り合った内容をまとめたと思われ、地志方役人が自ら調査したのではない。

また、このとき朝鮮通信使来聘のため対馬にいた述斎から、草稿は秋までに内覧するとの意向を地志方役所は受けていた。この点、草稿は前年の文化三年(一八〇六)末には成稿しつつあったこと、述斎と地志方役所は常に連絡が取れていたことがうかがえる。

『新編会津風土記』全一二〇巻は、文化六年(一八〇九)三月に完成した。『徳川実紀』によれば、翌四月一六日に幕府へ献上されている。その構成は、最初の一〇巻を「提要」にあて、総論、古器図、家士古文書・村民古文書・塔寺八幡宮長帳・日光山縁起を記す。特に古文書類は、家臣の所蔵分と現地に直接関係しない村民の所蔵分を「提要」で掲載し、現地に直接関わる古文書は後の各村の項でとりあげた。

この後に若松、会津郡、耶麻郡、大沼郡、河沼郡、安積郡、越後国蒲原郡、同国魚沼郡、飛地領の下野国塩谷郡と続き、各組毎に編成された村別の記述がなされる。これは『筑前国続風土記』の構成に学んだと思われる。村毎の記述は、界域、山川、原野、土産、関梁、水利、郡署、倉廩、神社、寺院、墳墓、古蹟、釈門、人物、旧家、褒善の一六の部門に分類されて記され(44)、このほか小名・端村があれば詳述される。風俗の項目はなく、「地志方風俗帳」の調査成果はあまり反映されていない。特徴的なのは墳墓の項目で、石塔は銘文を記して埋葬者の推定をおこなうほか、石碑、経塚、一本杉の植えられた塚の伝承までも記している。これは、編纂調査の過程で明らかになった「老臣忠士又ハ名誉之者」の墳墓の顕彰政策に関係すると思われる。

会津藩では天明七年(一七八七)に地方支配の制度を改め、新たに郡方役所と代官所を設置した。地志方役所の調査はこの新しい支配システムの下で進められた。地誌編纂の基本資料は「地志扁集」及び「地志方風俗帳」で、それらは村から若松城下の地志方役所へ直接届けられた。地誌の構成や内容は林述斎の助言を受けて成稿されたが、必ずしもそれにはこだわらず、藩自身の必要に応じた編纂がおこなわれたといってよい。例えば、中世領主の旧臣の墳墓顕彰につき、第2章で論じた通り、会津藩の地方支配は中世以来の在地勢力である郷頭を中心に据えてきた。その地方支配制度の再編に際し、藩は郷頭たちの祖先を藩自ら顕彰することで「心意統治[45]」の実現を図ったといえよう。

（2）福岡藩『筑前国続風土記拾遺』

福岡藩の藩撰地誌は、元禄一六年（一七〇三）『筑前国続風土記』、寛政一〇年（一七九八）『筑前国続風土記附録』、そして後述する『筑前国続風土記拾遺』が存在する。

『筑前国続風土記[46]』は、元禄元年（一六八八）に福岡藩士だった貝原篤信（益軒）が筑前国領内調査の命を受け、同一六年（一七〇三）に完成させた。貝原は序文で、古人は「天下のかぎりなきことはり」はもちろん「わがすめる国の中の事」を当然の知識と認識し、これが「やまと」と「もろこし」で「国々の事をしるせる文つくれる故」と述べる。そして古風土記にならって命名した本書が「国家の万一のおぎなひとならん事」を表明している。ここにも『会津風土記』で確立した地誌編纂の思想を読みとることができよう。体裁は和文の記述で、提要二巻、福岡博多と各郡記二一巻、古城古戦場記五巻、土産考二巻の計三〇巻である。各郡記では村名を列記した後に地名・山川・名所旧跡・寺社などを特記し、土産考では草木動物産物の類を紹介する。貝原は黒川道祐や林鵞峯と親交があり、中国方志の知識を有していたが、藩政実務の参考とする意図から郡毎の編成と和文の採用に至ったと思われる。

『筑前国続風土記附録』全四八巻[47]は、藩士の加藤一純が年来地誌編纂の志を抱いていたところ、隠居後の天明四年（一七八四）に藩命を受け、鷹取周成ほか数名の協力を得て調査を実施した。しかし寛政五年（一七九三）四月に加藤は病没、その後は鷹取が青柳種信の協力を得て同一〇年一二月に完成した。調査の際は村方から書上を提出させた形跡がある。本書の形式は、「提要」二巻の後に各郡毎の巻が続き、最後に「土産考」二巻と「河水記」一巻が配される。和文で記述され、全体に『筑前国続風土記』を踏襲している。記述は村毎におこなわれ、神祠・仏堂・名所・陣跡・山川・原野・城址・池塘・井泉・墳墓・土石・樹竹・田苑・鳥獣・虫魚などの項目を立てる。また、神社仏閣や名所旧跡を描いた一八〇以上の挿絵が付されるほか、各郡の冒頭には郡絵図も置かれた。さらに古文書や金石文の引用掲載も繁出する。その一方で、『筑前国続風土記』に記載されたものは「本編に出たれハ茲に記さす」と注記して詳述を避けている。また「民数・牛馬・戸数」及び「堰」は藩命により記述しなかったという。

青柳種信は、文化一一年（一八一四）七月二三日に再び『筑前国続風土記附録』の吟味を命じられた。以下、麻生善三氏らの研究成果に従って、(48)その編纂過程を確認しよう。青柳はまず独力で文献調査に着手し、文政元年（一八一八）に廻村調査の実施を藩へ願い出た。ここで広渡正利氏が紹介した次の史料を再検討する。

［史料9］(49)

覚

続風土記附録再吟味仕候ニ付、出郡之儀相伺候処、致出郡相調子候様被仰付奉畏候、此節相廻り候得は附録ニ相洩候寺社之古証文、縁起、或は村翁里童之俚言、野乗雑談をも書取、是又附録以後之事実、土地の変移等有之候は勿論、附録ニ載有之場所も一渡り吟味仕候儀ニ付、甚多端ニ奉存候、依之手分仕、相調子不申候而ハ難行届奉存候、何卒是等之儀相心得候人弐人助録ニ被仰付可被下候、右之内壱人は絵図類相認候人物入用ニ御座候、是迄附録中ニ高名之勝地、山川、海里、神祠、仏閣等之景趣添画致有之候へ共、此度は添画之花餝を相省キ地理之模様を第一ニ認、方位等相記シ、地勢を御覧被成能様図シ申度奉存候、右之両人之手伝被仰付候得は、絵図も手透ニは書取又は清書等も申談、甚都合宜敷御座候、根元最前調子ニ相成居候場所をも再調子仕候義ニ付、此度之手数最前とは格別相替儀無御座候条、多人数無御座候而は無覚束奉存候得共、

御時節柄之儀ニ付相成丈ケ少人数ニ而何分難相省、無拠申出候、
（後略）

これは、廻村調査に際して青柳が「助録」の人手を要請した書状の一節である。人数は多いほどよいが「御時節柄」でもあり、少なくとも二名は必要と述べる。そのうち一人は絵図・添画の担当である。青柳は「此度は添画之花筋を相省キ地理之模様を第一ニ認」と述べており、「名所図会のチヤリを除き」と語った菅茶山や、「大抵記名勝旧蹟、以便遊覧、資詞藻而已」と名所図会を批判した近藤正斎と同じ意識を、青柳もまた共有していた。青柳はその理由を「地勢を御覧被成能様図シ申度」すなわち地理をわかりやすいように描くためという。『豊後国志』で「仮名文」の求められた理由が「事実委細ニ相分」だったことを想起させる。

青柳種信の要求した「助録」の人手は、文政四年（一八二一）四月に長野勝太郎（青柳の長男）と児玉文吾（青柳の弟子か）が地誌再吟味手伝を命じられたほか、おそらく同時期から藩の御抱絵師である佐伯左七郎が同行した。この四名で文政四年秋から同一一年（一八二八）春にかけて、延べ一八三日におよぶ廻村調査が実施された。調査に先立ち、文政三年（一八二〇）二月から三月にかけて、青柳は領内の村々と寺社から明細帳を提出させた。その表題は「続風土記（附録）御調子ニ付調子書上帳」で、内容は村境、戸数、本村・枝郷名、山川、堤・溝、原、往還、神社、寺院、仏堂寺跡、古城古戦場、古墓・古墳、名所旧跡、善行者・篤行者、産物、百姓所持の古証文・古文書などである。廻村調査は、これらを携えて聞き取りをおこなったと思われる。草稿は、佐伯を除く三名で分担執筆したといわれ、天保四年（一八三三）でなお完成に至っていない。表題は『筑前国続風土記拾遺』と命名されたが、児玉及び青柳の死去もあり、完成を見たのは幕末期だった。

会津藩の場合には専管の役所を設置して地誌編纂をおこなったが、表7に見る通り、諸藩の多くは儒者等を担当に命じて調査の一切を任せた。秋田藩における菅江真澄の『雪の出羽路』ほか地誌三部作の例(50)など、藩撰地誌

に中絶あるいは未定稿が多いのはここに理由の一端がある。『筑前国続風土記拾遺』編纂時の福岡藩は、必ずしも積極的ではなかったという。(51) 地誌が一部の知識人の好事と捉えられるのか、領内地理の把握や祖先顕彰などを期待する政策に位置づけられるのかという藩の姿勢が、編纂の最終的な成否を決したといえるだろう。

第4節　まとめ――日本型地誌について――

享和三年の地誌編纂内命が出される以前、地誌の手本は『五畿内志』に求められた。しかし、日本地誌の収集・編纂という大規模な事業に着手した江戸幕府は、内命のかたちで各藩・各役所へ向けて地誌編纂への着手を促した。内命の内容は、「仮名文」を用いること、中国方志や『五畿内志』ではなく『筑前国続風土記』を手本とすること、絵図を多く入れることの三点だった。これらを貫く基本方針は「読易ク且事誤ナカランコト」である。そしてそれは、当時の社会変動に対応する地域の再掌握の志向をもっていた。それゆえこの内命で確立され、『新編会津風土記』や後述する『新編武蔵国風土記稿』を典型とする地誌の形式は、一九世紀前半の日本で確立した独自のものと評価できる。本書ではそれを日本型地誌と呼ぶことにしたい。

ところで羽賀祥二氏は、一九世紀の地誌の多くが序文に漢文と和文を並列させる点に注目し、ここに中国的なものと古代日本的なものを統合する意思を認め、当該期の日本の文明意識と指摘した。(52) しかし幕府の関与した地誌を見ると、『豊後国志』段階で「仮名文」を採用し、『新編会津風土記』段階で『五畿内志』を排し、『新編武蔵国風土記稿』では漢文の序文を排している。この限りにおいて、日本型地誌の登場は日中文明の統合よりも中国を排した日本文明の主張、言い換えればナショナリズムの萌芽を示すのではないかと考える。

最後に、日本型地誌の歴史的意義をまとめよう。山下範久氏は、近世国家の対外関係が国内諸地域に持ち込まれず、両者が接続しない関係を「近世地域システム」と呼んでいる。そして日本の「近世地域システム」成立を山崎闇斎の華夷思想に見出し、その消滅を一八〇〇年前後に求めた。(53)これを地誌編纂史で捉え直すと、「近世地域システム」の継続時期は『会津風土記』に始まり『豊後国志』まで続く中国方志を手本とした地誌編纂の思想の継続時期に合致しよう。一八〇〇年前後の日本では、来航する西洋列強に刺激された人々の対外認識の変化があり、それと軌を一にした朝鮮通信使の易地聘例に象徴される世界観すなわち華夷意識の変貌が見られた。(54)そこで「近世地域システム」が崩れていくとき、東アジアの文化的影響を脱して新たな国家意識を志向する一環に日本型地誌は登場したと理解しておきたい。

(1)　東京大学史料編纂所所蔵写本「古川平次兵衛御用一件覚書」。
(2)　江戸地誌叢書巻四『四神地名録』（有峰書店、一九七六）。
(3)　鈴木章生「『江戸名所図会』が語るもの」（江戸東京博物館平成九年度特別展図録『江戸の絵師　雪旦・雪堤』、一九九七）を参照。
(4)　滝本誠一編『日本経済大典』二三（明治文献、一九六九）に所収。
(5)　以下、秋山富南と『豆州志稿』については、『三島市誌』中巻（一九五九）、戸羽山瀚「解題」（『増訂豆州志稿　伊豆七島志』、長倉書店、一九六七）、高橋敏「宝暦明和地方文化論」（西山松之助先生古希記念論文集『江戸の民衆と社会』、吉川弘文館、一九八五、のち同『民衆と豪農』に収録、未来社、一九八五）、岩橋清美「地域の歴史と権力の歴史」（『幕藩制社会の地域的展開』、雄山閣、一九九六）、杉本史子「地域の記録」（『領域支配の展開と近世』、山川出版社、一九九九）などの先行研究がある。なお、『豆州志稿』は管見の限り献上本を確認できないが、ここでは独立行政法人国立公文書館所蔵の朽木文庫本をテキストとした。
(6)　以上、註(5)『増訂豆州志稿　伊豆七島志』所収の「解題」を参照。なお戸羽山氏は、三島大社宮司家に伝わる『豆州志稿』の稿本に「東海道伊豆国輿地志」と記されることを指摘した。稿本の成立年代は不明だが、戸羽山氏は寛政初年と推定している。
(7)　筑紫敏夫「寛政改革における幕府の房総廻村について」（『千葉県立中央博物館研究報告——人文科学——』一〇、

一九九八）

（8）内山淳一「『公余探勝図』をめぐって」（福島県立博物館平成四年度企画展図録『定信と文晁』、福島県立博物館、一九九二）。

（9）註（5）『増訂豆州志稿　伊豆七島志』所収「解題」、三〜四頁。

（10）寛政九年「（豆州志稿編纂村明細帳雛形）」（『韮山町史』第五巻上、一九八九、No.一一四）。

（11）註（10）『韮山町史』第五巻上、No.一三四。

（12）日本歴史地名大系四四『熊本県の地名』（平凡社、一九八五）、文献解題を参照。

（13）『尾張国風土記』については下村信博「『熱田町旧記』の成立」（『名古屋市立博物館だより』一一三、一九九六）を参照。

（14）『張州府志』については『編修地誌備用典籍解題』二（東京大学出版会、一九七三）のほか、羽賀祥二『史蹟論』（名古屋大学出版会、一九九八）、三九頁を参照。

（15）伊能秀明「稲葉通邦『神祇令和解』について」附録の「稲葉通邦略年譜」（『明治大学刑事博物館年報』一八、一九八七）を参照。

（16）以下『豊後国志』編纂に関する記述は、断りのない限り「豊後国志御請書仕立方覚」（大分県立大分図書館所蔵）による。なお原史料の名称は「豊後志御用雑記」である。また、今村孝次「豊後国志編纂始末」（『豊後国志』、朋文堂、一九三一）、『大分県史』近世篇Ⅳ（一九九〇）、佐藤晃洋「唐橋世済と『豊後国志』編纂」（『史料館研究紀要』一、大分県立先哲史料館、一九九六）などの先行研究を参照した。

（17）関山邦宏ほか編『「升堂記」翻刻ならびに索引』（一九九七）を参照。

（18）註（16）「豊後国志御請書仕立方覚」。

（19）同右。

（20）註（16）『大分県史』近世篇Ⅳ、四六頁。

（21）大分県先哲叢書『田能村竹田資料集　書簡篇』（大分県教育委員会、一九九二）、二頁。

（22）註（16）「豊後国志御請書仕立方覚」。

（23）『駿国雑志』一（吉見書店、一九七七）、序文による。

(24)　拙稿「近世政治権力と地誌編纂」(『歴史学研究』七〇三、一九九七)。
(25)　日比野丈夫「徳川幕府による中国地方志の蒐集」(同『中国歴史地理研究』、同朋舎出版、一九七七)、四二五頁。
(26)　『家世実紀』享和三年六月九日条(『会津藩家世実紀』一五所収、歴史春秋社、一九八九)。
(27)　註(1)、二一九頁。
(28)　平野日出雄「文化九年の駿河地誌編纂事実の再検討」(『地方史静岡』一一、一九八三)による。
(29)　『牧民金鑑』下巻(刀江書院、一九六九)、三七六頁。この史料は、現相馬野馬追いの里資料館学芸員の水久保克英氏から御教示を得た。
(30)　頼祺一「『福山志料』の編纂について」(『福山城築城三百七十年記念誌』、一九九三)に所収。なお、佐竹昭「地誌編さんと民衆の歴史意識」(『広島市公文書館紀要』一七、一九九四)を参照した。
(31)　『新編武蔵国風土記稿』(独立行政法人国立公文書館所蔵)、首巻のうち例義による。
(32)　高木利太編『家蔵日本地誌目録』(一九二七)を参照。
(33)　註(23)に同じ。
(34)　『喜多院日鑑』第二巻(一九八七)、文化一四年八月二八日条。
(35)　このとき畿内の地誌編纂がどのように考えられていたかは全く不明である。幕府各役所の動向からすれば、例えば京都町奉行所を中心に各奉行所単位の編纂調査が構想されても不自然ではない。今後の課題としたい。
(36)　福井保『江戸幕府編纂物』(雄松堂出版、一九八二)中の『憲教類典』解題を参照。
(37)　但し杉本史子氏は、元禄国絵図における国境確定で、幕府が国境地域の現地見分と地元の村からの国境証文提出を志向したこと、しかし現実はその両方ともに困難であり、結局、正保国絵図の訂正にとどまったことを指摘している(「元禄国絵図作成事業の歴史的位置」、同『領域支配の展開と近世』、山川出版社、一九九九)。このことは、国絵図作成でも幕府が藩領国内の領民を掌握できなかったことを物語る。
(38)　『尾張志』上巻(愛知県郷土資料刊行会、一九七九)、序文による。なお、花見朔巳「尾張志の編纂について(上)」(『歴史地理』三八―一、一九二一)を参照した。
(39)　註(26)に同じ。
(40)　享和三年七月「御尋ニ付書上帳」矢沢三男家文書No.八三三、文化二年九月「地志方御尋ニ付相改書上帳」矢沢三

男家文書No.八三五、享和三年八月「御尋ニ付地志書上帳」目黒武男家文書No.一三八（以上、福島県歴史資料館収蔵）。ちなみに『会津続風土記』凡例には、「属村」の存廃は文化二年を基準とする旨が記されている。

(41) 享和三年三月「大寺村地志扁集」『磐梯町史近世資料Ⅰ』（磐梯町史編纂委員会、一九八〇）を参照。

(42) 註(26)『家世実紀』巻之二七一。

(43) 庄司吉之助編『会津風土記・風俗帳』巻三（吉川弘文館、一九八〇）、一〇頁。

(44) 『新編会津風土記』一（歴史春秋社、一九九九）を参照。

(45) 高野信治『近世大名家臣団と領主制』（吉川弘文館、一九九七）第九章「給人領主と農耕祈願」を参照。

(46) 『筑前国続風土記』についてはは井上忠『貝原益軒』（吉川弘文館、一九六三）を参照。その編纂に至る背景として、井上氏は、元禄元年から六年にかけて福岡藩と熊本藩が争った背振山国境論争を指摘し、福岡藩が領内地理の再掌握を迫られたと論じた（一三六頁）。

(47) 『筑前国続風土記附録』については川添昭二「筑前国続風土記附録解題」（『筑前国続風土記附録』上巻、文献出版、一九七七）を参照。

(48) 以下、『筑前国続風土記拾遺』については、麻生善三「青柳種信と『筑前国続風土記拾遺』」（『福岡県史』近世研究編・福岡藩三、一九八七）、広渡正利「はじめに」（『筑前国続風土記拾遺』上巻、文献出版、一九九三）を参照。

(49) 註(48)『筑前国続風土記拾遺』上巻、六三～六四頁。

(50) 菅江真澄については、『真澄紀行』（秋田県立博物館菅江真澄資料センター図録、一九九六）を参照。なお、菅江も文化一〇年に「花の出羽路の目」と題した地誌編纂の提言を秋田藩主へ提出し、独力で調査に着手、のち文政七年に藩から正式に地誌編纂を命じられた。この点、やはり地誌編纂内命と関係があるかも知れない。

(51) 註(48)論文で、麻生氏は、国学者である青柳と藩の儒学者の間に対立関係があり、地誌編纂は彼らから排除された青柳への緊急避難的な職務だったと推定する。そうであれば、藩としては地誌に過度の関心を持つ必要がなかったろう。

(52) 羽賀祥二『史蹟論』（名古屋大学出版会、一九九八）、三〇四頁。

(53) 山下範久「近世地域システムから見た日本の自・他関係言説の変容」（『江戸の思想』九、一九九八）。

(54) 荒野泰典『近世日本と東アジア』（東京大学出版会、一九八八）、第二章を参照。

第6章　地誌調所編纂事業論——『新編武蔵国風土記稿』を中心に——

本章では、江戸幕府地誌編纂事業の中核だった昌平黌地誌調所の編纂・調査活動を検討する。この問題は、福井保氏などの概説的な言及を除けば、[1]長い間研究上の関心が向けられてこなかったが、拙稿の発表以降は[2]徐々に注目を集めている。[3]以下では、まず地誌調所の機構や運営について確認した上で、日本近世地誌の代表作ともいうべき『新編武蔵国風土記稿』（図7）の編纂過程を検証して、改めて地誌調所の活動の全容を解明したい。

第1節　地誌調所について

(一)設置と運営

地誌調所を考える上で手掛かりとなるのは、昌平黌へ集積された地誌の解題目録で序論でも触れた『編脩地誌備用典籍解題』である。文政五年（一八二二）に書かれたその跋語を掲げよう。

［史料1］[4]

跋語

編脩地誌備用典籍解題、原本国子祭酒林君與冠山源君議而、源君所筆也、庚午之冬林君建議、将修新編諸国

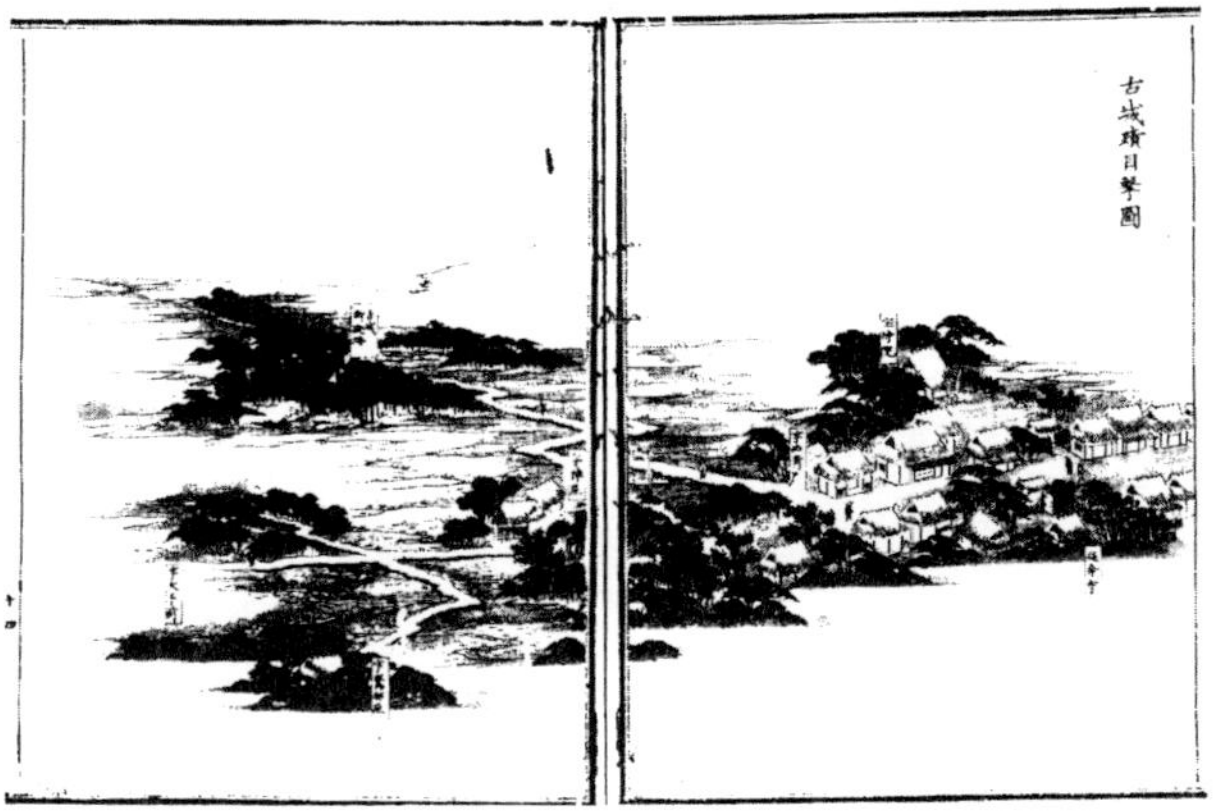

図7　『新編武蔵国風土記稿』(浄書本)

風土記、挙士信等以充其事、先是収備用典籍二十七箱於昌平官庫、是嚮源君所作解題之書也、爾来典籍日増歳益、又及数十箱、林君示士信以源君稿本曰、是書不啻便于捜抜検点、其読正史雑録者、閲野史戦記者、以備参考亦不為無益矣、源君起業数月而竣功、請其続補、則源君辞焉、子蓋補焉、於是余為其総督、使岩崎慎成、村井量令等創始其事、戸田氏徳、海老原儼、中里仲舒等賛成其功、越庚辰夏稿已成矣、因乃日以自卯巳、為期推敲校訛、数月卒業、或此書之単行也、亦於地誌典籍思過半矣、

文政五年壬午季冬乙卯　　間宮士信識

ここには、「庚午之冬」＝文化七年（一八一〇）の冬に「新編諸国風土記」の編纂に関する林述斎の建議がなされ、間宮士信・岩崎慎成・村井量令らがその任にあたったと記されている。間宮は後述のように地誌調所の中心人物であるから、従来はこれをもって地誌調所の設置を示すと解釈されてきた。(5)

しかし、［史料1］が記すように、『編脩地誌備用典籍解題』の成立には二段階あり、「享和の比」から林述斎が「編脩地誌備用典籍」の集積をおこない、因幡国若桜藩主を引退した池田定常が整理に携わっていた。文化七年は「新編諸国風土記」の編纂開始時期と見るべきで、地誌調所は第5章で論じた通り享和三年（一八〇三）に設置されたと考える。なお、『編脩地誌備用典籍解題』「異国紀」は天文方内へ設置した地誌調所外局の活動成果だが、『天文方代々記』によれば、堀田正敦は林述斎を通じて高橋景保に対し、文化四年（一八〇七）に「相調

候地誌御用之内、異国に携候儀」の調査を命じたという。(6)

次に、地誌調所の運営を確認しよう。

[史料2](7)

以手紙啓上仕候、寒冷相増候得共御両家被遊御揃益、御機嫌能遊御座上悦至極奉存候、然者私儀去九月十四日、学問所之内地誌調所為御雇被仰付、難有仕合奉存候、

（中略）

去五月中手跡并絵図為手見せ差出候様、間宮庄五郎殿ゟ達有之候間則差出申候処、九月十四日学問所江被召出、林大学頭手附地誌調所為御雇出勤可仕旨被仰談（理）申候、右地誌調所与申所者、聖堂之内ニ地誌并御旧跡与両役所御座候、地誌之儀者日本六拾余州之地里を相調候故ニ、国々絵図并明所古跡、其外国々寺社并宝物等壱々相改、図を写本并巻物なそニ仕大学頭殿江差出、それゟ上江上リ候儀ニ御座候、右御懸り之儀者青山下野守殿、堀田摂津守殿ニ御座候、右場所頭取者三四人御座候処、何も当番ゟ出役ニ御座候、私共同役者聖堂勤番并与力、御徒行なそゟ多分出役場所ニ御座候、右勤候而又々勤かふ申立外場所江罷出候場所ニ御座候、右勤之儀者日勤ニて、朝四ツ時罷出夕七ツ時引申候、尤毎月五日、十五日、廿五日ハ休日ニて多分在宿ニ御座候、御手当之儀者出勤日割を以聊之御手当被下置候、尤追々年数ニ而少々宛相増申候、若又御地御用向ニて出勤中に有之候ハヽ、聖堂通用御門者御茶之水之方ニ寄御堀端ニ御座候間、是より御入被成候て、地誌調所之湯のみ所と御聞被成候て御出、私名前を御尋被下候へ者、懸御目申候間、左様思召可被下候、

（後略）

文政九戌年十一月

[史料2]は差出人不明だが、文政九年（一八二六）に地誌調所へ着任しているのは、後掲の表8によれば渡瀬

図8　明治3年の湯島聖堂(椎名仙卓氏による)

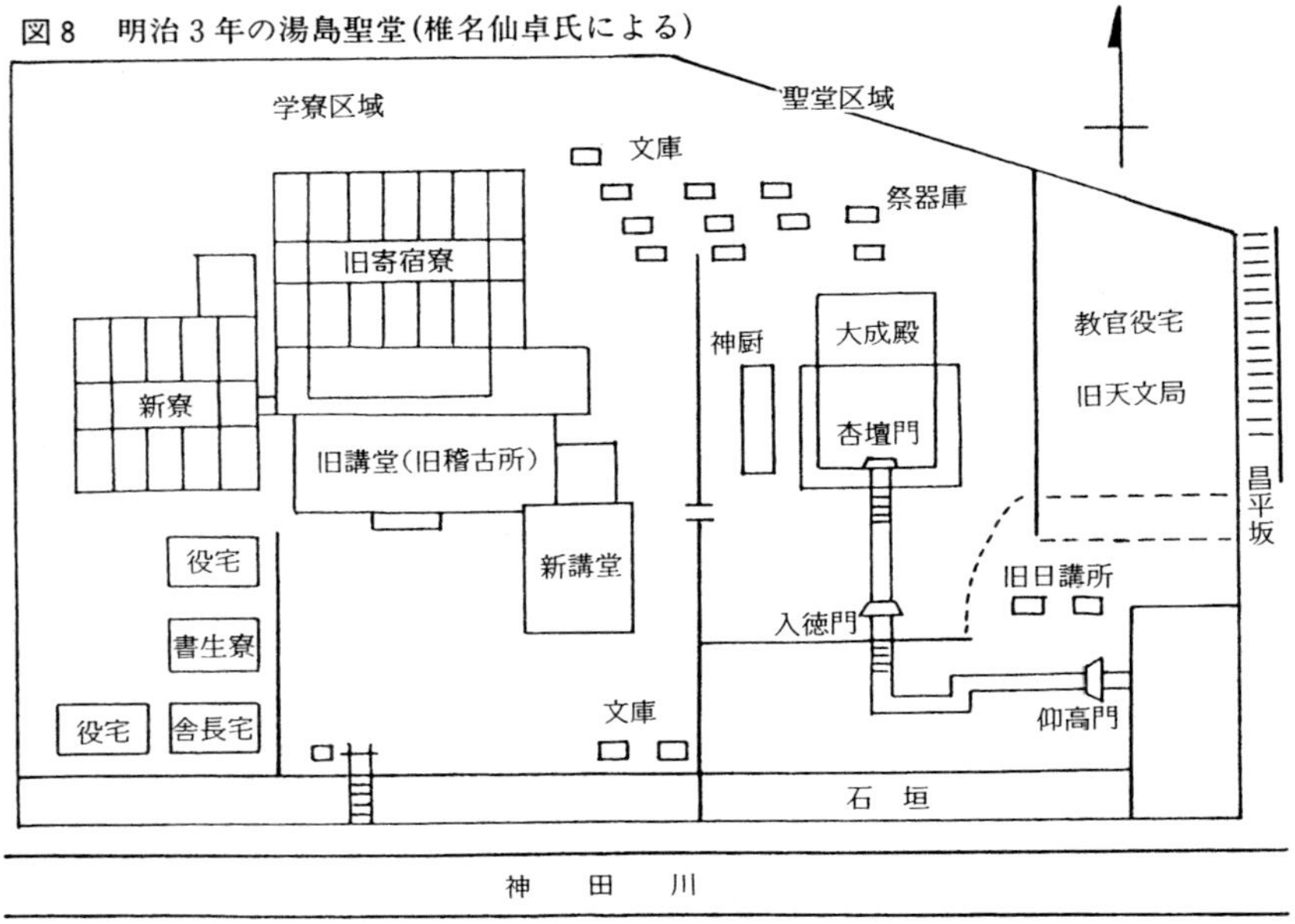

知煥しかいないので、同人と思われる。地誌調所就任後二カ月頃に出されたこの書簡から明らかになることは次の通りである。

(ア) 地誌調所は昌平黌内に設置され、御茶の水堀端にあった通用門から出入りした[8]。図8は明治初期の湯島聖堂見取図であるが、堀端に面した通用門の位置から考えて、地誌調所は学寮区域(現東京医科歯科大学構内)にあったと思われる。ちなみに地誌調所の外局が置かれた天文方は聖堂区域にあった。

(イ) 文政九年当時の地誌調所「御懸り」は老中青山忠裕と若年寄堀田正敦であった。編纂された「写本」や「巻物」はまず林述斎へ提出され、さらに幕閣へ献上された。調所の所員はすべて他からの出役であった。

(ウ) 調所の勤務は「朝四ツ」(午前一〇時頃)から「夕七ツ」(午後四時頃)までで、毎月五の日は休みであった。給与は日割換算で、勤続年数による昇給もあった。

地誌調所の財政については『旧事諮問録』[9]が参考になる。それによれば、昌平黌の収入は聖堂領一〇〇〇石の年貢と釈奠などの際の献上金で、それらはすべて「郡代」＝関東郡代附貸付方役所に預けられた。貸付方役所はその金を旗本等への公金貸付に充て、その利息金が昌平黌に帰した。したがって昌平黌の財政基盤は、年々の収入と、それを元金として生み出される利息金となる。通常の支出はすべて前者で賄われたが、地誌調所の費用は後者の利息金で賄われた。

（2）地誌調出役

次に地誌調所の人員を検討しよう。［史料2］には「頭取」という職名が見えたが、『新編武蔵国風土記稿』巻末の「編輯姓氏」には、頭取・頭取助・取締・出役・手伝の五つの職名と計三一名の出役名を確認できる。これに『御府内備考』『御府内備考続編』『新編相模国風土記稿』の担当所員、さらに管見の限り地誌調所の所属が確認できた者を加えて一覧化したのが表8である。以下、各職ごとに検討しよう。

頭取は、間宮士信・松崎純庸・三島政行の三名が確認できる。[10]

間宮庄五郎士信（安永六年＝一七七七〜天保一二年＝一八四一）は、後北条氏旧臣の旗本間宮氏の出で、八〇〇石の知行取である。寛政一〇年（一七九八）に家督を相続して西丸小姓組番となり、文化七年（一八一〇）に地誌調出役に就任、同九年（一八一二）に同頭取となる。三〇年の間に『新編武蔵国風土記稿』及び『新編相模国風土記稿』の編纂へ携わる一方、自ら文化九年（一八一二）『小田原編年録』や文政七年（一八二四）『小日向志』などを著している。天保一一年（一八四〇）に二の丸留守居へ転じ、地誌調所を辞したと思われる。

松崎善右衛門純庸は明和三年（一七六六）に家督を継ぎ、安永四年（一七七五）に小姓組番、のち西の丸書院番となり、文化七年（一八一〇）に地誌調出役に就任する。『新編武蔵国風土記稿』及び『新編相模国風土記稿』

表8　地誌調出役一覧

名　前	武蔵任免等	府内	続編	相模	備　考
間宮庄五郎士信	文化7出役、同9頭取			○	天保11.9/20二の丸留守居
松崎善右衛門純庸	文化7出役、文政3頭取			○	
三島六郎政行	文化8手伝、同12出役、文政8頭取	編次	転出	○	天保2.2/5清水家出仕
神谷岩三郎信順	文政元手伝、同6出役 同8頭取助		○	○	のち藤左衛門
井上彦右衛門常明	文政元出役、同8取締	誌料調		○	
朝岡伝右衛門泰任	文政2出役	誌料調		○	
猪飼次郎太郎久栄	文政3手伝、同6出役	誌料調		○	
古山勝五郎克綏	文政3手伝、同9出役	誌料調		○	勝次郎
内山孝之助温恭	文政元出役並、同9取締	誌料調		○	学問所勤番見習、のち頭取か
岸本梅五郎繁美	文政6出役並	誌料調			学問所勤番か
亀里権左衛門包章	文政11出役並			○	学問勤番組頭 寛政重修諸家譜編纂浄書
桜井久之助寿胤	文政12出役並			○	学問所下番
水野丈之助克弼	文政5手伝	誌料調		○	出役、のち弥右衛門
小笠原藤右衛門重信	文政6手伝	誌料調		○	出役
渡瀬龍之助知煥	文政9手伝	誌料調		○	出役
山本新助思明	文政12手伝	執筆		○	
中神順次守節(守孝)	文政8死失				学問所勤番組頭、「続譜」従事、頭取か
戸田卓太郎氏徳	文政7調方替				編脩地誌備用典籍解題編纂 文政7旧蹟調并諸家事跡調所頭取
勝田弥十郎獻	文政11場所替				学問所勤番組頭 寛政重修諸家譜従事
石川礼助正良	文政2調方替				出役
小笠原新次郎忠善	文政8場所替			○	出役、のち太左衛門
内山清蔵善政	文政元辞免				学問所勤番
星野仁十郎長宣	文化14辞免				学問所勤番
小野太郎左衛門正隣	文政8場所替			○	出役、太郎右衛門
青山九八郎路雄	文政元出役替				弘化4郡代掛代官
築山茂左衛門正路	文政6場所替				出役、天保7郡代掛代官
黒沢猪之助美穎	文政6辞免				学問所下番
岩崎助次郎慎成	文政11辞免	誌料調		○	出役、学問所下番 編脩地誌備用典籍解題編纂
村井専之助量令	文政8調方替			○	出役、学問所下番 編脩地誌備用典籍解題編纂
米田市次郎俊秀	文政3調方替				
金井九兵衛世範	文政12辞免				手伝、御広敷伊賀者
北村季和		執筆			

小方太虎		執筆			
中村勝政		執筆			
大野篤		執筆			
石川正禎		執筆			石川礼助子
井上常久		執筆			
内山毘世		執筆			
浜中茂昌		執筆			三平か
遠藤惟政		執筆			
宮沢猶興		執筆			
岸本幾之助忠貞			○	○	
前田保章			○		
水野勝永			○		
榊原小三郎信美				○	
小林七三郎政灼				○	
岡田泰助清慎				○	
清水定一兼珍				○	
松本次郎太永孝				○	
押田左兵衛教民				○	馬誌編纂か
内藤鍋次郎忠侃				○	
久保篁堂					馬誌編纂
諏訪靭負	文久元６/３～元治元12/27頭取				出役、馬誌編纂
新井孝太郎	元治元９/25出役並頭取				

注：武蔵任免等は「新編武蔵風土記稿編輯姓氏」より作成。府内は「御府内備考凡例」より作成。続編は「御府内備考続編凡例」より作成。相模は「新編相模国風土記稿凡例」より作成。
備考は「新編武蔵風土記稿編輯姓氏」、『柳営補任』、『江戸幕府多聞櫓文書目録　明細短冊の部』、福井保『江戸幕府編纂物』、『東京都公文書館所蔵地誌解題』、山本英二『慶安御触書成立試論』その他を参照。備考の「出役」記載は、出役就任判明分以外に廻村調査へ赴いた者たちである。

の編纂へ携わる一方、自らも『捜勝余録』や『小石川志料』などの著作をもつ。

三島六郎政行（安永九年＝一七八〇～安政三年＝一八五六）は三河以来の徳川家臣である三島家の出で、一四歳のとき分家の三島家へ養子に入った。寛政末年に昌平黌で学び、ここで間宮士信に出会ったという。文化八年（一八一一）に地誌調出役手伝に就任、同一二年（一八一五）家督を継ぐ。文政元年（一八一八）に書院番となるが引き続き地誌調所に勤め、同八年（一八二五）に頭取となる。天保二年（一八三一）に御三卿清水家へ出仕となるまで『新編武蔵国風土記稿』『新編相模国風土記稿』『御府内備考』の編纂へ携わり、『御府内備考』では編纂主任を勤めた。自らも文政四年（一八二一）『葛西志』、同七年（一八二四）『江戸名所方角註解』、随筆『六十化話』などの著作をもつ。

その『六十化話』で、三島は中神守節が地誌調所の頭取だったと述べている。中神は明和三年（一七六六）生れで、寛政六年（一七九四）の学問吟味で登用され、『藩翰譜続編』の編纂に従事した。文化三年（一八〇六）に学問所勤番組頭に就任し、のち地誌調所に勤めたという。おそらく同七年の編纂事業開始には頭取もしくはそれに準ずる役職だったと思われる。なお補論で述べる通り、中神は八王子千人同心の地誌編纂に際して間宮とともに「捜索彼此」を打ち合わせている。

取締は、井上彦右衛門常明・内山孝之助温恭の二名が明らかである。内山は、未刊に終わった『新編伊豆国風土記稿』の編纂主任（頭取か）に任ぜられたといわれ、[11] 頭取に次ぐ役職と思われる。

出役は、地誌調所内で最も人数の多い職名で、彼らの多くは廻村調査に赴いた。手伝から出役へ昇進した者が多く見られるが、中には朝岡泰任のように最初から出役に就任する者もいた。

手伝は、出役の下位に位置する。［史料2］の差出人と推定される渡瀬知煥は当時この手伝だった。彼は［史料2］の中略部分で、「地誌調所御雇」となる際に自らの筆跡や絵図を提出したと述べている。当時が『新編武蔵国風土記稿』草稿作成の時期に重なることを考えると、手伝は浄書作業に従事したと思われる。但し後述する本章末尾の別表によれば、渡瀬は江戸府内の廻村調査に手伝のまま赴いており、両者の厳密な区分は不明である。

彼らは学問所勤番・与力・徒士などからの出役であった。その前職を『新編武蔵国風土記稿』巻末「編輯姓氏」から確認すると、最も多いのが学問所勤め（勤番組頭・勤番・下番・勤番見習）だが、その他は御書院番・御小姓組番・御徒・小普請組などで、御広敷伊賀者（金井世範）も見られる。出役から所替になった後は、関東郡代附代官となった青山路雄や築山正路、小人目付となった古山克綏のほか、戸田氏徳など昌平黌内の他の調所への異動例が注目される。

以上は地誌調所のいわば正職員である。実はこの他に地誌調所付の者たちが存在した。次の史料を見よう。

［史料3］(12)

一、今般鎌倉誌依再判而、林大学殿用人筆役朝岡伝右衛門殿、村井専之助殿、渡内左平太殿、内川戸嘉助殿、名主長右衛門殿案内ニ而当月七日入来、御朱印之写、御弁当箱、什宝不残見覧、外ニほらかゐ二ツ境内之山後法螺谷より出産之趣、記帳有是也、

これは、文政七年（一八二四）八月に相模国鎌倉郡城廻村の久成寺を調査した際の記録である。当日の出役は朝岡泰任と村井量令の二名だが、このほか渡内左平太と内川戸嘉助の二名が村を訪れたことがわかる。渡内や内川戸らが何者であるかは不明だが、地誌調所は出役たちにとどまらず、もっと多くの人々が関与したことは疑いない。

なお管見の限り、地誌調所の存在は幕末まで確認できる。福井保氏は内閣文庫中の『馬誌』という書物をとりあげ、これが久保簟堂や諏訪靭負など当時の地誌調所員によって作成されたと指摘した(13)。諏訪靭負は、『柳営補任』によれば文久元年（一八六一）に地誌調所出役から頭取へ昇進しており、組織が幕末まで存続したのは確実

表9　『新編武蔵国風土記稿』編纂過程年表

年代	事項
文化7(1810)	冬、編纂開始
8(1811)	[調査]久良岐・新座？　[成立]久良岐？・新座？
9(1812)	[調査]荏原？　原胤敦へ編纂調査下命
10(1813)	[成立]都筑・荏原
11(1814)	[調査]橘樹、足立、多摩
12(1815)	[調査]多摩
13(1816)	[成立]橘樹
14(1817)	[調査]入間、足立
文政元(1818)	[調査]入間
2(1819)	[調査]足立
3(1820)	[調査](足立)・埼玉・比企・横見・大里、久良岐、高麗　[成立]入間
4(1821)	[調査]埼玉・比企・大里、高麗　[成立]比企
5(1822)	[調査]埼玉、幡羅・榛沢・男衾・児玉・加美・那賀　[追加調査]足立　[成立]足立、多摩・高麗
6(1823)	[調査]葛飾・豊島・久良岐、秩父　[成立]埼玉・横見
7(1824)	[調査]久良岐、相模国　[成立]大里・幡羅・榛沢・男衾・児玉・加美・那賀
8(1825)	[調査] 江戸府内、相模国　[成立]葛飾、秩父
9(1826)	[調査] 江戸府内、相模国　[成立]豊島
10(1827)	[調査] 江戸府内　[改訂]久良岐・荏原
11(1828)	[調査] 江戸府内　[追加調査]荏原　[改訂]新座・都筑
12(1829)	[調査] 江戸府内　[追加調査]幡羅　『御府内備考』完成
天保元(1830)	『新編武蔵国風土記稿』完成

だが、当時どんな職務に従事したかは不明である。

第2節　地誌調出役の廻村調査

(一)廻村調査の概要

地誌調所における廻村調査は、管見の限り幕府や昌平黌の側にまとまった史料を見ない。その実態を知るためには、調査された村や町に残された史料の集積から始めなくてはならない。この廻村調査は従来も若干の言及があった(14)ものの、いずれも史料紹介の域を出なかった。

現在までに筆者が知り得た関係事項と史料の一覧が、本章末尾の別表である。以下、地誌調出役の廻村調査の実態につき、村方に残された触書や書上の雛形などを用いて、文化七年(一八一〇)から『新編武蔵国風土記稿』が完成する天保元年（一八三〇）頃までを対象に検討する。

『新編武蔵国風土記稿』例義と『新編相模国風土記稿』凡例には、各郡の原稿の成立年代が書かれている。それらに別表のデータを併せ、さらに後述する江戸府内の調査状況を加えて、両書の調査から成稿に至る過程をまとめたのが表9である。ここでの知見をまとめると次のようになる。

(ア)武蔵国内の調査は、郡ごとにおおむね時計回りで進められた。各郡の草稿は、現地調査の終了後二年程度の編集期間をおき、文政三年から同九年（一八二〇～六）にかけて集中的に作成された。初めに着手された久良岐・新座・荏原・都筑の各郡は、各郡の草稿作成が一段落した後に改訂された。

(イ)武蔵国内の調査が終了した直後から、『新編武蔵国風土記稿』の草稿完成を待たずして、相模国内の廻村調査が始まった。だが、江戸府内の調査が本格化する文政九年以降、相模国の調査は一時中断され、天保二年（一八三一）に再開した。

(ウ)江戸府内の調査は文政八年（一八二五）から始まり、翌九年三月頃までは相模国内の調査と併行したが、以後、同一二年（一八二九）までは集中して江戸府内の調査がおこなわれた。

(エ)相模国内の調査は、文政七年（一八二四）の鎌倉郡に始まった。その後、中断をはさんで天保六年（一八三五）にほぼ調査を終了し、大半の草稿は天保一〇年（一八三九）と翌一一年に成立した。

(2)武蔵国久良岐郡の調査

久良岐郡は、『新編武蔵国風土記稿』例義で「文化七年起業ノ始試ニ作ル所。体例尤踈ナルヲ以テ。文政十年再改訂増加ス」という。ところで最戸村と堀之内村には、文化八年（一八一一）九月の代官川崎平右衛門役所宛の村明細帳が残されている。かつて筆者は、これらを地誌調所の参考資料と推定した。(15)

その理由は、第一に、「庚午之冬」=文化七年（一八一〇）の冬に開始された久良岐郡の草稿編纂が、同年内に完了したとは判断できないことである。第二は、この村明細帳に年貢高、田畑の石盛、小作米など、そもそも村明細帳にとって必須の項目である年貢関係記載が見えないことである。これは後述する「地誌御調書上帳」にも共通する。第三に、この村明細帳の記載する項目が村名之起、小名字、名所旧跡、旧家など、「地誌御調書上帳」に近いことである。この点、中川忠英の廻村調査における「村方明細書上帳」とも近いが、この時期に勘定所は調査をおこなっていない。

そして第四は、この村明細帳の記載が『新編武蔵国風土記稿』に反映されていることである。堀之内村には文化八年の村明細帳のほか、別表に収録した地誌調出役宛の文政六年（一八二三）「村方地名書上帳」が残されている。この両者及び『新編武蔵国風土記稿』の三者について、それぞれ小名記載を比較してみよう。(16)

［史料4］

（ア）

一村内小名字　門田　雑色　土田　市屋敷　いのきカ谷　清水谷　社谷　西之谷　谷戸台　堂面　てら子
荒畑　女坂　髪ぬき　谷ト　石畑　うバカ子（ママ）とこ跡（ママ）　富士塚下　柿ケ谷　丸山　馬場

（イ）

一村内小名者
石畑 村の中程ゟ北方ニ当申候　　門前 村の中程ゟ東之方ニ当申候
中ノ谷 村の中程ゟ少し南之方ニ寄申候　　大谷 村の中程ゟ南西之方ニ寄申候

一田畑山林字
門田 北　雑色 北　台田 西　清水谷 南　茶ケ谷 南　社谷 南　堂面 南　荒畑 東　女坂 東　姥カふところ 東　柿ケ谷 東　丸山 南　馬場 東

向畠西

（ウ）

小名門前東ノ方ヲ云。下四ケ所同シ　柿ケ谷戸　女坂　荒畑　姥カ懐　大谷戸東南ノ方ニアリ。　台田西ニアリ。　雑色西北ノ方ニアリ。　中谷戸南ニアリ。下五ケ所同シ。　イノ木谷　社谷戸　丸山　清水谷戸　堂免　石畑北ノ方ヲ云。下同シ。　門田

［史料4］の(ア)は文化八年の村明細帳、(イ)は文政六年「村方地名書上帳」、(ウ)は『新編武蔵国風土記稿』の小名記載である。(イ)では「小名」と「字」が峻別されているのに対し、(ア)では混同されている。だが(ウ)には、「いの木谷」など(ア)でしか確認できない字も記載されている。そして(ウ)では(イ)で峻別した「小名」と「字」を再び混同し、方角を基準に列挙した。そこには(ア)(イ)双方の情報が生かされている。以上から、文化八年の村明細帳は地誌編纂にかかる書上と見なすことができ、しかもそれらが代官所宛であることは、開始当初における地誌調所の調査が既存の支配系統に依存したとの推論を可能にしよう。

なお、久良岐郡では、その後少なくとも文政三年（一八二〇）及び同六年（一八二三）に廻村調査がおこなわれ、草稿は文政一〇年（一八二七）に完成した。

(3)武蔵国入間郡・足立郡の調査

管見の限り、地誌調出役による廻村調査の初見は文化一一年（一八一四）四月一七日の橘樹郡生麦村で、調査の実態が多少とも判明するのは、次の入間・足立両郡の調査以降である。その最も早い記録は文化一一年四月二日で、足立郡大門宿の御用留に「林大学頭様ゟ武州村々地誌為取調廻村有之候趣、山田常右衛門様御役所より御廻状壱通間宮村より受取」と見られる。(17) 廻状の内容は不明だが、この年は調査の実施を知らせたのみで実際に調査がおこなわれた形跡はない。

ところで、この足立郡の事例と先の橘樹郡の事例を併せて考えれば、文化一一年に地誌調出役の廻村調査が着手されていたのは確実である。のちに補論で述べる通り、多摩郡で八王子千人同心が廻村調査に着手するのも文化一一年九月である。一層の検討を要するが、本書ではこの年が『新編武蔵国風土記稿』における廻村調査の着手時期という仮説を提示して、後考を待ちたい。

さて、入間郡と足立郡へ実際に地誌調出役が調査に赴いたのは文化一四年(一八一七)である。調査に先立って川越藩は幕府勘定所から達を得ていた。その史料を見よう。

[史料5](18)

一、服部伊賀守殿ゟ左之通御達有之旨申来之
　御勘定奉行服部伊賀守殿ゟ御城中之口江御呼出ニ付罷出候処、御勘定組頭井上三郎右衛門殿、中村長十郎殿御出席ニ而左之趣ニ仰聞、
　　林大学頭筑紫佐渡守手附出役之者、右者地誌調好御用、武州足立入間両郡之内江可相越候間、其段可被相心得候、右之趣可相被達旨植村駿河守殿被仰聞、服部伊賀守御達申候様申聞候、
一、右之趣在所表江早々申遣置様被仰渡之候、
　右之通ニ御座候、
　　六月三日
　　　　　　　　　　　　　　　　松野伝十郎

[史料5]では、林述斎と学問所御用兼務中奥小姓である筑紫孝門の「手附出役」が、「地誌調好御用」につき両郡内へ向かう旨を領地へ知らせるよう要請している。この達は若年寄の植村家長から勘定奉行の服部貞勝へ伝えられたのち、服部ら勘定所から川越藩へ伝えられた。このときは入間・足立両郡に所領を持つ大名たちへ一斉に伝達されたと思われる。ここで同じ入間郡に所領を持つ久留里藩が領地の村々へ出した廻状を確認しておきた

い。その冒頭は［史料5］と全く同じ文章である。

［史料6］(19)

林大学頭
筑紫佐渡守
手付出役之者

右者地誌調方御用、武州足立郡入間郡両郡之内相可越候間、此段可被心得候、
右之通従　公儀被仰出候間、村々可得其意候、此廻状早々順達、留り村より可返候、以上、

六月十三日

堀内伝之助
木村彦左衛門

右岡御役所ゟ之御触也、

別表によれば、文化一四年中の調査は四月の足立郡芝村長徳寺と八月の入間郡川越城下で確認できる。前者では『寒松稿』『寒松日暦』という近世初期の記録が発見され、地誌調所は寺社奉行を通じて両書を同年六月に借り出して書写し、文政四年（一八二一）正月に返却した。(20)後者では、地誌調出役が川越喜多院の宝物調査と三芳野天神内陣の参拝を希望した。喜多院側は本山である東叡山寛永寺の許可がないと断った。ところが末寺の高松院は宝物調査に応じてしまい、高松院は喜多院から叱責を受けている。(21)なお三芳野天神の参拝は八月二四日に実現した。(22)

翌文化一五（文政元年＝一八一八）は、二月から三月にかけて入間郡北部、八月頃に入間郡南部の調査が確認されている。そのときの先触を次に掲げよう。

［史料7］(23)

為地誌調御用、明廿日福田村出立、其村々廻村取調候条、可被得其意候、此先触早々順達、拙者共着之節可被相返候、以上、

二月十九日

地誌調御用出役

築山茂左衛門

石川礼助

廿日泊り

廿一日泊

廿二日

紺屋村

同新田

横沼村

小沼村

赤尾村

石井村

島田村

上吉田村

和田村

新ヶ谷村

沢木村

右名主

年寄中

追啓右泊之村々へ申入候、其村々止宿いたし候間、上下四人野旅宿一軒用意可有之候

［史料７］は赤尾村に届いた先触の写で、向こう三日分の調査先へ廻村を周知し、宿泊予定の村へ用意を命じている。ここでは調査内容を「地誌調御用」としか述べていないが、同じ築山茂左衛門と石川礼助が三月に出した先触では「改之儀者、庄郷領村、長百姓、庄官氏系図・位牌、神社仏閣、其外古事」[24]と述べている。このように調査項目を事前に提示した先触は、この時期には珍しく、［史料６］や［史料７］の形式が一般的である。

赤尾村へ到着した出役は、村の検地帳と村明細帳を閲覧し、字名、方角、東西南北の間数、神社の除地と本社・拝殿の方角、寺院の除地・本殿の寸法・本尊などを調査した。村の古文書と古跡の有無も尋ねられたが、村では何もないと答えた。出役の一行は、その夜赤尾村に宿泊し翌朝出発した。

［史料８］[25]

覚

一、木銭百八文　　御上様御壱人様三十五文

一、米弐升　代弐百文　　御下壱人様拾七文

但し百文ニ付壱升かへ

一、油菜代十六文

〆三百二十四文

右ハ地誌調為御用被遊御越御止宿、昨廿日夕より廿一日朝迄御賄仕候ニ付、御定之木銭米代之義者所相場ヲ以被下置、慥ニ奉受取候、勿論所有合品手軽ニ相賄、御馳走ケ間敷義決而不仕候、御家来中ニ至迄御非分之儀毛頭無御座候、以上、

寅二月廿一日　　入間郡赤尾村

御宿名主　半十郎

築山茂左衛門様

石川礼助様

［史料8］は、出役が宿泊費用を支払った受取である。おそらく村からの供応などを防止するため、出役は宿泊村から受取を取って持ち帰ったのだろう。

文政二年から三年（一八一九～二〇）にかけては、足立郡の調査が集中的におこなわれた。郡内に出された出役からの先触を次に掲げよう。

［史料9］(26)

御用

先触

追啓明日御用多ニ付此方共手分ケいたし、壱人ツ、致廻村候間其段可被心得候、

一、辻村江申入候前文之通ニ付、今日先触弐通差出候之旨両通共其村江留置、着之節可被相返候、以上、

足立郡村々地誌調

御用ニ付、明廿三日膝子村迄罷越候条、可被得其意候、此先触早々順達、留り村ゟ辻村江着之節可被相返候、以上、

辰二月廿二日

地誌調出役

井上彦右衛門

朝岡伝右衛門

寺山村

高畑村
中野田村
廿三日泊　辻村

［史料9］は足立郡高畑村に届いた先触二通の写で、文面は入間郡とあまり変わらない。この場合は一度に多くの村を調査するため、二人一組の出役が手分けして一人ずつ村へ赴いた点が注目される。なお、入間郡は文政三年（一八二〇）に、足立郡は同四年に草稿が完成した。

(4)武蔵国埼玉郡の調査

表9によれば、埼玉郡の調査は文政三年（一八二〇）と同五年（一八二二）に確認できる。まず文政三年に出された先触を掲げよう。

［史料10[27]］

一、林大学頭様御手附築山茂左衛門、内山孝之助両人、此節地誌為御用御領分江相触候間、村々可被相心得候、

右之段申達被下候、

辰八月十三日　皿尾組
御代官所

地誌調御用ニ付、明後十七日朝五時上中条村出立、其村々致廻村候条、可被得其意候、尤右御用ニ付申談儀有之候間、前夜旅宿之村方江村役人壱人宛可罷出候、且又支配并領主江差出来候村方明細帳村絵図控有之分ハ持参可有之候、此先触早順達留り村方着之節可被相返候、以上、

地誌御用出役

八月十五日

内山　孝之助
簗山茂左衛門

大塚村
南河原村
十七日泊り　北河原村
下川上村
中江袋村
馬見塚村
犬塚村
十八日泊り　酒巻村
下中条村
須賀村
十九日泊り　上新郷
右名主
役人中

追啓、古来ゟ之領主遷代り年代姓名等廻村之節迄ニ取調置可被下申候、

［史料10］は、大塚村へ届いた先触二通の写である。大塚村は忍藩領で、その組合村である皿尾組の代官所から地誌調の触が出され、その後、地誌調出役からの先触が出た。但し、廻村自体は必ずしも組合村単位におこなわれていない。文面は入間・足立郡とあまり変わらないが、ここでは調査前日に村役人から聞き取りをおこなうこ

と、その際に過去の村明細帳や村絵図の控を持参することが付加された。

では実際にどのような調査をおこなったのか。調査後に皿尾組村々が藩役所へ提出した報告の一部を次に掲げよう。

［史料11(28)］

乍恐以書付奉申上候

此度林大学頭様御手付築山茂左衛門様、内山孝之助様地誌為調方被成候趣、皿尾組村々追々御廻村御尋左ニて申上候、

（中略）

一、同廿三日持田村御止宿、皿尾村、中里村、小敷田村、池上村、上池守村、中下池守村、平戸村、斉柴村、右八ヶ村廿三日昼九時持田村へ御呼出ニ付罷出候処、割役福田新右衛門方ニ而右村々御調相済申候、然所皿尾村久伊豆、雷電、阿弥陀堂并小敷田村普門寺旧跡之事ニ付、御越御見届可被成旨、翌廿四日右村御越候、夫より直ニ下忍村へ御移り被成候、

右御尋之荒増

一、村高并田勝歟端勝歟

一、□(虫損)用水

一、前々ゟ御他領様御替り、右御名前当御領分暦数、寺社小社等委ク御尋有之候

一、居村ゟ江戸江何里、御城下へ何里

一、百姓之内古来由緒有之もの埋れ居候事ニ無之哉

一、村方ハ旱損場歟水村場歟

一、用水ハ何用水

右之外村々ニ而種々御尋有之候得共、為差儀ニも無御座候、

右御尋之始末荒増之所口上ニ而申上候所書面被成候、村々ゟ何ニも書面等差出不申候、此段御届奉申上候、

皿尾組村々

名主印

割役印

文政三辰年九月

これによれば、地誌調出役は調査対象の村を事前に旅宿へ呼び集め、「御尋之荒増」の聞き取り調査をおこなった。そして現地調査が必要と判断した村へは翌日赴き、特に寺社について実見した。地誌調出役による過去の村明細帳や村絵図の提出要求に対して、皿尾組の村々は「何ニも書面等差出不申」と拒否を貫いたという。しかし実際、平戸村では「御尋之荒増」の内容に近い書上を提出した。(29) また大室村では、過去に領主へ提出した別の村明細帳の写をそのまま地誌調出役へ提出するなど、(30) 村によって対応は異なったようである。

文政五年の調査は粕壁宿及び越ケ谷宿周辺で確認される。当時の先触を次に掲げよう。

[史料12(31)]

此度地誌調御用ニ付、明廿一日越ケ谷宿出立ニて西方村江罷越、別紙之通御用向取調候間、村役人ハ不及申、古来より之申伝等覚居候者壱両人、右ケ条相調是迄御代官地頭江差出候明細帳有之候ハ、取揃、明後廿弐日朝四ツ時前西方村旅宿江罷出可申候、此廻状早々順達留り村方ゟ返却可有之候、以上、

二月廿一日

地誌調御用出役

小野太郎右衛門

古山勝次郎

右は別紙ニ御問書相添御廻状ニ付、左之通相認差出申候、

西方村外三ケ村役人中

(後略)

これは西方村に届いた先触の写である。注目すべきは、調査にあたって村の歴史に詳しい人物と過去の村明細帳を用意するよう求めたこと、取調内容を別紙「御問書」として事前に示したこと、の二点である。「御問書」の項目は、江戸日本橋までの道法、村名・村高、家数、隣村、田畑反別、水旱損、用水、耕地之外稼、領主変遷、検地、飛地、新田、高札場、小名、山川、橋、堤、渡場、池沼、秣場、神社、寺院、修験、長吏、城跡等、名所旧跡、塚、墓、旧家系図古書物などで、文政三年の調査からかなり充実している。特に前回の調査は聞き取り中心だったのが、今回「御問書」の事前提示となった変化は大きい。そしてこれ以降、村方には「御問書」の控が多く残されるようになる。なお、埼玉郡は翌六年(一八二三)に草稿が完成した。

(5)武蔵国比企郡の調査

比企郡の廻村調査が各領主へ達せられたのは文政三年(一八二〇)四月である。次の史料を見よう。

[史料13(32)]

一、江戸御用状至来左之通申来之

古川山城守殿ゟ御呼出ニ付大手後下勘定所江罷出候処、勘定組頭高山弥三郎殿勘定谷山弥次郎殿御出席、弥次郎殿ゟ左之通御達御座候、

林大学頭殿

手附出役之者

右武州埼玉郡、比企郡、横見郡、大里郡江

千人頭

原半左衛門殿組

同心

右武州高麗郡江

此度地誌調為御用右五郡江相越可申候旨、其段可被相心得候、

右之趣相達候旨京極周防守殿被　仰渡旨申上候、

四月

伊藤桑平

右之通御座候、以上

四月

［史料13］は［史料5］と同じ川越藩の記録で、やはり若年寄から勘定奉行を通じた達がおこなわれた。ここから文政三年段階で埼玉・比企・横見・大里・高麗の五郡について一斉に廻村調査の実施を達したことがわかるが、管見の限り埼玉郡と補論で述べる高麗郡以外では調査が確認できない。これを受けて川越藩が領内へ出した廻状も確認しておこう。

［史料14］(33)

覚

林　大学頭様

御手附

出役之者

右武州埼玉郡、比企郡、横見郡、大里郡
此度地誌調為
御用被相越候旨江戸表ゟ被仰越候ニ付、御領分内江止宿可有之候旨、人足等無差支差出、相済候ハ、可被訴
出候、
右之趣可被得其意候、
　　　四月　　　　　　　　　　　　　　　　　　　　　　　　　渡辺平兵衛
　　　　　　　　　　　　　　　　　　　　　　　　　　　　　　長沢宇平治
　　　　　　十一日拝見

別表によれば、実際の比企郡の調査は文政四年（一八二一）に二回おこなわれ、一回目は郡の北部、二回目は南部を廻ったようである。このとき郡内に出された先触を次に掲げよう。

［史料15(34)］

此度地誌調御用ニ付申談候義有之候間、明七日四ツ時前ニ伊艸宿旅宿江、村役人ハ不及申ニ、古来ゟ之申伝等覚居候者壱人、御代官領主江差出候明細書村絵図等有之候ハ、取揃ひ、且左ニ申入候品相調可罷出候、此廻状早々順達、留り村方ゟ可被相返候、以上、
　　　四月六日　　　　　　　　　　　　　　　　　地誌調
　　　　　　　　　　　　　　　　　　　　　　　　　御用出役　小野太郎右衛門　印
　　　　　　　　　　　　　　　　　　　　　　　　　　　　　　古山勝次郎　印
　　　　　　　上伊艸
　　　　　　　飯嶋村

平沼村
宮前村
上新郷村
下新郷村
右村々
御料私領
役人中

一、往古ゟ之御代官領主地頭の移り替姓名年月等、寺院開山開基院号遷化年月日宝物古文書古書物類、検地役人之姓名年月日、百姓方古書物系図類、右之外村方之義委細相調候得共是者可致面談候、

［史料15］は宮前村に届いた先触の写で、宛所の後に調査項目が付されている。地誌調出役の小野たちは、五日後の四月一一日に高野倉村外五カ村へ先触を出しているが[35]、それは［史料15］とほぼ同文である。このことは、先に見た文政五年の調査における項目の事前提示方法が、前年の比企郡で確立していたことを示していよう。

これに対し村々から提出された書上を見てみよう。例えば飯田村の場合は「地誌御用申上口上書」という表題で、村高、反別、納高、朱印地、除地、検地役人名、代官名、古来よりの百姓、武器所持の百姓、古記録古証文、古城跡、名所旧跡、枝村分郷、馬草場、溜井、堰、東西南北の長さ、隣村、家数、農間渡世、庄郷領名、高札場の各項について記している[36]。これらは列記された調査項目よりかなり多く、後掲の「地誌御調書上帳」に近い。おそらく聞き取りによる取材結果と思われる。

比企郡の調査では、聞き取り主体だった廻村調査が、調査項目の事前提示と書上提出の方式へ転換する時期に実施された。その成果は地誌調所へ集約され、例義によれば同年中に草稿が完成したという。これは他の郡と比

べて早いが、誤記でなければ、調査方法の転換が編集執筆の迅速化をもたらしたかも知れない。

（６）武蔵国幡羅・男衾郡の調査

文政五年（一八二二）八月から一一月にかけて、武蔵国北部の幡羅・榛沢・男衾・児玉・加美・那賀の六郡の調査が一斉におこなわれた。このうち幡羅郡の調査にかかる先触を次に掲げよう。

［史料16(37)］

一両掛　弐荷

右者地誌調御用として明二日江戸出立武州幡羅郡江罷越候ニ付、書面之村人差出渡舟等滞無之様可被相心得候、此先触宿々無滞相達熊谷宿ゟ幡羅郡下奈良村迄可被相届候、以上、

地誌調御用出役
朝岡伝右衛門　印
築山茂左衛門　印

午八月朔日

中山道
下板橋宿ゟ
武州幡羅郡
下奈良村迄
宿々
村々役人中

泊村

明二日
明後三日
上尾宿
幡羅郡
下奈良村

右宿村江申入候、書面之通旅宿小遣候ニ付、右日限上下四人之旅宿壱軒用意可被有之候、以上、

［史料17(38)］

今度為地誌調御用、其村々神社、寺院之由緒、名所、古跡等并小前百姓ニ至迄家柄之者等微細ニ承糺候条、村役人ニ不限村方之儀得と相弁候者壱両人、明四日下奈良村旅宿江早々可被罷出候、此廻状無遅滞早々順達留村方ゟ可被相返候、以上、

地誌調御用出役
朝岡伝右衛門　印
簗山茂左衛門　印

午八月三日

柿沼村
四方寺村
中奈良村
中奈良新田村
上奈良村
新嶋村
右村々
役人中

何　村

一、江戸ゟ之道法之事
一、村名之起り開発之訳相知候分ハ其訳可認候
一、郷庄領之唱之事
一、宿場ニ候分ハ其宿起立前後、馬次之宿江之道、人馬之定等可書出事
　但右宿場ニ付地子免許又ハ馬次之訳を以村役免許又ハ御手当之筋有之分ハ其訳可認事
一、市場之事
　是ハ市之定日或ハ市店賃銭等請取来候者有之哉、又ハ右市ニ付古来之古書付并制札等有之候ハヽ、其訳可
　認事
一、村之四隣之事
　是ハ東西南北之隣村可書出事
一、村内東西南北之丁数可認事
一、家数可認事
一、用水ハ何方ゟ引来候哉
　是ハ堰元分水口等有之候村方ハ右用水組合村々并右用水之起立之始末可認事
一、田畑之多少可認事
一、古田新田并検地之年代奉行人之姓名可認事
一、他村ニ飛地有之候哉、又ハ村内ニ他村之飛地有之候哉可認事
一、古来より領主地頭之遷替可認事
　是ハ年代姓名等得与相分り候分ハ其訳可認事

一、高札場村之何方ニ有之哉、方角を以可書出事

一、小名字可書出事

一、川付之村々ハ何川通ニ候哉

右川々川幅、深サ、堤之間数、高サ、馬踏可認、尤古来川々之瀬違并堤築立之始末相知候分ハ可認事

一、川岸場之事

是ハ川岸運上有之分ハ相始候年代、問屋何株有之候哉、且江戸江川路何程有之哉、右ニ付古書付有之中分ハ是又可書出事

一、橋、圦樋、関枠之間数并組合村々何頃より出来いたし候哉之訳可認事

一、神社之儀ハ起立之年代、神体、祭神之訳可書出事

但別当又ハ何方ニ而持居候哉是又可認、尤末社有之候分ハ其神号も可書出事

一、寺ハ山号、院号、寺号、宗旨并本寺ハ何国何郡何村何寺之末ニ候哉、開山開基之姓名、寂年月日并起立之年代、本尊者何仏ニ候哉是又作相知候分ハ其有無可書出事

但境内ニ神社堂宇有之候ハヽ、是又委細可書出并鐘楼有之候ハヽ、其鐘銘可認事

一、村内陣屋跡、城跡、屋敷跡有之候ハヽ、其地之様子并何人之居住いたし候哉、右ニ付古書物有之候ハヽ、其始末可書出事

［史料16］は江戸を出発する地誌調出役が、到着地までの宿村に出した先触で、一行は全四名と両掛荷物が二つだった。［史料17］は、幡羅郡に到着した出役が直ちに発した先触である。文面には書上提出の指示が見えないが、書上の雛形がその後に付されている。翌四日に旅宿の下奈良村名主市右衛門宅へ集まった村々に対して、地誌調出役は「取調方」を言い渡した。そして翌五日八ツ時に出役一行は中奈良村へ来村し、寺社調査と朱印状の書写

をおこなった。中奈良村はこのとき「地誌御調ニ付村方取調帳」を提出した。おそらく前日に書上作成の指示が口頭でなされたのだろう。こののち出役一行は次の旅宿である葛和田村へ向かうが、中奈良村は書上の記載漏れを指摘されたため、翌々日に旅宿へ追加調査の結果を提出した。(39)

次に、翌九月の男衾郡調査の先触を掲げよう。

［史料18(40)］

地誌調為御用、明十三日本田村出立赤浜村江罷越、別紙申入候品相調候間、左之村々右ケ条取調半紙帳江相認、明十三日赤浜村諸宿江持参可致候、此廻状早々順達留村より明日返却可有之候、以上、

九月十二日

地誌御用出役

小野太郎右衛門判

内山孝之助同

露梨子村　保田原村

富田村　谷つ村

無礼村　靫負村

木部村　勝呂村

木呂子村　赤浜村

右御領私領寺社領役人中

追啓、寺院古書物并百姓方古書付等委細相調、不洩様可被申聞候、

一、赤浜村へ申入候、明十三日其村方江罷越別止宿いたし候間、上下四人之旅宿壱軒用意可有之候、以上、

案文

一、江戸より之里数　一、郷庄領之唱
一、家数　一、四方之隣村
一、東西南北之町数　一、土地之高低土性
一、田畑之多少　一、水旱之有無
一、往還　一、古より領主遷替り今
　御領私領之性名
一、古より検地年代役人之名　一、飛地
一、持添新田　一、高札場
一、小名　一、山川　但シ川幅在所
一、橋　長サ五間以上可認　一、用水
一、堤溜井　一、古城跡并代官所等之跡
一、神社　神体　木地仏　相殿之神　勧請之年代　御朱印之有無　棟札　古文書
古文書付　村之鎮守か　神主持か寺持か　古鰐口　神宝之類　境内之末社
一、寺院　何宗　何寺末　山号　院号　本尊　開山　開基之傀化　死去之年号月日
寺宝　古文書
鐘　鐘楼
　但シ寛永以上之銘文有之ハ可認出
境内堂社

一、旧家　古文書　系図　所持之武器等

［史料18］は木呂子村へ届いた先触の写である。ここでは「別紙申入候品」を「相調」べて「半紙帳」へ書き上げるように村々へ求め、その後に「案文」が示されている。この「案文」をみると、先の［史料17］にあった雛形とは必ずしも一致しない。また、この調査の一〇日後に同じ地誌調出役から出された雛形が榛沢郡荒川村に残されているが、(41)それとも項目や配列が一致しない。地誌調出役たちは事前に調査項目を村へ示し、「地誌御調書上帳」を提出させる方法を共通しておこなったが、その項目は一定せず、雛形も同一の調査行程でさえ同じではなかったのである。

(7)武蔵国葛飾郡の調査

葛飾郡の調査は、文政六年（一八二三）中に三回おこなわれた。ここでは郡内の細かな調査行程をみていこう。

第一回は、粕壁宿から杉戸宿・幸手宿へ日光街道を北上したと思われる。街道沿いの平須賀村には、四月に提出された「地誌御調書上帳」写が残され、幸手宿には五月に宿名主の中村右馬之助が地誌調出役へ提出した「御尋ニ付書上帳」(42)が残されている。それによれば、出役は同年五月一八日夕刻に杉戸宿から幸手宿へ到着し、二〇日まで宿に逗留した。中村右馬之助の書上は二一日昼に出役へ提出されたもので、出役たちは同日八ツ時に幸手宿を出発して八甫村へ向かった。

この後、出役は五月二三日に栗橋宿へ至り、宿役人を通じて関所番士へ栗橋中田関所の来歴を書き上げるよう求めた。しかし関所番士の側では、「御支配」＝代官所から何の通達もないこと、四度の出水で記録が失われたことなどを理由に書上の提出を断った。出役の方は、改めて代官の山田茂左衛門と相談すると述べたという。(43)したがって第一回の調査は、四月下旬から五月末にかけて郡の北部で実施したと思われる。

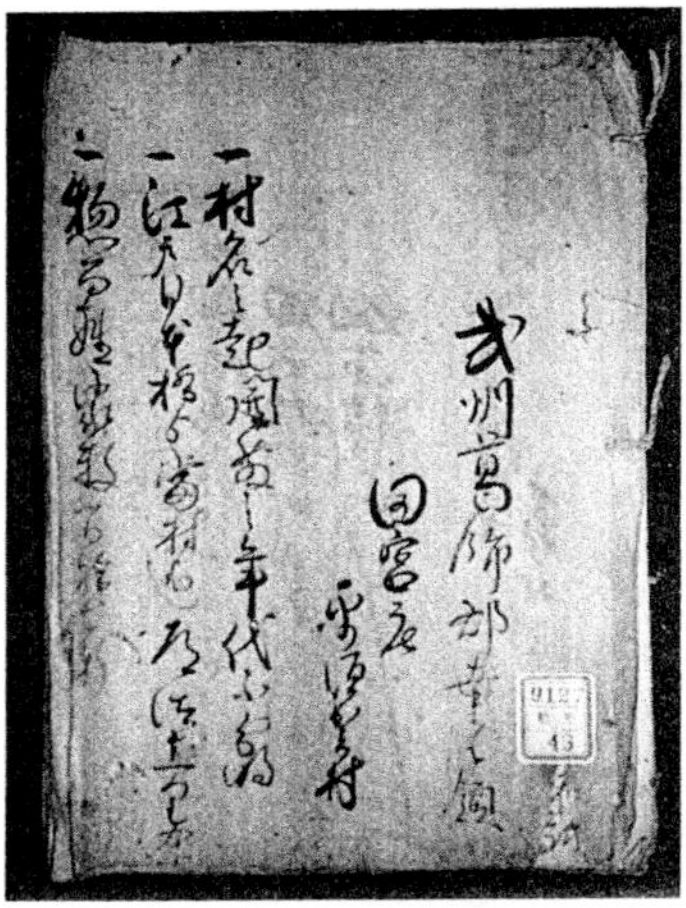

図9　「地誌御調書上帳」

第二回は、まず川藤村に七月提出の「村方委細書上帳」が残されている。『新編武蔵国風土記稿』には、同村にあった大泉院所蔵の古文書五点が掲載されているが、これらは「村方委細書上帳」に見られないので、別に書上が提出されたのだろう。また、八月に提出された「地誌取調書上帳」[44]が大膳村に残されている。それによれば、大膳村の村役人はもともと七月中に茂田井村の旅宿へ出頭するよう命じられていたが果たせず、結局、八月朔日に戸ケ崎村の旅宿へ出頭して「地誌取調書上帳」を提出した。その際は書上にない内容も取り調べがあったという。したがって第二回の調査は、七月から八月初旬にかけて郡の中部で実施したと思われる。

第三回は、砂原村に八月提出「地誌調御用ニ付村方明細書上帳」が残っており、「地誌御調書上帳」雛形に沿った内容が記されている。また笹ケ崎村には九月提出の「地誌御調御用取調書上帳」が残されており、桑川村にも同月の「地誌御調書上帳」雛形が残されている。したがって第三回の調査は、八月下旬から九月にかけて郡の南部で実施したと思われる。なお、郡内に位置する深川は江戸府内調査で文政一一年（一八二八）九月に、柳嶋は同年一〇月に、本所と亀戸は同年一一月に調査が実施され、小梅村も同年中に現地調査がおこなわれた。

このように葛飾郡は、文政六年の三回の調査で本所・深川近辺を除く全域を廻り、調査成果は地誌調所へ集積された。本書の例義によれば、草稿は文政八年（一八二五）に成稿している。

（8）相模国鎌倉郡の調査

文政七年（一八二四）以降の地誌調所は、武蔵国地誌の編集・執筆に集中することなく、相模国鎌倉郡の廻村調査へ向かった。調査は三回確認できるが、同年五月の調査で出された書上の雛形を次に掲げよう。

［史料19］(45)

捜索問目

一、郷庄領保組名并起之訳
一、江戸日本橋ゟ之行程
一、村名之起開発之年月
一、家数
一、村々四隣
一、東西南北之丁数
一、土地高低
一、土性
一、田畑之多少
一、水旱之有無
一、用水天水場之訳
一、土地相応之産物
一、農間之稼
一、市（市日商物）立初りの由諸（ママ）、市ニ付候古文書類
一、歳時之風俗尋常ニ異なるハ記す

一、街道并古街道　村之何方角ニ而道中何間
一、御領私領寺社領之訳　地頭之変革姓名等委細糺
一、古ゟ検地之年月役人姓名糺
一、飛地　何村有之反別何程
一、本村持添新田　何方角ニ者開発高入検地之年月并御領私領之訳
一、高札場　何ヶ所在所
一、小名
一、川　在所川之名水元巾
一、土橋
一、林地沼清水瀧沢溜井　在所名反別組合村但し小反高ハ取らす
一、原野秣場数古数
一、用要（悪）水堀　在所名巾組合村々堀割之年代圦樋伏越関枠掛渡井　但し小反高ハ取らす
一、堤　高サ在所
一、神社
一、神号祭神
一、神体　作物なれハ金木立座及丈ケ作人之名
一、相殿之神
一、本地仏　神体同様
一、勧請之年月

一、祭礼　大社之分且小社之たり共常に異なる祭事ハ記す
一、御朱印　何石何年ゟ
一、村鎮守之訳
一、古銘古棟札　其外神宝扁額之類
一、神主別当修験村持之訳
一、寺院　宗旨
一、山号院号寺号
一、本尊　作仏ハ金木立座丈ケ作人之名
一、開山　法名寂年月日及ヒ事跡
一、開基　俗名法名卒年月日及事跡
一、中興　右同断
一、寺起立之年月
一、御朱印　何石何年より
一、古朱印古文書古縁起古鐘古鰐口古棟札其外寺宝扁額之類
一、大鐘　寛永以上ハ廓《ママ》銘全文取へし其後ハ考証益あるハ取
一、仁王門二天門山門楼門等
一、境内之堂社庵寮　神号并安置之本尊
一、寺中　寺号院号本尊開山開基卒年月日
（中略）

一、修験　但寺院同断
一、堂　安置之仏体持并起立之訳但作仏ハ寺院本尊同断
一、菴　右同断
一、寮　右同断
一、穢多非人鉦打之類　家数由緒所持之事書
一、塚墓古碑之類　在所広狭由来
一、古瓦古陶器之類
一、名所旧跡城跡陣屋跡寺跡館跡
一、御所跡御殿跡御茶屋跡関所跡
　古戦場等之類在所反別由来明細
一、旧家　苗字系図古文書武器其外所持之物
一、褒善　孝行者奇特者御褒美之事実

[史料19]は、羽鳥村へ届けられた調査項目の雛形で、武蔵国内に出されたものと比較して一層詳細になっている。村側では、雛形に基づく書上を「地誌御調書上帳」と命名して、調査時に出役へ提出した。

ところで「地誌御調書上帳」の表題は、別表によれば文政五年（一八二二）の武蔵国児玉郡調査の頃から増え始め、江戸府内及び相模国内の調査ではこの表題が一般化する。この点、先に示した調査方法及び調査項目の整備と軌を一にしており、江戸府内及び相模国内で展開された調査方法は、文政五年頃に確立されたと評価できよう。

なお、鎌倉郡の草稿について『新編相模国風土記稿』凡例は「武州稿編の時、捜索の事ありて、重て其挙に及

ばざる」というのみで、成立時期は不明である。武蔵国の草稿と同時に作成されたのかも知れない。

(9)江戸府内の調査

相模国の廻村調査は、しばらく高座・三浦・愛甲・大住の各郡で進められた。しかし文政九年（一八二六）三月を境に相模国内の調査はいったんうち切られ、江戸府内の調査が開始される。

江戸府内の調査の最初は、文政八年（一八二五）一〇月の浅草である。しかし『町方書上』[46]の中には、同年二月に豊島郡原宿村の江戸町奉行支配分から提出された「地誌御調書上帳」が残されている。また、各町の寺社の「地誌御調書上帳」を集成した『寺社書上』[47]を見ると、浅草の寺社の大半は町と同じ文政八年一〇月から同九年正月にかけての提出だが、中には文政八年正月及び四月に提出のものも少なからず確認できる。今後の検討を要するが、江戸町奉行支配領域及び寺社に対する調査は、文政八年初頭に始まっていたといえよう。同年中は相模国と江戸府内を交互に調査しており、出役の内山温恭は双方に携わっていた。

江戸府内の調査は、翌九年四月から本格化する。まず巣鴨・高田・雑司ヶ谷から始まり、ほぼ北から南へ向かって進められた。そして芝・品川までの調査を済ませた後、隅田川対岸の深川・本所などを調査して全体を終了した。具体的な調査の様子について、四谷塩町三丁目の場合[48]、文政一〇年一〇月一日に「地誌御調書上帳」雛形が届いている。実際の調査は同月一五日で、「地誌御調書上帳」は翌一六日に提出された。このとき町では、提出すべき書上が全部揃わなかったので、同月二五日までの猶予を申し出て了承され、実際には二八日に出役が再び赴いて書類一式を受け取った。

「地誌御調書上帳」の調査項目は、江戸の町に対応した項目があるのは当然だが、村方の調査と共通するものも多い。このほか旧家は、別に「地誌御調ニ付書上」を作成して自家の由緒を提出し、寺社はさらに別の「地誌御調書上帳」を提出した。このように、江戸府内では各町、寺社、主要な家から個別の「地誌御調書上帳」を集める詳細な調査がおこなわれたのである。

こうして江戸府内は、文政一二年の初めまでに全体の調査を終了した。そしていよいよ武蔵国の地誌編集作業が地誌調所で本格化する。

第3節　追加調査と執筆・編集

(一)追加調査

武蔵国足立郡の草稿が完成する直前の文政五年(一八二二)四月、間宮士信及び三島政行の一行は大宮氷川神社を訪れている。(49) 四月一六日に宮司の元へ「江戸ゟ地誌調出役人参り候由、上下拾五人程」の知らせが届き、翌一七日には間宮・三島のほか、出役の井上常明・神谷信順・黒沢美頴、その他一〇名が氷川神社を来訪した。一行は銀一包を奉納した後に神主たちへ質問等をおこない、その日は宮司の家で一泊し、翌日も元禄一五年(一七〇二)の評定所裁許絵図を閲覧するなど調査を続けた。氷川神社から別の村へ移動した形跡はなく、これは氷川神社のみを対象にした調査と思われる。また荏原郡では、草稿の改訂が終わった後の文政一一年(一八二八)七月に北品川稲荷神社の調査がおこなわれた。(50) このとき同神社所蔵の神楽面の図が「地誌御調書上帳」に載せられたが、同じ図は『新編武蔵国風土記稿』にも掲載された。

地誌調所の頭取たちは、自ら廻村調査へ出ることはなかったようだが、個別に現地へ赴くことがあった。大宮氷川神社の他にも、文化一〇年(一八一三)四月に間宮・松崎・三島の三名は、多摩郡小野路村方面の調査に赴いている。間宮が著したその際の紀行文『小野路の記』(51)によれば、一行は四月二八日の早朝に内藤新宿の厩を出発、甲州道中を西に府中宿の六所明神社へ向かった。次に多摩川を渡って百草村松蓮寺の真慈悲寺跡を実見し、小野路村へ向かった。小野路村では天正一三年（一五八五）七月の制札を調査している。その後一行は関戸村へ向かい、名主の相沢家で五点の中世文書を書写して江戸へ帰った。

これとは異なり、出役たちが現地へ赴かない追加調査もあった。次の史料を見よう。

［史料20[52]］

地誌調御用ニ付去ル午年八月其村方為調相越候節、名主市右衛門父先市右衛門寄特ニ付苗字御免等之儀有之由相聞候間、右御免之年月訳柄等巨細書上候様申談候処、得与取調申度候ニ付日延申出候間任其意置候処、今般書上無之此節近々調方差支ニ相成候間、当月中ニ取調半紙帳ニ相認昌平坂学問所江可被差出候、若書上差支之儀茂有之候ハ、其段も可被申越候、以上、

地誌調御用出役

岸本　梅五郎　印

丑六月十三日　　朝岡伝右衛門　印

武州幡羅郡

下奈良村

役人中

これは、文政一二年（一八二九）六月に幡羅郡下奈良村へ届けられた地誌調所の書状の写である。文政五年（一八二二）八月の幡羅郡調査で、地誌調出役は下奈良村名主の吉田市右衛門に対し、幕府から許された苗字帯刀の由緒を別途書き上げて提出するよう求めた。だが、市右衛門はその後一向に提出せず、「此節近々調方差支ニ相成」ったため当月中に提出するよう命じた。文政一二年六月は『新編武蔵国風土記稿』の浄書が進んでいた時期で、地誌調所は浄書の完成直前まで内容を改訂していたことがわかる。この後、市右衛門は関係する日記と

諸証文の写しを計二冊作り、翌七月二一日に昌平黌へ出向いて、地誌調所の玄関で出役の朝岡泰任へ直接手渡した。提出された二冊の史料は、編集作業が完了した後の天保四年（一八三三）一一月に市右衛門へ返却された。

（2）調査内容の取捨選択

下奈良村の市右衛門が提出した書上は、直ちに本文へ繰り込まれた。『新編武蔵国風土記稿』巻之二二九・下奈良村の項には「褒善者吉田市右衛門」の一項があり、「公ヨリ苗字ヲ名乗リ。帯刀ヲモ御免アリシ者ナリ」とその由緒を長文にわたって紹介する。

だが、調査内容がすべて地誌の本文に掲載されたわけではない。入間郡今市村の名主である田嶋又作の場合(53)、地誌調出役の聞き取りで「村方ニ而古キ書物、系図等所持之者又ハ苗字等無遠慮申上候趣」を「被仰聞」れたが、又作は「百姓ニ而名乗不申」と回答した。出役が「御大法ハ左様ニ候得共不苦」と重ねて問いただしたため、又作は自家が新田岩松氏の由緒を持ち田嶋流剣術の伝承者である旨を答えた。ところが『新編武蔵国風土記稿』巻之七四・今市村の項を見ると、川越城からの距離や街道などで明らかに聞き取りの成果を反映させながら、田嶋家への言及は一行も見えない。

ここに現れた記載内容の取捨選択は、寺社の記述で一層明瞭である。ここで豊島郡の事例をいくつかあげると(54)、例えば巻之一一・下戸塚村の八幡社は、徳川家綱誕生時の由緒により多量の記事が書かれ、巻之一二・上板橋村の安養院は、紀州徳川家寄進の釈迦像の図を載せる。巻之一二・下板橋宿の日曜寺は、縁起の信憑性を疑われながらも、田安宗武が再興した由緒から多数の記述がなされる。巻之一五・小石川村の稲荷社は、家康が鷹狩の際に腰掛けた場所という由緒で稲荷を勧請した伝承を載せるが、それ以外の記述はほとんどない。このように『新編武蔵国風土記稿』における内容の選択基準は、徳川家との由緒の有無にあると推定できる。

この点を古文書の掲載基準でさらに検証しよう。独立行政法人国立公文書館には地誌調所が編纂したとされる古文書集『武州文書』があるが、集録される古文書が必ずしも『新編武蔵国風土記稿』と一致しないことは従来も指摘されてきた。(55) ここで多摩郡の主な事例をあげると、(56) 例えば巻之九八・蓮光寺村の今川義元感状、巻之一〇一・八王子八木宿の今川義元判物三点、巻之一〇三・上長房村の今川義元判物二通は、『武州文書』に載るが『新編武蔵国風土記稿』に掲載されない。巻之一〇九・横沢村の大悲願寺文書六点の場合、『武州文書』は全点掲載するが、『新編武蔵国風土記稿』は直接村と関係する豊臣秀吉禁制と上杉景勝他二名連署禁制の二点のみ掲載し、伊達政宗書状は本文で言及するが史料は掲載しない。巻之一一〇・上五日市村の名主勘平文書二点は、享保期の編纂になる『諸州古文書』に載り、勘平自身は旧武田氏家臣として『新編武蔵国風土記稿』に記載されるが、地元に直接関係しない史料のため古文書の存在は書かれず、『武州文書』にも載らない。このほか『諸州古文書』には、巻之一二〇・石畑村の正平一五年（一三六〇）坊門中将御教書が掲載されるが、和泉国に関する内容のため『武州文書』『新編武蔵国風土記稿』ともに記載されない。

以上の検討から、両者における古文書の掲載基準を比べよう。『武州文書』の場合、確かに武蔵国所在の古文書集といえるが、寄進状・領地安堵・禁制など定型化した文書は基本的に採用しなかった。これに対し『新編武蔵国風土記稿』は、主に戦国期から寛永期までの、村方に直接関係する古文書を選択したと判断でき、『武州文書』がはずした秀吉の禁制や家康の寄進状は、逆に積極的に掲載されたと思われる。これらの古文書は、後北条氏が支配した戦国の世に終止符を打ち、関東に平和が訪れた歴史の証拠書類といえよう。

ここで前述の吉田市右衛門に戻ろう。『新編武蔵国風土記稿』で苗字帯刀御免を正式に記載された村人は、彼を含めて計八人で、すべて幕府から与えられている。当然、他の領主による苗字帯刀御免も多数存在したが、それは正式にとりあげられていない。(57) このように、『新編武蔵国風土記稿』の記述や構成は、後北条氏による武蔵国支配から秀吉の天下統一を経て、徳川家康が将軍となって関東に平和が訪れ、その後も徳川氏一門が繁栄をもたらしたという言説を底流に持っていたと考えられる。ゆえに地誌調出役たちは、「徳川の平和」を支える功労者として、幕府からの苗字帯刀人たちの由緒を尋ね、その記録の集積に努力した。浄書本の完成直前で吉田市右衛門の由緒書が必要だったのは、それこそが『新編武蔵国風土記稿』に不可欠の情報だからであった。

（3）編集・執筆

地誌の本文はどのように編集・執筆されたのか。これまで確認できた『新編武蔵国風土記稿』の稿本をもとに検証していこう。

近年、庄司明由氏は、内閣文庫の中の『新編武蔵国風土記稿』諸写本の内から間宮士信旧蔵の新座郡稿本を探し出した[58]。これは全五冊で外題は『武蔵国志』とあり、第一冊のみ後筆で「新編武蔵風土記稿」と追記されている。内題は第四冊のみにあって「武蔵国志巻之　新坐郡之」と書かれる。全冊に「江戸小日向　間宮庄五郎」の朱印が押してあり間宮士信の蔵書印と思われる。

内容や文章・挿図は基本的に『新編武蔵国風土記稿』浄書本と一致するが、記述方法や内容の一部に違いが見られた。例えば小名記載について『武蔵国志』は「端村」と「小名」を区別し、「端村」は村に準じて記述されている。その例を掲げよう。

［史料21[59]］

端村

十二天村　一名下栗原村

此所ハ村ト云ヘクモアラス。黒目川分水ノ流ニ臨メル。百姓ノ宅地ノ所ヲ云。民家ハ名主八兵衛ナルモノ一軒ノミニテ。彼カ宅地ハカリヲ。十二天村ト称シテ。四面トモニ田畑ナシ。本村ノ中沢ヨリハ若干ノ町数ヲ隔テタリ。黒目側ノ東岸ハ。前ニ載タル木村氏ノ知行所。十二天村ノ地ニテ。此所トハ自ラコトナリ。サレド地ノ状ト云ヒ。カタガタ元来ハ別村ニテハアラサルヘシ。全ク割付ノ時ノ余地ヲ。此中沢村へ附セシモノト思ハル。此地西ハ石神村ニ包マレ。南ハ川ヲ隔テ。辻村ノ地ト相望メリ。

［史料22］[60]

(前略)百姓ノ宅地纔ノ所ヲ。小名十二天村ト云。民家ハ八兵衛ナルモノ一軒ノミニテ。四面トモニ田畑ナシ。黒目川ノ東岸ハ。十二天村ノ地ナレバカク唱フ。全ク割付ノ時ノ餘地ヲ。此中沢村へ附セシモノト思ハル。此地面ハ石神村ニ包マレ。南ハ川ヲ隔テ。辻村ノ地ト相望メリ。(後略)

［史料21］は『武蔵国志』における「端村」の記述、［史料22］はそれが本文に繰り込まれた『新編武蔵国風土記稿』浄書本の記述である。前者の文章を要約・再構成して後者が書かれたのが明らかだろう。ちなみに「端村」は、第5章で論じた『新編会津風土記』に見える項目である。

このほか『武蔵国志』の特徴としては、神社のうち村の小社を「祠」と表現すること、掲載される古文書が影写ではなく釈文であることなどがあげられる。内容上でも、例えば郡内の村数について『武蔵国志』は四一、『新編武蔵国風土記稿』浄書本は三四とする。この差は七つの持添新田を一村と数えるか否かにある。前者と後者で掲載基準の変わったことがうかがえよう。

また、かつて石井光太郎氏は『新編武蔵国風土記稿』巻之七七（久良岐郡之五）の稿本について報告した[61]。石崎康子氏によれば、ここに掲載される村は本郷・北方・横浜・中・堀之内・根岸・戸部・尾張屋新田の八カ村で、表紙は「七十一枚」とあるが実際は三九丁の綴である。また稿本自体は清書校合本というべきもので、この稿本に見られる加除訂正と『新編武蔵国風土記稿』浄書本の文章はほぼ一致するという[62]。

清書校合本の外題は「久良岐郡　本牧領　　伍」とあり、外題の上に〇印で「清済」と書き、別の場所には「閲済」の朱書がある。最後の丁には「新編武蔵風土記」の記述がある。また表紙には、水野（克弼）・金井（世範）・朝岡（泰任）・小笠原（重信）・間宮（士信）・松崎（純庸）・三島（政行）の名が見える。水野と金井は名前の下に枚数が記され、浄書に携わったと思われる。間宮と松崎の名前の下には「御一閲」と記される。本文中でも数多くの加除訂正のほか、「九月三日一閲」「丁亥九月□日校士信」「以上三村丁亥九月七日一見畢」などの記載が見られる。「丁亥」は文政一〇年（一八二七）にあたるので、同年九月上旬に間宮ら地誌調所頭取たちが本書を校閲したとみてよいだろう。

さて、この二つの稿本から『新編武蔵国風土記稿』本文の編集・執筆過程を考えてみよう。

久良岐郡は、前述の通り文化七年（一八一〇）に着手し、文政一〇年（一八二七）に再訂増補した。新座郡は、林述斎が朝鮮通信使の応対で対馬に向かった文化八年（一八一一）に着手し、文政一一年（一八二八）に再校を経たという。両郡は同じような編集・執筆過程を経たと思われるが、ならば『武蔵国志』は初稿の姿を、清書校合本は再訂後の姿を示すといえよう。

ここで重要なのは、初校時の題名が「風土記」ならぬ「国志」である点である。『新編武蔵国風土記稿』例義には「夫国志ノ編纂ニ至テハ。事モ亦小ナラズ。何如トナレバ体例格ヲ得。記事法ヲ得ニアラサレバ。成書トスベカラズ。今此篇ハ志ノ材料ヲ纂輯シテ。他日成編ノ資トセント欲スルノミ」という一節がある。[63] この後の箇条で、古風土記の紹介をして「今此篇モ亦　官命ヲ奉シテ。材料ヲ蒐輯セシマデナレバ。姑倣テ新編某国風土記ト号ス」という。この限りで林述斎は、はじめ中国方志に基づく「国志」編纂を目指しながらも、今回は材料収集にとどまる古風土記的な「風土記」を編纂したと考えられる。

例義では次の記述も見られる。文化年間成立の諸郡（久良岐・新座など）では、中国方志にならって山川・神社・寺院などの項目名を冒頭に記した。しかし村毎の記載では特に意味がないので、文政以降成立の諸郡では古風土記の通り項目名記載を省略した、というのである。第5章で論じた通り、江戸幕府地誌編纂事業の方針は中国方志的要素を排した日本型地誌にあった。少なくとも林述斎にとって、それは「国志」の名に値しなかったのではないか。

「端村」の扱いや古文書の影印採用など、初稿と再訂後におけるいくつもの相違点から、文化末年に編纂方針の転換があったのは確かだろう。そのとき地誌調所の方針は、項目名記載の省略を含めて「国志」から「風土記」へと転換したのではないか。その「風土記」編集の最後のかたちが清書校合本であると、ここでは評価しておきたい。

(4)完成をめぐる問題とその後

以上のような執筆・編集を経て、『新編武蔵国風土記稿』は文政一三（天保元年＝一八三〇）に浄書が終了し、将軍へ献上された。このときは二部作成されて、一部が紅葉山文庫へ、もう一部が昌平黌地誌調所へ納められたと思われる。その際、浄書本の内題が「新編武蔵風土記」であるため、一般にはこれを正式書名とするが、後続の地誌である『新編相模国風土記稿』の書名やこれまでの検討から考えて、本書では外題の「新編武蔵国風土記稿」を正式書名と考えている。

ところで、それに先立つ文政一二年（一八二九）九月、同九年（一八二六）一〇月以来執筆が進められていた『御府内備考』が完成した。その凡例は「此書は御府内風土記の参考に備ふる編録なれば、たゞちに伝のまゝをしるして文飾を加へす、又古書に出たる事蹟は疑ふべき説といへども姑く原文のまゝを載ぬ、是備考の書たるゆへなり」と記す。この点、かつて「御府内風土記」の存否をめぐる議論が交わされた(64)。しかしその前に、我々は次の史料を検討する必要がある。

［史料23］(65)

新編武蔵国風土記稿

凡　例

一、此編ニ載スル所ハ外郭市街ノ地ナリ、故ニ列候麾下ノ士賜地ノ域ハ内ニ及ハス、惟神社寺院ノ門前地アリテ商廛ニ属スルハ一編ノ末ニ記載ス

一、編次ハ外郭ノ御門ヲ標シ、浅草筋違小石川牛込市谷四谷赤坂虎門幸橋ノ九口ニ分チ、深川本所ノ地是ニ次ク、市巷ハ次序ヲ追テ各條ニ列載ス

一、一編ノ首ニ図記ヲ載セテ地名ノ起リ四方接壌ノ地及ヒ沿革ヲ記載シ、次ニ縮図ヲ出シテ地域ノ概略市街ノ所在ヲ記シ照覧ニ便ス、次ニ各町ヲ列載シ一区ノ條下ニ市廛ノ起立街巷ノ名義ヲ弁ス

一、市廛ノ地沽券地アリ町並地アリ、元ヨリ町奉行ノ支配ハ其事ヲ言ハス、町並地ハ村里ニ俗シ其貢ハ御代官進退シ居住ノ人家ハ町奉行ノ指揮ナリ、故ニ両支配ノ事ヲ載ス、又庶士ノ賜地町屋敷アリ助成地アリ上納地アリ役屋敷附ノ地アリ、皆其故由ヲ載ス、一二区各町内ニ交錯スルモ亦其由ヲ記ス、又寺院ニ寄附ノ町地アリ寺領ノ町並地アリ、モトハ寺社奉行ノ支配ナリシカ今ハ町奉行ノ指揮ニ属ス、共ニ其転移ヲ記シテ次序ヲ分ツ

一、町並地ハモト村落ノ地ニシテ名義沿革既ニ風土記稿村里部ニ出セシハ其事ヲ弁シテ此編ニ贅セス

（中略）

一、捜索年紀ノ次序ハ文政八年丙戌十月ニ起リ同十一年戊子七月ニ終ル、事実記スル所此ニ止ル、其後沿革アルハ此編ニ闕如ス

一、深川本所ノ地市街ノ次序、深川ハ永代橋ノ方ヲ首トシ本所ハ両国橋ノ方ヲ首トシ市廛ノ布置ニ順テ列載セリ

（中略）

一、寺社ハ在方ニ属スルハ既ニ村里部ニ収ム、此編ハ府内外郭ノ寺社ヲ収載ス、故ニ市廛ノ区別ニ従ヒ一区総称ノ地名ヲ標シ其域中ニアル寺社神社ヲ先トシ次ニ寺院ヲ列載ス

（後略）

その表題から、まぎれもなく『新編武蔵国風土記稿』の凡例だが、本章で検討してきた在方部分（村里部）のそれではない。結論を先にいえば、これは文政一一年末頃まで編纂されていた『新編武蔵国風土記稿　府内部』の凡例なのである。

それによれば、府内部の構成は、浅草から幸橋に至る江戸の入口毎に反時計回りの順で追い、その地域の概略を述べた後に各町を記述した。江戸府内は、沽券地や町並地のほか武士の拝領地も交錯するが、それらをすべて記述した。但し、村里部に記載された事項や寺社で村里部に出たものは除かれた。この点、豊島郡の部をみると、例えば巻之一一・千駄ケ谷村では、小名千駄ケ谷町ほか四つの小名につき「以上五ケ所ハ御府内ノ部ニ出セリ。其地ニアル寺社ノ如キモ亦然リ」と記され、記述の分担が明確だったことを確認できる。

すなわち、『新編武蔵国風土記稿』はもともと村里部と府内部の二部立てで構想され、遅くとも本所深川の調査がおこなわれた文政一一年末までは当初の方針で編集が進められていた。ところが、おそらく翌年春頃に方針が転換され、結局『町方書上』と大きく変わらない『御府内備考』へ後退させられたと考えられる。あるいは『御府内備考』が寺社の記載を省いた点に理由の一端があるとも思われるが、その理由は不明である。

第４節　ま と め

地誌調所は、享和三年（一八〇三）昌平黌内に設置され、学問所勤番その他からの出役によって構成された。

当初は『編脩地誌備用典籍解題』など目録作成に携わり、文化七年(一八一〇)冬から関東諸国を対象に本格的な地誌編纂事業を開始した。『新編武蔵国風土記稿』は二〇年をかけて完成したが、その間に出役による廻村調査の開始、聞き取り調査主体から書上提出への変化、「地誌御調書上帳」雛形の成立など、調査方法も変化した。収集された資料は、家康以来の徳川家一門が関東に平和と繁栄をもたらしたという歴史言説の下に取捨選択され、幕府が許した苗字帯刀人たちの由緒をはじめ、古文書・古記録を積極的に取り入れて執筆された。その形式は、漢字仮名交じり文の使用と個別村単位の記述という特徴をもち、文政初年以降は中国方志的構成を排した日本型地誌の形式を確立していった。

(1) 福井保『江戸幕府編纂物』(雄松堂出版、一九八三)。
(2) 拙稿「地誌調所編纂事業に関する基礎的研究」(『関東近世史研究』二七、一九九〇)。
(3) 拙稿「江戸幕府の書物編纂と寛政改革」(『日本歴史』五六三、一九九五)、杉本史子「地域の記録」(同『領域支配の展開と近世』、山川出版社、一九九九)、羽賀祥二『史蹟論』(名古屋大学出版会、一九九八)など。
(4) 『編脩地誌備用典籍解題』六(東京大学出版会、一九七九)、三九頁。
(5) 註(2)参照。
(6) 平野満「馬場佐十郎の『由緒書』」(『日蘭学会雑誌』二四—一、一九八九)を参照。
(7) 『越谷市史』史料一(一九七三)No.四九八。
(8) 椎名仙卓「博物館事始め(一〇)」(『博物館研究』二二—二、一九八七)より引用、再トレースした。なお、同『明治博物館事始め』(思文閣出版、一九八七)、八〇頁に収録。
(9) 『旧事諮問録』(岩波文庫)「第六編　昌平坂学問所の事」。
(10) 以下、頭取の経歴は、中神守節を含めて『東京都公文書館所蔵　地誌解題　総集編』(東京都公文書館、一九九一)を参照。
(11) 註(1)に同じ。

(12)『鎌倉市史』近世史料編第二（一九八七）、一五一頁。
(13) 註(1)に同じ。
(14) 三浦俊明「地誌御調に付書上」（『郷土茅ヶ崎研究資料』六、一九五八）、小沢正弘「新編武蔵風土記稿調方出役の出張調査について」（『地方史研究』九五、一九六八）、青山孝慈「江戸時代相州の寺院一」（『神奈川県史研究』三九、一九七九）、小野文雄「解説」（『新編埼玉県史』資料編一〇・近世一・地誌、一九七九）、朝倉治彦「解説」（『御府内寺社備考』別冊、名著出版、一九八七）、など。
(15) 拙稿「武蔵国久良岐郡の『地誌御調書上帳』」（『神奈川地域史研究』七、一九八八）。
(16) 以下、拙稿「小名に関する一考察」（『明治大学刑事博物館年報』二〇、一九八九）を参照。
(17) 会田家文書（埼玉県立文書館収蔵）No.一一。なお兼子順「近世後期における家と系図」（『浦和市史研究』七、一九九二）を参照。
(18) 埼玉県立文書館収蔵複製本C一〇九七「松平大和守日記」（前橋市立図書館原蔵）。この史料は中水靖浩氏から御教示を得た。
(19)「地誌御調方記録」（東京大学法制史資料室所蔵標本史料）。この史料は、東京大学法制史資料室助手（当時）の口石久美子氏、及び杉本史子氏の御教示と御協力を得た。
(20)『川口市史』近世資料編Ⅲ（一九八三）、四五頁。
(21)『喜多院日鑑』第二巻（一九八七）、文化一四年八月二七〜二八日条。
(22) 註(18)に同じ。
(23) 林家文書（埼玉県立文書館収蔵）No.一四九二。
(24) 平山家文書（埼玉県立文書館収蔵）No.三四四〇。
(25) 林家文書（埼玉県立文書館所蔵）No.一八八。
(26) 若谷家文書（埼玉県立文書館収蔵）No.二九九。
(27) 松岡家文書（埼玉県立文書館収蔵）No.二三七〇。
(28) 松岡家文書（埼玉県立文書館収蔵）No.六九二。
(29) 立正大学古文書研究会「史料紹介『当家古事記并雑誌』」（『立正大学地域研究センター年報』二一、一九九八）。

(30) 小野文雄編『武蔵国村明細帳集成』(一九七七)、三七六頁。
(31)『越谷市史』続資料編二(一九八二)、三二六頁。
(32) 埼玉県立文書館収蔵複製本C一一〇七「松平大和守日記」(前橋市立図書館原蔵)。この史料は中水靖浩氏から御教示を得た。
(33) 鈴木(庸)家文書(埼玉県立文書館収蔵)No.四九三六。この史料は中水靖浩氏から御教示を得た。
(34) 鈴木(庸)家文書(埼玉県立文書館収蔵)No.三三五七。
(35) 山崎家文書(鳩山町史編さん室所蔵)「御用留」。この史料は同町史編さん室の渡辺一氏から御教示を得た。
(36)『小川町の歴史』資料編四近世I(二〇〇〇)No.九三。
(37) 吉田(市)家文書(国立史料館所蔵)No.六九。
(38) 註(37)に同じ。
(39) 以上、野中家文書(埼玉県立文書館収蔵)No.六五三による。
(40) 註(36)No.九四。
(41) 註(14)小野文雄「解説」に同じ。
(42)『幸手市史』近世資料編I(一九九七)、一六一頁。
(43)『埼玉県史料叢書一三(下) 栗橋関所史料二』(埼玉県教育委員会、二〇〇三)、三二一頁。
(44) この史料は足立区郷土博物館学芸員の多田文夫氏から御教示を得た。
(45) 三觜博氏所蔵文書(藤沢市文書館収蔵)。この史料は石井修氏から御教示を得た。なお、史料中の差別的文言は、差別の歴史的事実を直視してその解消につとめる立場から、そのまま掲載した。
(46) 日本マイクロ社『旧幕府引継書』第四集(一九七〇)所収。なお、註(14)朝倉論文を参照。
(47) 註(46)に同じ。
(48)『新宿区史 史料編』(一九五六)、一二三九頁。
(49)『大宮市史』資料編一(一九七五)、一五一頁。
(50)『品川区史』続資料編二(一九七六)No.一四七。
(51) 東京大学総合図書館所蔵。

(52) 以下、註(37)による。
(53) 落合延孝「出入り関係の形成と新田岩松氏の権威の浮上」(『関東近世史研究』三六、一九九四)を参照。
(54) 以下、豊島郡の事例は『影印復刻　新編武蔵国風土記稿』(文献出版、一九九五〜)の豊島郡の部を参照。
(55) 杉山博・萩原龍夫編『新編武州古文書』(角川書店、一九七二)による。
(56) 以下、多摩郡の事例は『影印復刻　新編武蔵国風土記稿』(文献出版、一九九五〜)の多摩郡の部を参照。
(57) 例えば、『新編武蔵国風土記稿』巻之二三二・榛沢郡岡村の項には、「旧家　勘治郎」の記述がある。その中で、この家が領主の久留里藩黒田家から代々苗字帯刀を免ぜられていると言及されているが、あくまでも旧家の解説の一部に過ぎない。
(58) 庄司明由「『新編武蔵風土記稿』写本の書誌的検討」(『府中市郷土の森紀要』九、一九九六)。
(59) 『武蔵国志』一(独立行政法人国立公文書館所蔵)。
(60) 『影印復刻　新編武蔵国風土記稿』(文献出版、一九九五〜)、新座郡の部。
(61) 石井光太郎「新編武蔵風土記の一考察」(『横浜市史料調査報告書』第一輯、一九四七)。なお横浜歴史博物館学芸員の井上攻氏の御教示を得た。また本史料については、横浜開港資料館研究員の石崎康子氏から御高配を賜った。この稿本の執筆者について、石井氏は三島政行を想定している。
(62) 石崎康子「石井光太郎旧蔵資料から」(『開港のひろば』八〇、横浜開港資料館、二〇〇三)。
(63) 註(2)論文の註(37)を参照。なお庄司明由氏は前掲註(58)で、天保元年に完成した原稿はさらに補正浄書され、その最終的な姿が浄書本であると推定している。
(64) 朝倉治彦氏は『御府内備考』凡例を主な根拠に、『御府内風土記』が明治六年(一八七三)の皇居火災で焼失したとする。これに対し福井保氏は、焼失書籍目録で『御府内風土記』の名が見えないことを論拠にその存在を否定した。なお註(1)を参照。
(65) 『新編武蔵国風土記稿草稿残編　壱』(東京都公文書館所蔵)。なお註(10)、二〇八〜二三二頁を参照。

同時調査・備考	史料名・出典
	『関口日記』2
長徳寺調査	『川口市史』近世資料編III
三芳野天神・喜多院調査、8/28まで在	『喜多院日鑑』2ほか
2/19福田村泊、2/20赤尾村泊・2/21島田村泊・2/22新ケ谷村泊・紺屋・横沼・小沼・石井・上吉田・和田・沢木村とも	林家文書(埼玉県立文書館収蔵)
2/23北浅羽村泊・2/24今市村泊、2/25小杉村泊、今宿・小用・同新田・西戸・黒岩・箕和田・津久根村とも	「地誌御調方記録」(東京大学法学部法制史資料室所蔵、杉本史子・口石久美子氏の御教示による)、『越生町史』近世資料編
	「先触」平山家文書(埼玉県立文書館収蔵)
	「此度地誌調石川礼助様内山孝之助様御廻村御改ニ付村役人左ニ奉申上候記録」『入間市史』近世史料編
上下2カ村、舎人新田とも	「為地誌御調石川礼助様井上彦右衛門様廻村御改控帳」『桶川市史』4
	田中家文書(埼玉県伊奈町史編纂室の御教示による)
大宮宿、高鼻村氷川神社とも	『大宮市史』資料編1
大宮宿8/18泊、氷川神社調査、8/19並木村泊か	『大宮市史』資料編1
辻村2/23泊、膝子・寺山・中野田・辻村とも	若谷家文書(埼玉県立文書館収蔵)
史料には文政2年と記す	会田家文書(埼玉県立文書館収蔵)
「野島氏実録」に記載	『草加市史』資料編I(中水靖浩氏の御教示による)
浄国寺調査	『岩槻市史』近世史料編II
	「武州久良岐郡磯子村役人磯右衛門より林大学頭御手代衆御廻村ニ付書上帳下書控」『横浜市史稿』地理編
	「村方明細帳」『武蔵国村明細帳集成』
礼羽村泊、川口・大桑村とも	「武州埼玉郡村々地誌御調御用ニ付林大学頭様御手附築山茂左衛門様小野太郎右衛門様御出役に付鷲宮御宿江申上候書上覚」『鷲宮町史』史料1
	「公儀より御尋ニ付覚」宮田家文書(行田市郷土博物館所蔵)(鈴木紀三雄の御教示による)
8/14～15上之村泊、8/16上中条村泊、8/17北河原村泊、8/18酒巻村泊、8/19上新郷泊、南河原・下川上・中江袋・馬見塚・犬塚・下中条・須賀村とも	松岡家文書(埼玉県立文書館収蔵)

別表　地誌調出役の廻村調査一覧

番号	年月日	郡	村	出役名	
1	文化11．4/17	橘樹	生麦	石川礼助	内山清蔵
2	文化14．4/20	足立	芝	小野太郎右衛門	小笠原新次郎
3	文化14．8/24	入間	川越城下	石川礼助	小笠原喜内
4	文化15．2/20	入間	赤尾	石川礼助	築山茂左衛門
5	文化15．2/25	入間	今市	石川礼助	築山茂左衛門
6	文化15．3/	入間	平山	石川礼助	築山茂左衛門
7	文政元．8/18	入間	中神	石川礼助	内山孝之助
8	文政2．2/	足立	加納	石川礼助	井上彦右衛門
9	文政2．3/1	足立	小室	石川礼助	井上彦右衛門
10	文政2．3/29	足立	針ケ谷	内山孝之助	築山茂左衛門
11	文政2．8/19	足立	高鼻	小野太郎右衛門	井上彦右衛門
12	文政3．2/22	足立	高畑	朝岡伝右衛門	井上彦右衛門
13	［文政3］2/25	足立	大門宿	朝岡伝右衛門	井上彦右衛門
14	文政3．3/28	足立	庄左衛門新田	内山孝之助	小笠原新次郎
15	文政3．3/	埼玉	岩槻城下		
16	文政3．4/1	久良岐	磯子		
17	文政3．4/18	埼玉	大室	石川礼助	井上彦右衛門
18	文政3．4/	埼玉	葛梅	小野太郎右衛門	築山茂左衛門
19	文政3．8/13	埼玉	行田町		
20	文政3．8/15	埼玉	大塚	内山孝之助	築山茂左衛門

8/23持田村泊、皿尾・中里・小敷田・池上・上池守・中下池守・斉柴村とも	松岡家文書(埼玉県立文書館収蔵)
明治期「当家古事記并雑誌」所収	「乍恐以書付奉申上候」『立正大学地域研究センター年報』22(立正大学古文書研究会史料紹介)
文政2年の誤りか	旧『埼玉県史』6
大曽根村・同新田とも	『八潮市史』史料編近世II
長福寺調査	旧『埼玉県史』6
平・野田・大谷・水房・伊子・菅・伊子・太郎丸・中尾・福田・越畑村とも	「村方古物改口上書写」『嵐山町誌』
	「地誌御用申上口上書」『小川町の歴史』資料編4
井草宿4/5泊、上井草・飯嶋・平沼・上新堀・下新堀村とも	鈴木(庸)家文書(埼玉県立文書館収蔵)
	『川島町史調査資料』1
「御用留」所収、今宿村4/11泊、熊井・奥田・泉井・上下大橋村とも	「[先触]」山崎家文書(渡辺一氏の御教示による)
熊井村4/12泊、瀬戸村4/13泊、瀬戸・古地・大附・青原村とも	「[先触]」正木日吉家文書(藤實久美子氏の御教示による)
	「地誌調出役御改メ答書」西沢家文書(藤實久美子氏の御教示による)
「御用留」所収	「御改ニ付左ニ奉申上候」山崎家文書(渡辺一氏の御教示による)
熊谷宿8/3泊、熊谷宿で調査	「[地誌調書上断簡]」平山(小)家文書(埼玉県立文書館収蔵)
寺院11カ寺分・百姓由緒2軒分書上、大増新田村とも	「御尋ニ付書上帳」『春日部市史』近世資料編II・III-1
上下2カ村、絵図提出、粕壁宿で調査	「地誌調御用村方書上帳」『春日部市史』近世資料編IV
越ヶ谷宿2/20泊、西方村2/21泊	『越谷市史』続資料編2
	「[地誌御用ニ付出向通知書]」『越谷市諸家文書目録』108(中水靖浩氏の御教示による)
同新田・柿沼・四方寺・上奈良・新嶋村とも	「地誌調御用書上留」吉田(市)家文書(埼玉県立文書館収蔵)
中奈良村8/4泊、葛和田村8/5～6泊	「地誌御調ニ付村方取調帳」野中家文書(埼玉県立文書館収蔵)
	荒井家文書(田尻高樹氏の御教示による)
藤ノ木村で調査	「先触」掛川家文書(国立史料館所蔵)
	長島家文書(埼玉県立文書館収蔵)
	杉田家文書(埼玉県立文書館収蔵)
	「差上申巨細書」『(川本)町史編さん調査報告書』2(村松篤氏の御教示による)

21	文政3.8/23	埼玉	持田	内山孝之助	簗山茂左衛門
22	文政3.8/	埼玉	平戸	内山孝之助	簗山茂左衛門
23	文政3.10/	足立	川口町	朝岡伝右衛門 小野太郎右衛門	井上彦右衛門
24	文政3.11/2	埼玉	西袋	小笠原新次郎	古山勝次郎
25	文政4.2/8	比企	八ツ林	簗山茂左衛門	井上彦右衛門
26	文政4.2/15	比企	広野	簗山茂左衛門	井上彦右衛門
27	文政4.2/19	比企	飯田	簗山茂左衛門	井上彦右衛門
28	文政4.4/6	比企	宮前	小野太郎右衛門	古山勝次郎
29	文政4.4/8	比企	下伊草		
30	文政4.4/12	比企	高野倉	小野太郎右衛門	古山勝次郎
31	文政4.4/13	比企	番匠	小野太郎右衛門	古山勝次郎
32	文政4.4/14	比企	桃木	小野太郎右衛門	古山勝次郎
33	文政4.5/	比企	高野倉	小野太郎右衛門	古山勝次郎
34	文政4.8/3	大里	樋口	内山孝之助	小笠原新次郎
35	文政5.2/14	埼玉	粕壁宿	小野太郎右衛門	古山勝次郎
36	文政5.2/14	埼玉	大増新田	小野太郎右衛門	古山勝次郎
37	文政5.2/22	埼玉	西方	小野太郎右衛門	古山勝次郎
38	文政5.2/	埼玉	登戸	小野太郎右衛門	古山勝次郎
39	文政5.8/4	幡羅	下奈良	朝岡伝右衛門	簗山茂左衛門
40	文政5.8/5	幡羅	中奈良	朝岡伝右衛門	簗山茂左衛門
41	文政5.8/7	幡羅	妻沼	[朝岡伝右衛門	簗山茂左衛門]
42	文政5.8/10	幡羅	永井太田	朝岡伝右衛門	簗山茂左衛門
43	文政5.8/11	幡羅	江袋	朝岡伝右衛門	簗山茂左衛門
44	文政5.9/9	男衾	野原	内山孝之助	小野太郎右衛門
45	文政5.9/12	男衾	畠山	[内山孝之助]	小野太郎右衛門

9/12本田村泊、9/13赤浜村泊、露梨子・保田原・富田・谷津・無礼・靭負・木部・勝呂・赤浜村とも	「御用懸り書付控」『小川町の歴史』資料編4
常泉寺調査	「差上申委細書」『所蔵文書目録』5(寄居町教委)
	持田(英)家文書(埼玉県立文書館収蔵)
	『深谷市史追補編』
6カ村調査	『埼玉叢書』5
	「地誌御調書上帳」『本庄市史』
八幡山宿11/19泊	「記録」『児玉町史料調査報告』5
	「地誌御調書上帳」『児玉町史』近世資料編
	「乍恐以書付奉申上候(地誌調ニ付古書所持家届)」『児玉町史』近世資料編
	「地誌御調書上帳」『本庄市史』
	「明細書上帳」『武蔵国村明細帳集成』
	「村内明細帳」浅見家文書(埼玉県立文書館収蔵)
	「地誌調書帳」松原家文書(埼玉県立文書館収蔵)
	「武州賀美郡肥土村地誌調書上帳之写」『神川町誌』資料編
	「地誌御調書上帳」『武蔵国村明細帳集成』
	「(地誌御調書上帳)」船川家文書(埼玉県立文書館収蔵)
幸手宿5/18～20泊、5/21八甫村行	「御尋ニ付書上帳」『幸手市史』近世資料編Ⅰ
関所番士訪問	「御関所御用諸記四」『埼玉県史料叢書』13下
	「村方委細書上帳」(高橋紀子氏の御教示による)
	「[村名由緒覚]」『三郷市史』2
8/1戸ケ崎村にて提出	「地誌取調書上帳」『三郷市史』2(多田文夫氏の御教示による)
	「地誌御調御用ニ付村方明細書訳之帳」『中茎家文書』1(東京都葛飾区)
史料は慶応4年と記す	「地誌調御尋取調書上帳」『葛飾区古文書目録』2
	「地誌御調御用取調書上帳」『須原家文書』1(東京都江戸川区)
	「地誌御調書上帳」宇田川家文書(樋口正則氏の御教示による)
竹下新田・上石神井・下石神井・土支田・田中・谷原・中村・中荒井村とも	「地誌調写置」『練馬区史』歴史編
	「地誌調御改書上帳」『練馬区史』歴史編
	「地誌調書上帳」『練馬区史』歴史編
	『板橋区史』資料編3
	「村方地名書上帳」『神奈川地域史研究』7(拙稿)
	「地誌御調書上帳」『横浜市史稿』地理編

46	文政５．9/13	男　衾	木呂子	内山孝之助	小野太郎右衛門
47	文政５［9/13］	男　衾	赤　浜	内山孝之助	小野太郎右衛門
48	文政５．9/23	榛　沢	荒　川	内山孝之助	小野太郎右衛門
49	文政５．11/	榛　沢	成　塚	古山勝次郎	築山茂左衛門
50	文政５．11/	榛　沢	大　塚	古山勝次郎	築山茂左衛門
51	文政５．11/16	児　玉	北　堀	古山勝次郎	築山茂左衛門
52	文政５．11/19	児　玉	上稲沢	古山勝次郎	築山茂左衛門
53	［文政５．11/19］	児　玉	八幡山町	古山勝次郎	築山茂左衛門
54	文政５．11/23	児　玉	飯　倉	古山勝次郎	築山茂左衛門
55	文政５．11/	児　玉	下野堂	古山勝次郎	築山茂左衛門
56	文政５．11/	児　玉	西五十子	古山勝次郎	築山茂左衛門
57	文政５．11/	児　玉	下阿久原	古山勝次郎	築山茂左衛門
58	文政５．11/	賀　美	四間在家	古山勝次郎	築山茂左衛門
59	文政５．12/	賀　美	肥　土	古山勝次郎	築山茂左衛門
60	文政５．12/3	那　賀	古　郡		
61	文政６．4/	葛　飾	平須賀	小野太郎右衛門	水野丈之助
62	文政６．5/21	葛　飾	幸手宿		
63	文政６．5/23	葛　飾	栗橋宿	小野太郎右衛門	水野丈之助
64	文政６．7/	葛　飾	川　藤		
65	文政６．7/	葛　飾	幸　房	朝岡伝右衛門	内山孝之助
66	文政６．8/	葛　飾	大　膳	朝岡伝右衛門	内山孝之助
67	文政６．8/	葛　飾	砂　原		
68	［文政６．8/］	葛　飾	青　戸	井上彦右衛門	猪飼昌次郎
69	文政６．9/	葛　飾	笹ヶ崎	井上彦右衛門	猪飼昌次郎
70	文政６．9/	葛　飾	桑　川		
71	文政６．9/	豊　島	関	［朝岡伝右衛門	内山孝之助］
72	文政６．10/	豊　島	土支田	朝岡伝右衛門	内山孝之助
73	文政６［10/］	豊　島	上練馬		
74	文政６．10/	豊　島	上板橋	朝岡伝右衛門	内山孝之助
75	文政６．11/	久良岐	堀之内		
76	文政６．11/	久良岐	上大岡		

出典は天保7年と記す	「村方地名書上帳」『横浜市史稿』地理編
	「獅子吼山清浄泉寺高徳院書上」『鎌倉市史』近世史料編第2
	「相州鎌倉郡扇ヶ谷村地誌調書上帳」『鎌倉市史』近世史料編1
妙隆寺明細帳	「書上」『鎌倉市史』近世史料編第2
	「(祇園天王社明細帳)」『鎌倉市史』近世史料編第2
妙法寺明細帳	「境内地調聖堂江書上之写」『鎌倉市史』近世史料編第2
	「安養院起立訳書」『鎌倉市史』近世史料編第2
	「(大宝寺明細帳)」『鎌倉市史』近世史料編第2
渡内・高谷・弥勒・小塚・宮前村	「村岡郷五ヶ村地誌調書上帳」『藤沢市史料集』11
清浄光寺調査、鶴岡八幡・光明寺・鎌倉五山調査後に来訪	『藤沢山日鑑』15
捜索問目あり	「地誌御調書上帳」『藤沢市史料集』11(石井修氏の御教示による)
他2名同行	「(久成寺明細帳)」『鎌倉市史』近世史料編第2
岩瀬村8/13～14泊、今泉・公田・桂村とも	「林大学頭様御改地誌御調書上帳控」『鎌倉市史』近世史料編第1
	「大長寺并末寺由緒地誌調ニ付書上帳」『鎌倉市史』近世史料編第2
	「亀甲山成福寺旧記」『鎌倉市史』近世史料編第2
	『神奈川県史資料所在目録』44
	「地誌御調書上帳写」『藤沢市史料集』11
他2名同行	「地誌御調書上帳」『永谷郷土誌』(横浜市港南区)
	「地誌御調ニ付書上」『茅ヶ崎市史』1
	「相模国高座郡田端村差出帳」『寒川町史』1
小谷村9/26泊	「林大学様御役人御廻見村鏡帳」『寒川町史』1
	「地誌御用林大学様御詔人御巡見書出案文帳」『海老名市史資料所在目録』2
	「地誌御調差出帳」『寒川町史』1
寺院書上	「書上帳」『神奈川県古文書資料所在目録』11
	『三浦古文化』49
	「相模国三浦郡桜山村取調書上帳」『逗子市史』資料編1
	「地誌御調書上帳」『逗子市史』資料編1
	「御取調帳」『逗子市史』資料編1
5カ寺分書上	「地誌御調書上帳」『横須賀文化財協会会報』5
追加書上あり	「西浦賀地誌再調左ニ如し」『三浦古文化』13、49(主室文雄氏の御教示による)

77	［文政６.11/］	久良岐	瀧　頭		
78	文政７．４/	鎌　倉	長　谷		
79	文政７．５/15	鎌　倉	扇ヶ谷	岩崎助次郎 小野太郎右衛門	小笠原新次郎 内山孝之助
80	文政７．５/23	鎌　倉	小　町	岩崎助次郎	小笠原新次郎
81	文政７．５/24	鎌　倉	大　町	［岩崎助次郎	小笠原新次郎］
82	［文政７．５/24］	鎌　倉	大　町	［岩崎助次郎	小笠原新次郎］
83	［文政７．５/24］	鎌　倉	大　町	［岩崎助次郎	小笠原新次郎］
84	［文政７．５/24］	鎌　倉	大　町	［岩崎助次郎	小笠原新次郎］
85	文政７．５/28	鎌　倉	村岡郷	岩崎助次郎	小笠原新次郎
86	文政７．５/29	鎌　倉	藤沢宿	岩崎助次郎	小笠原新次郎
87	文政７．５/	高　座	羽　鳥	小野太郎右衛門	古山勝次郎
88	文政７．８/７	鎌　倉	城　廻	朝岡伝右衛門	村井専之助
89	文政７.8/13	鎌　倉	岩　瀬	朝岡伝右衛門	村井専之助
90	文政７.8/13	鎌　倉	岩　瀬	朝岡伝右衛門	村井専之助
91	文政７．８/	鎌　倉	小袋谷		
92	文政７．８/	鎌　倉	瀬　谷		
93	文政７．８/20	高　座	西	朝岡伝右衛門	村井専之助
94	文政７．閏８/	鎌　倉	永谷上	井上彦右衛門	水野丈之助
95	文政７．９/24	高　座	柳　嶋	小野太郎右衛門	古山勝次郎
96	文政７．９/24	高　座	田　端		
97	文政７．９/26	高　座	宮　山		
98	文政７．９/27	高　座	中　野		
99	文政７．９/	高　座	岡　田	小野太郎右衛門	古山勝次郎
100	文政８．３/15	三　浦	三崎町		
101	文政８．３/19	三　浦	須軽谷		
102	文政８．３/	三　浦	桜　山	内山孝之助	猪飼昌次郎
103	文政８．３/	三　浦	久野谷		
104	文政８［３/］	三　浦	沼　間		
105	文政８．４/	三　浦	大　津		
106	文政８．４/	三　浦	西浦賀		

	「(地誌調書上帳)」『三浦古文化』49
	「(下宮田村地誌取調書上帳)」『神奈川県史研究』39(青山孝慈論文)
	「地誌調書上帳」『大和市史』4
	「地誌調御用書上帳」『綾瀬市史』2 (高橋之好氏の御教示による)
	「捜索問固」『海老名市史』3
下糟屋村神宮寺5/28泊	「地誌調案文写」(原和之氏の御教示による)
	「村内取調書上帳」(原和之氏の御教示による)
	「地誌調書上帳」『平塚市史』2
	「地誌取調書上帳」『平塚市史』2
	「地誌惣取調案文差上申候」『平塚市史』2
2冊	「村方取調帳」『大和市史』4
他4名同行	「村方地誌調書上帳控」『相模原市史』5
	「地誌調御用書上」『相模原市史』5
	「地誌御用　御書上帳」『相模原市史』5
	「(地誌調案)」『海老名市史資料所在目録』1
	「(地誌御調書上帳)」『厚木市史』近世資料編2
寺院3カ寺分書上とも2冊	「地誌御用　御調書上帳」『厚木市史史料集』4
出典では文政8年とあり	「(地誌御調書上帳)」『厚木市史史料集』4
	「地誌御調書上帳」『厚木市史』近世資料編2
寺院書上	「大富山広沢寺(書上)」『厚木市史』資料編社寺
	「地誌御用　御調書上帳」『神奈川県資料所在目録』35
	「地誌御用　御調書上帳」『神奈川県古文書資料所在目録』11
	「地誌御用　御調書上帳」『厚木市史史料集』4
八菅山光勝寺坊中惣代書上	「地誌御調書上」(国立公文書館所蔵)
北品川稲荷社調査	「地誌御調書上帳」『品川区史』続資料編2
入谷村分とも2カ村分	『座間市史資料所在目録』3
神社書上	「両社取調書上帳」『湯河原町史』1
神社書上	「神社地誌御調書上帳」『湯河原町史』1
	「地誌御調書上帳」『湯河原町史』1
寺院書上	「御調書書上帳」『神奈川県資料所在目録』8
寺院書上	「御上書之控」『小田原の近世文書目録』2
	「地誌御調書上帳」『神奈川県史』資料編5
	「地誌御調書上帳」『小田原の近世文書目録』3
寺院書上	「地誌御調書上帳」『小田原の近世文書目録』4
絵図あり	「地誌御調書上帳写」『神奈川県史』資料編5
	「地誌調書上帳」『小田原市史』資料編近世II

107	文政8．5／	三浦	下山口		
108	文政8．	三浦	下宮田		
109	文政8．5／5	高座	福田	朝岡伝右衛門	井上彦右衛門
110	文政8．5／7	高座	深谷	朝岡伝右衛門	井上彦右衛門
111	文政8．5／	高座	杉久保	小野太郎右衛門	猪飼昌次郎
112	文政8．5／28	大住	下糟屋	小野太郎右衛門	猪飼昌次郎
113	文政8．5／28	大住	日向	小野太郎右衛門	猪飼昌次郎
114	文政8．5／	大住	新土	小野太郎右衛門	猪飼昌次郎
115	文政8．5／	大住	平塚宿	小野太郎右衛門	猪飼昌次郎
116	文政8．5／	大住	下鴨		
117	文政9．2／17	高座	深見	朝岡伝右衛門	水野丈之助
118	文政9．2／22	高座	田名	朝岡伝右衛門	水野丈之助
119	文政9．2／	高座	下溝	［朝岡伝右衛門	水野丈之助］
120	文政9．2／	高座	淵之辺		
121	文政9．2／	高座	上今泉	朝岡伝右衛門	［水野丈之助］
122	文政9．2／29	愛甲	厚木		
123	文政9．2／	愛甲	妻田	猪飼次郎太郎	内山孝之助
124	［文政9］3／18	愛甲	林	猪飼次郎太郎	内山孝之助
125	文政9．3／	愛甲	温水	猪飼次郎太郎	内山孝之助
126	文政9．3／	愛甲	七沢		
127	文政9．3／	愛甲	半原		
128	文政9．3／	愛甲	中荻野		
129	文政9．3／	愛甲	下荻野		
130	文政9［3／］	愛甲	八菅山	内山孝之助	岸本梅五郎
131	文政11．7／24	荏原	北品川		
132	天保2．10／	高座	座間宿	朝岡伝右衛門	桜井久之助
133	天保4．10／	足柄下	土肥吉浜		
134	天保4．10／	足柄下	土肥鍛冶屋	朝岡伝右衛門	桜井久之助
135	天保4．10／	足柄下	福浦	朝岡伝右衛門	桜井久之助
136	天保4．10／	足柄下	岩	［朝岡伝右衛門	桜井久之助］
137	天保4［10／］	足柄下	風祭	［朝岡伝右衛門］	桜井久之助
138	天保4．11／	足柄下	別堀	内山孝之助	水野弥右衛門
139	天保4．11／	足柄下	高田	内山孝之助	水野弥右衛門
140	天保4．11／	足柄下	曽我谷津	内山孝之助	小笠原藤右衛門
141	天保5．2／5	足柄下	府川		
142	天保5［2／］	足柄下	千代		

	「地誌御調書上」『小田原の近世文書目録』3
	「地誌御調書上帳」『小田原の近世文書目録』4
	「地誌御調書上帳」『南足柄の村明細帳』上
	「地誌御調書上帳」『南足柄の村明細帳』上
	「地誌御調書上帳」『南足柄の村明細帳』上
	「地誌御調書上帳」(明治大学刑事博物館所蔵)
	「地誌調書上帳」『南足柄市史』2
	「地誌御調書上帳」『開成町史』資料編近世 2
	「地誌御調書上帳」『開成町史』資料編近世 2
3冊	「地誌御調書上帳」『神奈川県史』資料編 5
寺院書上か	「地誌認帳」『小田原の近世文書目録』3
	「(地誌認帳)」『南足柄の村明細帳』下
	「地誌調書上帳」『神奈川県史』資料編 5
	「地誌御調書帳」『秦野市史』近世史料編』1
	「地誌御調書上帳」『神奈川県史研究』38(青山孝慈論文)
	「地誌御調書上帳」『神奈川県史資料所在目録』21
絵図のみ	「地誌取調の折大小刀絵図」『神奈川県史資料所在目録』12
	「地誌御調書上帳写」『県史編集室所蔵資料目録』2
	「地誌御調書上帳」(明治大学図書館所蔵蘆田伊人文庫)
	「地誌御調書上帳」『大井町史』資料編近世(1)
	「地誌調書上帳」『平塚市史資料所在目録(土沢・旭地区)』
	「地誌御調ニ付差出候写書」『神奈川県史資料所在目録』20
神社書上か	「地誌御調書上帳」『神奈川県史資料所在目録』補遺 5
	「地誌御調書上帳」『大磯町史』1
	「地誌御調書上帳写控」『大磯町史』1
	「地誌御調書上帳」『平塚市史』3
	「地誌御調書上帳」『平塚市史』3
	「地誌御調書上帳」『平塚市史』3
	「地誌御取調書上下帳控江」『平塚市史』3
	「地誌御取調書上帳」『平塚市史』3
	「地誌御調書上帳」『秦野市史』近世史料編』1
	「地誌御調書上帳」『秦野市史』近世史料編』1
	「地誌御調書上帳」『秦野市史』近世史料編』1

143	天保５．３/14	足柄下	小　　台		
144	天保５．３/	足柄下	蓮 正 寺		
145	天保５．３/	足柄上	飯　　沢	内山孝之助	小笠原藤右衛門
146	天保５．４/	足柄上	苅野一色	朝岡伝右衛門	浜中三平
147	天保５．４/	足柄上	狩　　野		
148	天保５．４/	足柄上	千 津 嶋		
149	天保５［４/］	足柄上	福　　泉		
150	天保５．５/11	足柄上	中　　名	内山孝之助	中尾篤太郎
151	天保５．５/	足柄上	宮　　台		
152	天保５．５/	足柄上	金　　子		
153	天保５．５/	足柄上	鬼　　柳	［内山孝之助］	中尾篤太郎
154	天保５．５/	足柄上	埖　　下	内山孝之助	中尾篤太郎
155	天保５．８/	足柄上	虫　　沢	朝岡伝右衛門	猪飼次郎太郎
156	天保５．８/	足柄上	菖　　蒲	朝岡伝右衛門	猪飼次郎太郎
157	天保５．８/	足柄上	篠　　窪		
158	天保５．８/	足柄上	土 佐 原		
159	天保５．８/	足柄上	赤　　田		
160	天保５．８/	足柄上	萱　　沼		
161	天保５．８/	足柄上	鴨　　沢	朝岡伝右衛門	猪飼次郎太郎
162	天保５．８/	足柄上	山　　田	［朝岡］伝右衛門	［猪飼］次郎太郎
163	天保５．９/27	淘　綾	万　　田		
164	天保５．９/	淘　綾	中　　里	内山孝之助	
165	天保５．９/	淘　綾	山　　西		
166	天保５．９/	淘　綾	高 麗 寺	内山孝之助	古山勝五郎
167	天保５．９/	淘　綾	寺　　坂	内山孝之助	古山勝五郎
168	天保５．９/	大　住	下 吉 沢		
169	天保５．10/	大　住	松　　延	内山孝之助	古山勝五郎
170	天保５．10/	大　住	広　　川		
171	天保６．２/	大　住	真　　田	朝岡伝右衛門	水野弥右衛門
172	天保６．２/	大　住	飯　　嶋	［朝岡伝右衛門］	水野弥右衛門
173	天保６．２/	大　住	渋　　沢	［朝岡伝右衛門］	水野弥右衛門
174	天保６．２/	大　住	菩　　提	朝岡伝右衛門	水野弥右衛門
175	天保６．２/	大　住	横　　野	朝岡伝右衛門	水野弥右衛門

	「地誌御調書上帳」『秦野市史』近世史料編』1
	「地誌御調書上帳」『秦野市史』近世史料編』1
	「地誌御調書上帳」『秦野市史』近世史料編』1
	「地誌御調書上帳」『秦野市史』近世史料編』1
	「地誌御調書上帳」『秦野市史』近世史料編』1
5カ村分寺院書上	「寺院御調書上帳」『厚木市史』資料編社寺
	「磐打ひじり由緒書」『厚木市史』資料編社寺
寺院書上	「寺院取調書上帳」浄発願寺文書(原和之氏の御教示による)
寺院書上	「地誌取調帳」『伊勢原市史資料所在目録』3
大山寺・良弁堂・別所町大瀧・開山町諏訪社調査	「大山地誌調書上」(東京大学史料編纂所所蔵写本、文久2年内山孝之助編)
寺院書上3点	「神社寺院　地誌御調書上帳控」堀江家文書(神崎彰利氏の御教示による)
	「地誌御書上帳」堀江家文書(神崎彰利氏の御教示による)
	「地誌御調書上帳之控」山口家文書(原和之氏の御教示による)
	「地誌御調書上帳」『平塚市史』2
寺院書上	「寺院御調書上帳」小泉家文書(原和之氏の御教示による)
	「相模国大住郡落幡村地誌御調帳」『秦野市史』近世史料編1
寺院書上、絵図あり	「地誌御調書上帳」『伊勢原市史資料所在目録』3
史料では4月とあり	『秦野市史』近世史料編2
	「地誌御調書上帳」『伊勢原市史資料所在目録』3
	「地誌御調書上帳」竹内家文書(原和之氏の御教示による)
寺院書上	「地誌御調書上帳写」『県史編集室所蔵資料目録』2

176	天保6．2／	大　住	羽　根	朝岡伝右衛門	水野弥右衛門
177	天保6．2／	大　住	寺　山	朝岡伝右衛門	水野弥右衛門
178	天保6．2／	大　住	嚢　毛	朝岡伝右衛門	水野弥右衛門
179	天保6．2／	大　住	北矢名	朝岡伝右衛門	水野弥右衛門
180	［天保6．2／］	大　住	南矢名	朝岡伝右衛門	水野弥右衛門
181	天保6．3／25	愛　甲	上落合	内山孝之助	小笠原藤右衛門
182	天保6．3／	愛　甲	温　水		
183	天保6．3／	大　住	日　向	内山孝之助	小笠原藤右衛門
184	天保6［3／］	大　住	日　向	内山孝之助	小笠原藤右衛門
185	天保6．4／	大　住	大山町	内山孝之助	小笠原藤右衛門
186	天保6．4／	大　住	西富岡	内山孝之助	小笠原藤右衛門
187	天保6［4／］	大　住	西富岡	内山孝之助	小笠原藤右衛門
188	天保6．4／	大　住	上糟屋	内山孝之助	小笠原藤右衛門
189	天保6．4／	大　住	西海地		
190	天保6．4／	大　住	坪ノ内	朝岡伝右衛門	渡瀬龍之助
191	天保6．4／	大　住	落　幡	朝岡伝右衛門	渡瀬龍之助
192	天保6．5／	大　住	三之宮	朝岡伝右衛門	渡瀬龍之助
193	天保6［9／］	大　住	城　所	内山孝之助	浜中三平
194	天保6．9／	大　住	上　谷	内山孝之助	浜中三平
195	天保6．9／	大　住	沼　目	内山孝之助	浜中三平
196	天保6．／	大　住	石　田	内山孝之助	小笠原藤右衛門

凡例：［　］（　）内は推定、もしくは無題史料の仮名称である。史料名は単独の形態をもつ場合について掲載し、日記などの記事の場合は省略した。

補　論　八王子千人同心による地誌調査

『新編武蔵国風土記稿』のうち、多摩・高麗・秩父の三郡については、八王子千人同心が「別に命を受け」[1]て現地調査から草稿執筆までをおこない、地誌調所の執筆分と合わせて完成した。彼らの活動については、従来その事実の指摘以上に論じられることがなかったが[2]、一九九〇年代に入って研究が増え[3]、新出史料の紹介も進んだ[4]。以下では、八王子千人同心の地誌調査及び執筆につき、地誌調出役との比較の観点から検証していく。

第1節　編纂作業開始まで

八王子千人同心は、戦国時代末期に武蔵国多摩郡八王子周辺に土着した甲斐武田氏の旧臣を母体とし、徳川家康の関東入国に際して編成された郷士集団である。『地方凡例録』で「関東にては八王子千人同心の外農兵があることを聞かず」といわれるように、平時は農業に従事しながらも、幕府から日光火之番や蝦夷地警備・開発などを命じられることがあった。

地誌調所における『新編武蔵国風土記稿』編纂の初期段階で、既に八王子千人同心の動員は計画されていた。千人頭の原半左衛門胤敦が最初に地誌編纂の命を受けたのは、文化九年（一八一二）二月である。次の史料を見よう。

［史料1］[5]

原勝八正峯実子惣領
初名加藤治
俗名半左衛門
生国武蔵　原了潜胤敦

一　祖父

（中略）

同九壬申年二月、武州多摩郡地誌御用之儀ニ付、出府之度昌平坂学問所江罷出候様松平伊豆守殿被仰渡、其後多摩郡地誌捜索之儀半左衛門一手江被仰渡候ニ付、組之者掛七人申渡、尤御手当被下置、廻村取調候分学問所江差出候、

（後略）

これは、天保一〇年（一八三九）に作成された原家由緒書の一節である。文化九年二月に胤敦は、老中松平信明から「武州多摩郡地誌御用」のため、江戸出府の際に昌平黌を訪れるよう言い渡された。後述する塩野適斎の記録『桑都日記』によれば、胤敦は「大成殿」＝昌平黌を訪れ、「幹事」の「間宮庄五郎、中神順治等」と「地誌捜索を謀議」し、その後もたびたび昌平黌で間宮・中神のほか「三島、松崎某等」と「捜索之彼此」を相談したという。[6]間宮士信・三島政行・松崎純庸・中神順治(次)守節は、いずれも第6章で述べた通り地誌調所の頭取で、胤敦は彼らと打ち合わせを重ねたと思われる。

文化一一年（一八一四）四月、当時日光在番中だった胤敦は、老中牧野忠精から正式に地誌編纂の命を受ける。日光から戻った胤敦は、六月に編纂のための人員を集めた。その顔ぶれは、胤敦の子である原胤明のほか塩野適斎・植田孟縉・八木忠譲・秋山定克・筒井元恕・風祭公寛の「組之者掛七人」である。[7]彼らは必ずしも胤敦の配下ではなく、適任者を千人同心全体から選抜したと思われる。この点、秋山の由緒書には、「文化一一戌年四月、

武蔵国地誌捜索御用堀田摂津守殿被　仰渡候旨、林大学頭殿・筑紫佐渡守殿被申渡候旨、原半左衛門申渡、御手当銀頂戴仕」と記されている。(8) すなわち地誌編纂の命は、若年寄の堀田正敦から林述斎及び学問所勤番支配である筑紫佐渡守孝門の両名を通じて胤敦へ伝えられたのである。

「地誌捜索御用」の拝命にあたり、千人同心たちは「御手当」を渡された。廻村調査の経費は、最初に各調査担当者へ一括で手渡されたと思われる。同年八月には、廻村調査の先触に使用する千人同心たちの照合用印鑑が八王子の宿役人へ提示された。(9)

第2節　武蔵国多摩郡の廻村調査

多摩郡における千人同心の廻村調査は、土井義夫氏によってその様子がかなり解明された。(10) その要点は次の通りである。

(ア)廻村調査は文化一一年(一八一四)九月の八王子宿周辺地域から始まった。調査にあたり千人同心たちは「聖堂方御用掛原半左衛門手附」と名乗って行動した。

(イ)廻村調査にあたっては、武蔵国の領域単位である領ごとに担当者を決めていたと思われる。例えば、植田は世田谷領・拝島領・三田領など、塩野は小宮領、筒井は府中領などである。

(ウ)地誌捜索の過程で、千人同心たちは「〇〇村地誌(捜索)」と題した調査報告を作成し、これらを原胤敦のもとに集積した。また、村方でも「〇〇村地誌(捜索)」の控を写し取ることがあった。

(エ)諸史料の下限は、文化一二年(一八一五)一二月の世田谷領である。胤敦は文化一四年(一八一七)三月に隠居しているので、それまでに調査は終了したと考えられる。

以下ではその成果を踏まえ、千人同心たちの廻村調査の進捗過程を跡づけていく。まず、廻村調査開始当時の先触を次に掲げよう。

［史料2］(11)

文化十一戌年九月
多摩郡村々地誌
御尋御用ニ付、原半左衛門殿手附植田十兵衛殿廻村之先触并地誌被相尋
御用掛り林大学頭殿江被書上候当村方古来ゟ当時迄之有増下書之写

平村
名主
七郎兵衛控

戌十一月中
御地頭所江も如此相認メ差出シ候処、外村々ゟも可差出候間、其節一同ニ可差出旨御用人中被仰聞、御請取
不被成候、

先触之写

武蔵国村々地誌尋之儀、林大学頭殿御用掛りニ而被相尋候処、多摩郡之儀者最寄ニ付原半左衛門掛りニ而相
尋候様従松　伊豆守殿被　仰渡候、依之拙者共多摩郡廻村可致旨猶亦従　御用掛被　仰渡候間、村々江罷越
候而相尋候者神社、仏寺、什物、宝器并古書等之訳、百姓旧家之者有之系図、古書等取持之者、古城跡古屋
敷等有之哉、地利、山川、其外村々ニ而古キ申伝之儀茂承度、依之村役衆在宿被致、且又次ノ村方江茂申達
被置候様、此段及通達候、以上

地誌御用掛手附

戌九月三日

植田十兵衛印

八王子宿

宿役中

追啓、明日村方江罷越候間、先村江此訳伝達可給候、雨天ニ候ハ、日送り之積りニ心得可給候、以上、

瀧山村　八日市　横山　左入村　平村

粟之須村　石川村　大谷村　大和田村

添書覚

地誌御用御掛り御手附

植田十兵衛様

右者御先触之通其村々御廻村被成候間、村々御役人中御在宅被成、御尋之儀も可被有之候間、其段御心得可被成候様御申付被成候ニ付、此段御達申入候、以上、

戌九月三日

八日市宿

問屋役人　印

瀧山村　八日市　横山　左入村　平村

粟之須村　石川村　大谷村　大和田村

右村々御名主中

［史料2］は八王子宿に近い平村に残された先触の写で、植田が出している。その内容は、自らの「武蔵国村々地誌尋」に至る経緯を述べた後で、寺社の什物・宝器・古書、旧家の記録・古文書、古城跡・古屋敷、地形その

他伝承などについて話を伺いたいので、調査の際に「村役衆」が「在宿」するよう要請している。この先触には八王子八日市宿の問屋役人の添書がついた。地誌調所の先触には見られない、村方への低姿勢と問屋役人の添書の存在がここで注目される。

また、『桑都日記続編』によれば、文化一二年（一八一五）四月八日に塩野らの一行が戸倉村へ到着した際、村の「里正」へ「地誌を捜索するの事状を告げ」て道案内を乞うた。すると「里正」は「公等の命、敢へて之を拒まざるも、苟も邦君の命無くば官吏を導くを得ず」と案内を拒絶した。この村は田安家の所領で、許可なしに幕府の役人を誘導することはできないというのである。[12]

千人同心の調査開始当初、「官」は地誌捜索の触を郡中に出していなかった。[13] したがって植田の場合は、八王子宿の問屋役人の信用保証をもって村方の協力を願い調査に臨まなければならなかった。[14] 調査は難航し、塩野のように調査協力を拒否される場合もあった。その後、代官所や田安役所などから触が出されて調査が進捗したと塩野は述べている。

では、地誌捜索の触は実際どのように出されたのか。次の史料を掲げよう。

［史料3］[15]

武州村々古跡等捜索として、聖堂より地誌調出役之もの廻村いたし候由、御勘定所より御達有之候間、古跡有之場所者罷越義可有之条、右之趣相心得可罷在候、廻状早々順達、留り村ゟ可相返候、以上、

九月十八日　　小野田三郎右衛門

役所

これは、文化一一年九月に多摩郡内の幕府領へ出された触である。この触は、山口領廻り田村には九月二三日に届き、[16] 三田領下諸岡村には一〇月一日に届いた。[17] およそ九月下旬から一〇月にかけて村々を触が廻ったと考え

られるので、確かに九月四日の植田の調査には間に合っていない。

[史料4][18]

此度地誌為穿鑿、千人頭原半左衛門并組之者相廻リ可申、其節神社仏閣古蹟相糺可申間、右寺社等之儀ニ付相尋候義者差支無之様可致事、

右之段得其意、此廻状村下ニ請印いたし留村ゟ可相返者也、

子三月三日

田安

御勘定所

田安領知の三田領新町村へ文化一三年（一八一六）三月に届いた廻状の写である。ちなみに新町村の調査は、前年の四月六日に植田孟縉が実施した。前述した塩野の小宮領戸倉村調査も四月八日だった。管見の限り文化一三年中の廻村調査は確認されていないので、[史料4]は調査終了後に出された可能性もある。

このように、多摩郡の調査は千人同心たちの廻村が先行して、幕府や領主からの触は後手に回っている。これは千人同心の責任ではなく、地誌調所あるいは勘定所の対応の問題といえよう。

それでは千人同心たち自身の調査はどうか。次の史料を掲げる。

[史料5][19]

覚

多摩郡廻村地誌捜索として明六日ゟ罷越候ニ付、村役人の面々被致承知、寺院神職之方へも相達可被申候、并百姓旧家之者有之系譜又ハ古文書等所持之者も有之候ハヽ、是又相達置、此継状次村江継達可被申候、右之段及通達候、以上、

追啓申入候、雨天ニ候得者相延日送之積ニ御座候、是又相達置申候、

四月五日

地誌御用聖堂出役
植田十兵衛

［史料6］(20)

覚

地誌捜索御用之儀ニ付、今日喜多見村迄罷越候、右ニ付申遣度儀有之候間、乍太儀今晩迄ニ喜多見村江可被相越候、此段相達候、以上、

十二月三日

地誌御用聖堂出役
植田十兵衛

宇奈根村㊞
鎌　田　村
岡　本　村㊞
大　倉　村㊞

二つの史料は、ともに植田が出した先触である。［史料5］は新町村に届いたものだが、実は三月九日付の廻村に関する触が同一六日に到着していて、塩船村から羽村へ送られた。三月の調査が実施されたかどうかは不明で、［史料5］の雨天延期文言をみると、あるいは中止になったのかも知れない。調査の主眼は寺社及び旧家の史料調査にあったと思われ、関係者への周知を依頼している。［史料6］は宇奈根村ほか三か村あての廻状で、文化一二年（一八一五）一二月の鎌田村「地誌御尋書上帳」とともに残されている。「地誌御尋書上帳」の末尾には、「右ハ聖堂御出役御尋ニ付、村中相改書上候控也」の一文があって、これが村方から千人同心へ提出された文書であることがわかる。なお、同年五月の三田領棚沢村でも、植田へ提出された「差上申地誌捜索御改帳」の存在

が確認できた。[21]［史料6］は喜多見村から出されたが、喜多見村にも同年一二月の「地誌写」が残されている。[22]

二つの触の文面には書上の提出にかかる内容は見られず、ただ村役人へ招集をかけたのみである。ではどのような指示を出したのだろうか。次の史料を見よう。

［史料7］[23]

○文化十二年亥三月聖堂へ出ス調書

一、右三月十三日、聖堂地史掛り出役筒井恒蔵入来、此度聖堂ニおいて地史御撰ニ付、御社頭古事来歴、年中行事等取調、差出候様申来ル、右ニ付追而取調書面相認、出役先へ差出可申旨申置、同月廿日迄ニ書面相認、筒井恒蔵八王子出役先へ差出ス、右書面控別ニ有之

これは府中宿六所明神社に残る記録の一節である。前々日の一一日に府中町の町役人が調査の実施を伝えており、[24]一三日におこなわれた。このとき筒井は、六所明神社へ「古事来歴・年中行事等」の書上の提出を口頭で求め、それに応じて神社は「書面」を同月二〇日に八王子の出役先へ届けた。この点につき土井義夫氏は、千人同心が「〇〇村地誌(捜索)」を作成したと述べる一方、村方からの書上の提出には否定的で、聞き取り調査を中心に調査漏れや補足調査の場合にのみ書上を提出させたと論じた。[25]すると、千人同心の廻村調査は、地誌調出役のそれとどう共通するか否かという疑問が生じる。

ここで、植田の聞き取り項目の書上と考えられる「地誌捜索問目」を見よう。[26]長文のため項目のみを拾うと、村名(庄郷領名)・村高・反別・広狭・隣村・田畑割合・林野・村居・土性・高札場・江戸日本橋までの里程・検地・村の開闢・領主変遷・小名・川・谷川・渡船・往来・漁撈・川除地・用水堰・橋・高山・塚・沼地・滝・窟・土穴・大樹・温泉・古城地・古屋敷・古戦場・古墓・古碑・百姓旧家由緒の者・百姓孝心奇特の者・酒造・水車・産物・神社・寺院・辻堂などである。神社・寺院・辻堂については、境内・堂社・神体・本尊・什物など

の詳細な調査項目が別にある。これらは地誌調所の「地誌御調書上帳」雛形にほぼ同じといって差し支えない。しかしこのような「地誌捜索」の写は、村方でほとんど発見されないのである。

千人同心たちの調査が聞き取り中心であれば、同時期における地誌調出役の方法と同じである。「地誌捜索」の写が発見できないのは、それが村方から提出された文書でないと考えるのが自然だろう。「地誌捜索問目」は、土井氏のいう通り、地誌調所と調整のうえ決定した共通の質問項目と考えられる。

それでは、喜多見村「地誌写」、鎌田村「地誌御尋書上帳」、棚沢村「差上申地誌捜索御改帳」などをどう理解すべきか。おそらく当初から、六所明神社のように詳細な記録が必要な場合は書上を提出させたのだろう。それが、多摩郡の廻村調査が終了しつつあった文化一二年段階では、それまでの方針から「地誌御尋書上帳」を村方に提出させる方向へ転換したのではないか。但し、これも聞き取り調査の回答書という性格を持っていたと考えるべきだろう。

第3節　武蔵国高麗・秩父郡の廻村調査

多摩郡の廻村調査が一通り終わり原胤敦が隠居した後の、八王子千人同心の地誌編纂はどうなったか。次の史料を掲げる。

［史料8］(27)

（前略）

文政二己卯年十二月地誌御用之儀ニ付如養父時昌平坂学問所江可罷出旨堀田摂津守被仰渡、同三庚辰年五月御勘定奉行衆ゟ武州高麗郡・秩父郡村々江触流有之、私御用向繁多之節者惣領原新七郎儀手伝為仕度之段申上置、同六月ゟ父子并手附之者召連日割御手当被下置、右両郡遂々廻村捜索仕、其節書留候分手附之者私宅江日々罷出取調仕、罫紙御下ケ相成、追々浄書出来之分学問所江差出候、宅調罷在候手附之者江者御手当被下置候、同九丙戌年十二月八王子近辺之事跡取調之儀骨折候ニ付、為御褒美銀拾枚充養父了潜并私江被下置候候（ママ）旨、堀田摂津守殿御書付を以被仰付候段林大学頭又三郎申渡拝領仕、

（後略）

これは、原胤敦の惣領である原胤広の由緒書の一節である。胤広は胤敦の弟で、文化一四年（一八一七）三月に家督を継いだ。これによれば、胤広は文政二年（一八一九）一二月に「地誌御用」のため昌平黌へ呼び出された。このときは、翌年から始まる調査の打ち合わせだったと思われる。そして翌三年（一八二〇）五月に、勘定所から高麗・秩父両郡の廻村調査に関する先触が出され、翌六月から着手したという。但し、第6章の[史料13]に掲げた通り、高麗郡の廻村調査が命じられたのは同年四月のことで、高麗郡内には各領主から直ちに触が廻された。次の史料を見よう。

[史料9](28)

右者此度地誌調為御用高麗郡へ相越可申間心得居可申旨、御勘定衆より達ニ候間、出役之もの相越候ハヽ、任差図無差支様相心得可申候、此廻状村下令請印早々順達、留り村ゟ可相返者也、

千人頭
原半左衛門組同心
四月八日
御領知
御役所

右廻状、横手村ゟ受取栗坪村へ継送ル

高麗郡内の一橋領知に廻された先触の写で、四月上旬に調査の実施が知らされていたことがわかる。おそらく

由緒書が指摘する同年五月の触は秩父郡のものだろう。

ここで注目すべきは、高麗・秩父郡の調査が二郡同時または続けて命じられた点である。特に高麗郡の調査は多摩郡の地誌執筆途中で実施され、草稿は多摩郡・高麗郡とも文政五年（一八二二）に昌平黌へ提出された。[29] 最初から三郡でもなければ、一郡毎でもないのは、両郡の調査が当初の予定外で命じられたと推測させる。

高麗郡の廻村調査は、四回実施された。[30] 一回目は文政三年六月四日から一一日にかけて、入間川沿いに調査を進めた。第二回は同年八月五日から一五日にかけて、高麗川流域周辺の調査を進めた。第三回は文政四年二月九日から二〇日にかけて、日光裏街道沿いに調査を進めた。第四回は四月七日から翌月二日にかけて、高麗川上流及び名栗川中流の調査を進めた。この調査に携わったのは、原胤広・原胤禄・塩野・八木・筒井・神宮寺の六人で、調査途中に数人の分隊で行動することもあった。植田の名が見えないのは、多摩郡の地誌執筆に専念したためと思われる。

廻村調査の終了後は、［史料8］の通り原胤広の屋敷で編集作業を進め、地誌調所から与えられた罫紙に草稿を執筆した。調査を含むこの間の手当は、日割計算で支給された。できあがった草稿は、多摩郡が植田と八木によって文政五年（一八二二）四月に、高麗郡が八木によって同年一二月に、それぞれ昌平黌へ提出された。[31] そして両郡の草稿を手放すと、彼らは秩父郡の調査に着手した。

秩父郡の調査は、二回実施された。一回目は文政六年（一八二三）一月二四日から二月一五日まで、郡東部及び外秩父を調査した。二回目は七月三〇日から九月四日にかけて、郡西部及び奥秩父の山間地を調査した。調査に携わったのは、原胤広（一回目のみ）・原胤禄・植田（二回目のみ）・塩野・八木・神宮寺・河西の七人である。調査草稿は翌七年（一八二四）末にできあがり、同八年（一八二五）に植田が昌平黌へ提出した。

秩父郡の廻村調査について、次の史料を見よう。

［史料10］(32)

覚

一分持　　　三荷

但シ人足三人

右者地誌捜索御用ニ付当郡村々廻村いたし、今廿七日小森村止宿、翌廿八日伊豆沢村江罷越、夫より順路ニ其村々罷越御用之筋取調候間、可得其意村役人御案内有之候様存候、尤神職寺院等江茂早々通達可被致候、且一汁一菜之外郷舎懸ケ間敷儀無之様相心得可被申事、

未八月廿七日

原半左衛門手附

塩野所左衛門

神宮寺豊五郎

河西　伊三郎

小森村

伊豆村

般若村

長留村

久那村

別所村

田村郷

寺尾村

此状留り村江留置返却可被致候、已上、

名主
年寄中

これは、第二回調査の際に千人同心から出された先触である。多摩郡へ出された先触に比べると、「可得其意」「相心得可被申事」などの文言に、支配者としての意識の変化が感じられよう。

このときの調査を村方から見た記録が、上野田村に残されている[33]。それによれば、上野田村の調査は八月一一日だった。調査者は塩野・神宮寺・河西の三名で、村役人一同は村境で彼らを迎えた。河西は別行動で、残る二名は組頭三名の案内を受けて、村の山川・神社・寺院などを見て回った。千人同心たちは村の地形・地名などを質問し、寺社の旧記や宝物を書き留めて歩いた。夕方に旅宿へ着いた千人同心三名は、村役人に対し「村方地蔵其外名所旧跡・古城の跡・古戦場の地・古屋敷并古書類何によらす、又長命の者孝人等」について尋ねたので、村ではそれを「帳面」に仕立てて提出した。村人が所持する古書を見せたところ、彼らはそれを全部写し取り、入れ物の箱を褒めたという。翌一二日は雨天のため終日古文書調査に費やされ、村内の寺に逗留した。一三日朝に出発、道沿いの観音堂などを調査し、刻銘の拓本も取った。村境まで送った村役人たちは、ここで道幅などについて千人同心から質問され、村絵図を差し出して答えた。

この調査で村が提出した「帳面」には「御尋ニ付書上帳」という表題が付されている。「御尋ニ付書上帳」は他にも、太田部村[34]・上吉田村[35]・上名栗村[36]などで確認でき、少なくとも第二回秩父郡廻村調査では、統一表題をもつ「帳面」を村から提出させたことがわかる。表題の「御尋ニ付」という文言や上野田村の調査から、千人同心は事前に雛形を示す方式をとらず、現地へ到着してから質問項目を提示し、「帳面」で回答を得る文化一二年以来の調査方式を、最後までとり続けたといえよう。

第4節　まとめにかえて

『新編武蔵国風土記稿』編纂において、八王子千人同心は多摩・高麗・秩父郡の現地調査から草稿執筆までの作業に従事した。おそらく当初は多摩郡のみの予定が、途中で高麗・秩父両郡の作業も追加された。

千人同心の調査方式は、文化期の地誌調出役と同じく聞き取りが中心だったが、文化一二年以降は、調査回答として書上を村方に作成させた。しかし彼らは、事前に書上の雛形を示して「地誌御調書上帳」を用意させる文政五年以降の地誌調出役とは異なり、現地へ到着してから質問項目を示す方式を、最後までとり続けた。この点、千人同心と地誌調出役は、全く別個に調査を進め、草稿提出まで独自の行動をとったと思われる。

ところで、千人同心が地誌編纂を命じられた理由は今もって不明で、彼らが地元に密着した存在であることや、関東領国の国境地帯警備という彼らの伝統的役割への注目などが考えられてきた。ここで土井義夫氏は、原胤敦が蝦夷地御用に携わった頃に出会ったと思われる松前奉行の河尻肥後守春之に注目した[37]。河尻は、古学派の儒学者で林述斎と親交があり、かつ塩野の学問上の師匠である。さらに、胤敦はもともと塩野の属する千人組の組頭であり、河尻は当時千人頭を辞していた胤敦の復帰にも関与したという。

土井氏は「原の千人頭復帰、地誌捜索参加の道は、原―塩野―河尻―林というラインで実現された可能性が高い」と述べる。今後一層の検討が必要だが、もし土井氏の推測が正しければ、地誌編纂事業に対する千人同心の参画は、事業の上の必要ではない。それは、長年にわたる千人頭の江戸城本席復帰運動や、寛政四年（一七九二）の幕府による千人同心統制令[38]を踏まえた、幕府御家人たる八王子千人同心の身分上昇および身分秩序維持に目的があったとみるべきだろう。その場合、ことの発端は塩野適斎の動向にあり、原胤敦の登用は、塩野との縁以外の理由をあまり見いだせなくなる。

ところで、千人同心の草稿は『新編武蔵国風土記稿』にそのまま掲載されたのか。それを考える際の事例を一つだけあげておく。『新編武蔵国風土記稿』巻之九三・多摩郡人見村の項では、本文に観応三年（一三五二）三月の新曽光久着到状が掲載される。これは、東京大学史料編纂所所蔵写本「板橋文書」にみえる。本文中に古文書の影写を挿入するのは異例であり、これが千人同心の廻村調査ではなく、昌平黌の文献調査で確認されて地誌の本文に掲載されたとすれば、それは地誌調所で草稿改訂がおこなわれた証左といえよう。

最後に、『新編相模国風土記稿』編纂における八王子千人同心の活動を確認しておく。『新編武蔵国風土記稿』の完成後、千人同心は天保四年（一八三三）一二月に老中の水野忠成より、今度は相模国津久井県（郡）の調査を命ぜられる。三たび原家由緒書の一節を掲げよう。

［史料11(39)］

天保四癸巳年十二月相州津久井郡地誌御用之儀、願之通取調候様水野出羽守殿御書付を以被仰渡候段、御鑓奉行武川讃岐守申渡、手附之者三人申渡、召連郡中廻村捜索仕、遂ニ取調候書籍昌平坂学問所江差出、同七丙申年十二月右取調之儀骨折候ニ付、為御褒美銀五枚被下置候旨、永井肥前守殿御書付を以被仰渡候段、林大学頭林左近将監申渡、拝領仕、

当時の原家は、胤広の息子である胤禄が文政一二年（一八二九）一二月に家督を継いでいた。この胤禄に、直接の支配頭である鑓奉行から「地誌御用之儀」が命ぜられたが、「願之通」との文言から、今回は千人同心から地誌編纂への参画を求めたと思われる。胤禄は、翌天保五年（一八三四）に塩野・八木など三人へ「手附」を命じた。津久井県の現地調査は、同六年（一八三五）二月から三月にかけておこなわれ、さらに補充調査が翌七年（一八三六）の二月から三月に実施された。この時はほかに梅沢金次・奥村善右衛門の二名が関与している。

この津久井県の廻村調査については、八木が著した『津久井県地誌捜索筆記』(40)から知ることができる。この史

料は天保六年（一八三五）の廻村調査日誌で、安西勝氏の報告によれば、体裁は美濃判で墨付二〇丁。日次《ひなみ》の記載形式で各日に天気と宿泊場所を記し、その日の行動と見聞した事物のメモが添えられている。ここに見える調査方法は、まず村方から事前に「下調帳」を提出させる。現地調査では寺社・旧家などの記録を丹念に調べ、村からは「取調明細書」を改めて提出させた。現在、調査を受けた村々には、天保六年（一八三五）作成の「村方明細書上帳」という文書が残されているが、これは「取調明細書」の控だろう。また翌七年（一八三六）の補充調査では「御尋ニ付書上帳」が村方から提出された。

原家由緒書によれば、『新編相模国風土記稿』津久井県の部一〇巻が完成したのは、天保七年（一八三六）一二月のことである。その形式は他の郡と異なり、総説（巻之一）・村里部（巻二～八）の後に、人物部（巻之九）として孝行・貞女・奇特・長寿・力士を書き上げ、最後に御朱印并芸文部（巻之十）として古文書影写を掲載した。なお、褒美として「銀五枚」が若年寄の永井尚佐から林大学頭を通じて下付されたと、『桑都日記』は記している。

（1）『新編武蔵国風土記稿』例義。
（2）例えば村上直編『江戸幕府八王子千人同心』（東京都八王子市、一九八八）では、「植田孟縉と塩野適斎」などの項で地誌編纂活動に触れるが、その具体的内容を詳述していない。
（3）拙稿「八王子千人同心と地誌編纂活動」（『地方史研究』二二七、一九九〇）、同「八王子千人同心の地誌調査と武蔵国」（『埼玉地方史』四五、二〇〇一）、吉岡孝「八王子千人同心の身分と文化」（『関東近世史研究』三二、一九九二）、中野光浩「八王子千人同心による武蔵国多摩郡の地誌編纂について」（『信濃』四五―一〇、一九九四）、土井義夫「八王子千人同心の地誌捜索」（『八王子の歴史と文化』七、八王子市郷土資料館、一九九五）など。
（4）特別展図録『八王子千人同心の群像』（八王子市郷土資料館、一九九四）、青梅市史史料集四七『仁君開村記　杣保記』（青梅市教育委員会、一九九八）。

(5)『江戸幕府千人同心関係資料調査報告書』(東京都教育委員会、一九八八)、六五頁。
(6)『桑都日記』(鈴木龍二記念刊行会、一九七三)を参照。本書は、一八二七年(文政一〇)に塩野が著した、八王子千人同心の年代録ともいうべき書である。註(4)吉岡論文によれば、塩野は安永四年(一七七五)の生まれで、享和三年(一八〇三)に昌平黌へ入門。文化一一年(一八一四)から文政八年(一八二五)まで地誌捜索に従事したが、文政七年(一八二四)に起こった「文政甲申の禍」で組頭を降格になり、それを契機に千人同心の歴史的意義を明らかにすべく本書を執筆したという。『桑都日記』正編は文政一〇年(一八二六)、続編は天保五年(一八三四)に完成した。なお、続編巻九から二四までは、地誌編纂における塩野の廻村調査日記である。
(7)註(3)土井義夫「八王子千人同心の地誌捜索」を参照。
(8)註(5)、一三一頁。
(9)註(4)、二六頁。
(10)註(3)土井義夫「八王子千人同心の地誌捜索」を参照。
(11)註(4)『八王子千人同心の群像』、二七頁。
(12)『桑都日記続編』(鈴木龍二記念刊行会、一九七二)、四二二頁。
(13)註(3)拙稿を参照。
(14)註(3)中野光浩「八王子千人同心による武蔵国多摩郡の地誌編纂について」を参照。
(15)『東村山市史』資料編七・近世一(一九九六)、二九二頁。
(16)註(15)に同じ。
(17)註(8)に同じ。
(18)東京都古文書集『吉野家文書』二(東京都教育委員会、一九八四)、一〇〇頁。
(19)青梅市史史料集三一『御廻状留帳(四)』(青梅市教育委員会、一九八三)、四四頁。
(20)『世田谷区史料』第三集(世田谷区教育委員会、一九六〇)、四三三頁。後述する三月九日付の触も同様である。なお、矢沢湊「多摩郡における『新編武蔵風土記稿』の編纂に伴う廻村調査の一事例」(世田谷区立郷土資料館『資料館だより』三八、二〇〇三)では、[史料6]の写真を掲載して廻村調査の実態を考察している。これは同館学芸員の武田庸二郎氏から御教示いただいた。

(21) 奥多摩町誌資料集二『古文書目録』(奥多摩町教育委員会、一九八〇)所収の清水久一家文書(奥多摩町所蔵)・村政一。
(22) 『世田谷区史料』第四集(世田谷区教育委員会、一九六一)、一八八頁。
(23) 府中市郷土資料集一三『大国魂神社文書IV』(府中市郷土の森、一九九一)、二九八頁。
(24) 府中市郷土資料集一〇『六所宮神主日記』(府中市郷土の森、一九八八)、二八九頁。
(25) 註(4)、二一頁。
(26) 同右、二七頁。
(27) 註(5)、六六頁。
(28) 堀口家文書(埼玉県立文書館収蔵)No.九九。この史料は中水靖浩氏の御教示による。
(29) 拙稿「『新編武蔵風土記稿』ができるまで」(『多摩のあゆみ』八五、一九九七)を参照のこと。なお典拠は『桑都日記』である。
(30) 以下、高麗・秩父郡の調査行程は註(5)を参照。
(31) 同右。
(32) 埼玉県文書館収蔵複製本C三三一八「松本家文書」(秩父市立図書館原蔵)。なお、『松本家御用日記類抄』第三分冊(秩父市誌編纂委員会、一九六〇)、一〇二頁を参照した。
(33) 『荒川村誌資料編』(一九七七)、二五九頁。
(34) 新井家文書(埼玉県立文書館収蔵)No.六〇六。
(35) 『吉田町史資料編』第一輯(一九七四)、一一〇頁。
(36) 小野文雄編『武蔵国村明細帳集成』(一九七七)、一一六頁。
(37) 註(3)土井義夫「八王子千人同心の地誌捜索」を参照。
(38) 註(3)吉岡孝「八王子千人同心の身分と文化」を参照。
(39) 註(5)、六六頁。
(40) 以下、安西勝校訂『津久井郡地誌捜索筆記・築井鑑』(神奈川叢書七、一九六八)による。なお註(3)拙稿「八王子千人同心と地誌編纂活動」を参照。

第3部　地誌編纂と地域社会

第7章　近世の村と家譜・村方旧記——武蔵国の事例から——

第1部・第2部では、一七世紀に中国方志の影響を受けて幕府撰・藩撰地誌の編纂が始まったこと、日本地理の再認識が見られた一八世紀初頭と一九世紀初頭に、それぞれ画期が認められることを論じてきた。ところで第3章で触れた通り、一八世紀には一部の知識人を中心に民撰地誌編纂の動きが見られた。この動きは、第5章で確認したように、一八世紀末において一七世紀以来の地誌編纂の思想を踏まえていた。では、これを地域社会における一般的な傾向とみることは可能だろうか。そこで第3部では、近世の地域社会による地誌編纂の問題をとりあげる。

地域社会において、中国方志や日本型地誌にならった地誌編纂がおこなわれるには、二つの条件が必要と考える。一つは、幕藩領主層から地誌編纂の思想を受容すること、もう一つは、それらの思想を受容する基盤が地域社会に成立していることである。そのうち第7章では、後者の問題を検討するが、そこで分析対象とするのは、「旧記」「由緒」などと題した村の記録類である。

管見の限り、これらの記録を始めて研究上でとりあげたのは西垣晴次氏だが(1)、近年、身分論から再評価を試みたのは吉岡孝氏である(2)。吉岡氏は、八王子千人同心による地誌調査の背景として、武蔵国多摩郡地域における村の歴史研究を取り上げた。そして、一八世紀後半＝宝暦期に村の旧家が「家アイデンティティー」確立を志向したこと、「村の歴史を記し自らの古さを実証すること」が自家の正当性を主張する機会だったことを指摘した。

また、岩橋清美氏は「村の由緒や歴史を記した文書」を「旧記」と概念規定して、内容から年代記・由緒書・地誌に三分類した。(3)そして「旧記」の成立を近世中期＝享保期と推定し、その作成目的が「先祖の確定と後世への歴史の継承」で、その背景に家意識の確立があったと論じ、(4)「小百姓を中心とするいわゆる近世村落が成立したとき、土豪百姓は家の歴史である開発伝承を村の開闢の歴史にすりかえた」とまとめた。(5)その後、久留島浩氏は、フランス革命史研究上の「長い一九世紀」理解を援用して、一八世紀後半に始まる「由緒の時代」を提起した。そして「旧記」の作成者が「在村文化人」かつ村役人だったとの理解を示した。(6)

これら近年の研究の導きの糸となったのは、近世由緒研究である。由緒とは、集団が特定の社会的権益を受ける正当性を保証した歴史言説であり、井上攻氏は「家系図や家譜、親類書、また村や諸集団の来歴を記した旧記類、村方明細帳や地誌類の下書、由緒が付随した訴願類など。さらに偽文書」も由緒とみなしている。(7)また、近世の村では、由緒の担い手が特定の家から村全体へ交替する傾向が指摘されている。ゆえに村の由緒研究は、そこに「村政の民主化」を見いだす民衆運動論の性格を持っていた。(8)

本章では、この「家」から「村」へという視点を重視した。それは、地域社会で地誌編纂の思想を受容する基盤を探る上で、「村」＝地域への視座が確立・展開する過程を追うことを有効と考えるからである。

以下では、武蔵国（但し、現埼玉県域及び東京都域に限る）に所在する「旧記」を博捜し、それらを家の視点から特定の家・同族及び地域の歴史を叙述する家譜と、村の視点から自村及び村内の家々の歴史を叙述する村方旧記の二つに分類し、両者の成立時期、記述形式、内容等の特徴について検討を加えていく。

第1節　家譜の成立とその衰退

(一)入間郡川越城下榎本家「三子ゟ之覚」

管見の限り、武蔵国内で確認できた家譜は表10の通りである。一七世紀前半から一九世紀まで確認できるが、一八世紀の事例は少ないことがわかる。

このうち、川越本町の名主を勤めた榎本家の家譜は、早くから「榎本弥左衛門覚書」の名で知られてきた。家譜は、四代目榎本弥左衛門が万治三年（一六六〇）頃に著した「万之覚」(9)と、同じく延宝八年（一六八〇）に著してその後も書き継がれた「三子ゟ之覚」(10)の二種類が残っている。「万之覚」は、初代榎本弥左衛門から父である三代目までの系譜と当時の諸事件を中心に編年で記す。「三子ゟ之覚」は、四代目弥左衛門本人の一代記と当時の諸事件を編年で記す。このうち「三子ゟ之覚」から、冒頭及び追記の一節を次に掲げよう。

［史料1］(11)

従三才其時々ニ心司取事有増之覚

榎本弥左衛門忠重

先年、川越本町北東シ門、榎本弥左衛門度々拾八ケ所手負、七拾壱歳〆終ル、二代目居跡榎本弥左衛門八人力有、四寸五寸廻りノ竹を根こぎニ仕候、又高沢町はづれノ板橋破損ノ時、八寸釘ノ頭少出、くさり付たるを、ゆびニ而自由ニぬき候、四拾九歳〆終ル、此子二男榎本弥右衛門七拾四歳ニて物語申候也、三代目居跡榎本弥左衛門、是も勇者也、六拾六歳〆終ル、四代目居跡榎本弥左衛門忠重、当年五拾六才也、童名榎本牛之助と申候、少年ゟ身ノ善悪年々書貫、五代目之居跡へ相渡シ申候儀者、子孫をそだて申ニ其生付を見分ケ、不烦、くるしまず、おごり無之様ニもりたてさせ可申ため也

表10　武蔵国における家譜

郡名・村名	作成年代	史料名	作成者・備考	出所・出典
比企・平	正保二	平郷慈光寺旧書重宝記	当院衆徒方眼大徳、16家由緒書上	『都幾川村史資料』4(1)
入間・北浅羽	慶安二	三田由緒書	三田氏	『坂戸市史』近世史料編Ⅰ
入間・川越元町	(慶安期か)	万之覚	「榎本弥左衛門覚書」正保5～万治3書継	『川越市史』資料編近世Ⅱ
比企・下里	承応元	家系伝称略	安藤氏	『小川町の歴史』資料編4
入間・川越元町	延宝八	三子より之覚	「榎本弥左衛門覚書」貞享元まで書継	『川越市史』資料編近世Ⅱ
入間・所沢	元禄一〇	家系伝	斎藤与惣左衛門、旧書書継という	『入間市史』近世史料編
入間・四日市場	(元禄期か)	[小鹿野家由緒書]		『坂戸市史』近世史料編Ⅰ
足立・登戸	宝永四	道祖土氏伝記	寛政期に系図を増補	『鴻巣市史』資料編3
埼玉・広田	宝永四	由緒書	慶安元書付を書継、新井一族由緒	『川里村史』資料編2
入間・水野	享保二	覚	牛久保家由緒書、宝永4訴状を改訂	『狭山市史』近世資料編Ⅰ
入間・塚崎	寛政元	加藤氏全録		『坂戸市史』近世史料編Ⅰ
横見・一ツ木	寛政五	略記	原家、明治期に追記	『吉見町史』下巻
足立・蕨宿	享和元	家続善休昔物語	岡田茂右衛門善休	『蕨市史』資料編2
児玉・八幡山町	文化三	松屋吉兵衛之訳	福田昌豊	『児玉町史』近世資料編
足立・庄左衛門新田	文政九	野嶋氏実録	野嶋庄左衛門	『草加市史』資料編Ⅰ
入間・中里	文政一一	[加藤氏由緒書]		『坂戸市史』近世史料編Ⅰ
足立・大門宿	(天保元か)	会田落集穂	会田俊隠	『会田落穂集』
入間・赤尾	天保二	林本家記録帳	林信海	『新編埼玉県史』資料編14
横見・荒子	天保三	[岩崎家家譜]	橘応興、岩崎七郎右衛門	『吉見町史』下巻
足立・蕨宿	弘化二	景図書写	貫井家、元禄期成立本を改訂	『蕨市史』資料編2
葛飾・幸手宿	(弘化期か)	[秋間家由緒書]		『幸手市史』資料編1
入間・南永井	嘉永三	覚書聞書控	村方出入関連	『所沢市史』近世史料Ⅱ
多摩・田無	嘉永六	公用文例略記	下田富潤ほか	下田富宅編『公用文例略記』
葛飾・外国府間	万延二	成田氏系譜并吉羽家由緒	欣々翁、系譜未完	『幸手市史』資料編1

凡例：年代の( )は推定である。史料名は原則として原史料の内題を採用した。[ ]は、無題等により出典等の命名を採用した。

延宝八年庚申ノ初春

（中略）

一、此書付、終ニ見せもかたりも不仕候へとも、悴榎本八郎兵衛十九才ニ而、いぢがはり、支（仕）置ニこまり申候間、取出シくらべ、其上真実ノ人ニ異見もらい申ため、いせ町山田や弥兵衛殿、川越町渡辺八郎兵衛殿、うら町紺屋権兵衛殿、たか町玄清老、此四人ニ初而半分見せ申候、ケ様ニ見せ申候も、我等せいふんおとろへ、死へちかく存候、人ハ死不申内ハ、善悪ハ極り不申候ニ、存生ニ見せ申候ハふせんさくと存候

（後略）

四代目弥左衛門は、幼少から父祖の物語を聞いて育ち、また身辺の記録を「年々書貫」する人物だったようである。万治元年（一六五八）の父の死去を契機に、それらをいったん「万之覚」にまとめたが、自らの「死へちかく存」という認識と、「子孫をそだて申ニ」「不煩、くるしまず、おごり無之様ニもりたてさせ」たい念願から、自らの系譜を五代目へ渡すべく「三子ゟ之覚」を著したことが読みとれる。

「三子ゟ之覚」は、成立後しばらく「終ニ見せもかたりも不仕」という状態だった。その後、悴の五代目が「十九才ニ而いぢがはり、支置ニこまり申」という認識をもった四代目弥左衛門は、信頼できる他人にその一部を公開して内容の確認を依頼し、これによって「三子ゟ之覚」は町の人々の知るところとなった。家譜が私的な動機から作られながらも、成立後に公開されて地域社会の中で一定の公的性格を担ったと思われる。

（2）埼玉郡広田村新井家「由緒書」

本史料は、従来「埼玉郡広田村開発記」の題名で知られてきたが[12]、内容を見れば広田村新井家の家譜であることが明らかである。全体は大きく二部に分けられる。前半部は慶安元年（一六四八）の新井弥左衛門による家の

由緒と村の開発に関する書付であり、後半部は宝永四年（一七〇七）四月の追記である。前半部の冒頭には「西光寺より引続名主之訳」「寺開山并開基之訳」「村軒別已後初メ訳」「軒数改訳今記之」と内容項目が列挙される。

本史料前半部の末尾部分を次に掲げよう。

［史料2］(13)

一、右之趣末世の子孫ハ不見覚時ハ先祖之訳も不存、恩をおんと不知、天利に背、又者さかんおとろへハ其時節、依之其元を失ひ横しまを云もの有之候、然ル時にハ一家之内壱人も其首我等心芳(ママ)を手本と而夫をしめすべし、我一代之内子孫繁昌して所々家居様の花見のことし、是偏ニ天道ニ不背故也、かりそめにもおこり高風儘いやしき身持致べからす、縦一命を捨候共、人之笑草に不相成様心掛、末孫迄一家一身而暮す時ハ、互に加勢多ク、他人のゆひさす事ハ不可有之、一家之内壱人として不和成時ハ、其所江悪心人悪事をすゝめ、終には一家のはしと相成事有もの也、末世に至迄末々の一名也共、他人ニゆひをさゝせて見捨難聞候時ハ、我等手足他人ニ打ちやうちやく被致候に同し、然ル時ハ我等念頼(ママ)ニ違て道ニ背也、然は一家之子孫に其昔を知也、心得違為無之私八十三歳ニ而此一札を認置者也、猶又広徳院之儀も随分大切ニ仕、縦我年季とむらへハおろかなりとも寺繁昌ヲ心掛可申事也、善悪に不限新たる事有之而、其節子孫之者此一札ニ書続後世之者可知もの也、仍而如件、

慶安元年子初冬認之　　弥左衛門　年八十三歳

ここで新井弥左衛門は、「末世の子孫」が「先祖之訳も不存、恩をおんと不知、天利に背」かぬように「其昔を知」らせようとする。重要なことは、その対象が「一家之子孫」に限定され、「末世に至迄末々の一名也共、他人ニゆひをさゝせて見捨難聞候時ハ、我等手足他人ニ打ちやうちやく被致候に同し」というほど、一族の名誉と永続を希求する点である。

［史料２］の最後では、善悪に限らず新たな事態が起きた場合に、本書を書き継ぐ旨が付されている。後半部はそれに呼応するように、宝永四年に起きた旦那寺広徳院の本尊仏開眼供養をめぐる出入を記す。広徳院は、寛永四年（一六二七）に新井家が寺地を提供して建立された寺で、墓所も新井一族は客殿の裏に持ち、他の家の墓所は門前に持つなど寺への関与に明らかな区別があった。ところが本尊仏の開眼供養について新井一族が評議を重ねているところ、広田村名主の大山五郎兵衛が「思所を兼て之事と存」し、供養の手順に異議を唱えた。寺を巻き込んだ議論の結果、結局、大山五郎兵衛の趣意を汲むかたちで供養の手順が決着したという。

これについて、「由緒書」の末尾には「先祖之念願ニ背候折、我等初一門中一家して□□（破損）ゆへ以後之堅く相成申候」という文言が見える。今回の出入を新井一族が「先祖之念願ニ背」く事件と認識し、これを契機に新井弥左衛門書付を書き継ぐ新たな家譜を作成したようすがうかがえよう。

（３）入間郡水野村牛久保家家譜

水野村世襲名主の牛久保家に残された家譜の原型は、宝永四年（一七〇七）に水野村で起きた名主不正をめぐる訴訟で、牛久保牛右衛門が代官所へ提出した上申書である。その冒頭と末尾の部分を次に掲げる。

［史料３］[14]

覚

一、拙者旧祖牛久保ハ、三州牛久保と申所之出生ニ而浪々仕、当国足立郡桶川町江罷越、牛久保右馬之丞拙者高父祖也と号、

（中略）

寛文五乙巳年川越　御城主松平甲斐守輝綱卿武蔵野江鷹野ニ御出之節、野先御案内ハ拙者父金左衛門蒙仰候

砌、堀金浅間社地ニおゐて　公御休被遊、此辺ニ新田村可取立之旨被　仰付、則任上意寛文六丙午年当丁酉年迄五十二年ニ成ル当村を取立申候而、金左衛門拙者を召連当地江罷出申候、拙者儀正保四丁亥年出生ニ而今年二十歳之時也、

当村号之儀、

俊成卿古歌ニ

むさし野に堀金乃井もあるものを

嬉しく水の近付にけり

此古歌を御なぞらへ、其時之郡奉行安松金右衛門尉吉政と申御仁、水野村と御付被成候、

一、当村を取立候事近辺江相聞え、多分ハ入曽村之者相願開発屋敷割を申請候得共、家建候事難成者多ク有之、又家作仕候而も新田場之住居難募候故、大方屋敷を売払申候、夫より所々江買取候而家作百姓相勤罷在候、

（中略）

一、右御料所七年之内、宝永四亥年五月当村ゟ六人頭取仕、村中をさそい候而、拙者私欲有之由江川太郎左衛門様御役所江御訴詔申上候ニ付、拙者御吟味御座候処、諸帳面等を以委細申上候へハ、右六人之者共誤至極仕候ニ付、急度御咎可被仰付候処、以御慈悲六人之者共手鎖被　仰付、其上御役所様江誤証文奉差上候、拙者方江茂六人并村中不残以連判誤証文出之相済申候、此節江川太郎左衛門様より当村立初以来拙者相勤候訳御尋ニ付、有躰申上候処、委細書付差上候様ニ被　仰付、則紙面相認御手代御割元荒井五郎兵衛殿江指上申候、

右之通、宝永四丁亥年五月江川太郎左衛門様御役所江委細書付差上申候、拙者正保四丁亥年之生ニ而、当享保二丁酉積年七十一歳ニ罷成、老衰仕露命今日茂不知、依之子孫為後覧書置申所如件

于時享保二丁酉年正月吉日

牛久保牛右衛門㊞忠元

積年七十一歳

（後略）

これによれば、宝永四年に「六人之者」が村中を率いて、名主の私欲を糺す訴訟を代官所へ起こした。そこで牛久保牛右衛門は、寛文六年（一六六六）の開村以来二八カ年分の諸帳面を提出して吟味を受けた。その結果名主側が勝訴して、「六人之者」が手鎖処分を受けたほか、村人全員が名主に対し「誤証文」を提出して決着したという。このとき牛久保牛右衛門は、世襲名主の由緒を代官所から質問されており、その回答書が［史料2］の原型である。訴訟から一〇年後、牛久保牛右衛門はこの文書を「子孫為後覧」に書き写し、後略部分には牛久保牛右衛門の曽祖父母以来代々の俗名・戒名・墓所を列挙して、家譜となした。

［史料3］には、堀金村から入植した牛久保家とは異なり、入曽村からの入植者が水野村に多かったことが記されている。旧入曽村民の旦那寺だった入曽村の金剛院の記録によれば、入曽村からの入植者は［史料3］より早い寛文四年（一六六四）に開発を願い出ており、牛久保家が名主に就任するのは延宝年間のことであるという。このように彼らは、牛久保家とは異なる独自の歴史を持っていたが、それは［史料3］に記されない。水野村の場合、村方出入を契機として開発以来の村の歴史が見直された。そして、訴訟に勝利することで村の歴史は牛久保家へ収斂させられ、それらが世襲名主の家譜の形式で記述されたことに注目したい。

(4)小　括

以上、家譜の作成過程を追ってきた。ところで、多摩郡新町村の吉野家には『仁君開村記』[15]という家譜が残されている。これは新町村の草切り百姓である吉野織部之助が、武蔵野へ入植して田畑を開き、寺社を建立し、市を開くまでの記録である。表紙に慶長一六年（一六一一）の年紀があるが、記述自体が元和四年（一六一八）にまで及ぶこと、文中に「士農工商」「国恩」など近世初期には不似合な文言が見られること、裏表紙に「慶安元」「元禄十七」の書き込みが見られること等の問題があり、伝本は近世前期以降の成立と思われる。しかしこれらを後代の書き継ぎとみてよいなら、その成立を一七世紀前半へさかのぼらせることは可能だろう。このように、一七世紀には草切り百姓の家が家譜を作成し始め、村における自家の優位を明記した。だが、このことは、逆にいえば「農民の闘争の結果、それまで続いていた無限定な恣意が初めて限定されたこと」[16]を示す。

ところで表10によれば、家譜は一八世紀初頭からいったん姿を消す傾向を見せる。これは次に述べる村方旧記の成立と併せて論じよう。

第2節　村方旧記の成立

(一)成立の契機

管見の限り、武蔵国内の村方旧記は表11の通りである。一七世紀末から一九世紀にかけて作成され、一八世紀に最も多く見られる。最古のものは、横見郡山野下村の天和元年「為取替当村開発以来村系図并仕来議定之事」[17]だが、この文書は厳密な意味で旧記ではなく、村の草切り百姓の系図に関する議定書である。

その内容は三つの部分から構成される。第一に、「開発村役人」=草切り百姓の五家が永禄年間に山野下村を開発して寺社を建立したと述べる。第二に、慶長七年（一六〇二）の伊奈忠次による検地の名請人とその子孫名、及び寛文一〇年（一六七〇）検地の名請人とその分地を含む子孫名を記す。そこには抱百姓も含まれ、全村人の系譜を記したと思われる。その末尾に、村の系図は代々草切り百姓の家で保管してきたことが述べられる。第三は、この文書の成立事情を記す。山野下村の名主で「開発村役人」の子孫の半兵衛が、抱百姓の系譜を引く又右衛門を組頭へ取り立てようとしたところ、村人一同の不承知による村方出入が起きた。その結果、又右衛門は一

表11　武蔵国における村方旧記

郡名・村名	作成年代	史料名	作成者等	備考	出所・出典
横見・山野上	天和元	為取替当村開発以来村系図并仕来議定之事		名主作成、村役人裏書	『吉見町史』下巻
入間・上富	元禄一二	武蔵野古来訳之事	名主忠右衛門		『三芳町史』資料編1
多摩・上保谷	(元禄期か)	上保谷村由緒年代記			『保谷市史』史料編1
入間・久米	宝永二	増補久米郷旧蹟誌			『久米郷旧蹟誌』(所沢市)
比企・角泉	(宝永期か)	[角泉村旧記]			石黒家文書1(埼玉県立文書館)
比企・角泉	(宝永期か)	由緒帳			石黒家文書2(埼玉県立文書館)
埼玉・上会下	享保七	村記	岡田惣右衛門		『川里村史』資料編2
多摩・田無	享保一二	田無村年代記	海老沢久右衛門	享保一六まで記載	『田無市史』第1巻
埼玉・上会下	享保一二	上会下村開発之記	常山(岡田惣右衛門)		『川里村史』資料編2
児玉・北堀	享保一二	はなし		寛政年間追記	『本庄市史料』2
高麗・平沢	享保一四	平沢村鏡覚書之事	西島仁兵衛	「万覚書之事」共	『日高市史』近世資料編
新座・舘	享保一四	[舘村旧記]		上下二冊	『志木風土記』2
秩父・小鹿野町	(享保期か)	[小鹿野町古老覚書]		前後欠	『埼玉叢書』5
豊島・徳丸本	元文二	古伝書	又六		『板橋区史』史料編3
埼玉・岩槻城下	元文五	古事新来之覚書			勝田家文書4(埼玉県立文書館)
多摩・野津田	寛保元	[野津田村年代記]			『町田市史史料集』第5巻
入間・南永井	寛保三	覚書聞書覚帳	吉田弥右衛門	文化期まで書継	『所沢市史』近世史料II
足立・鴻巣宿	(寛保期か)	年代記			『鴻巣市史』資料編3
入間・柏原	(寛保期か)	[柏原村草分百姓覚書]			『狭山市史』近世資料編I
児玉・渡瀬	延享三	渡瀬村何角覚書			『神川町誌』資料編
入間・川越城下	寛延二	万日記		元禄七「古代日記」書継	『新編埼玉県史』資料編14
足立・蕨宿	宝暦三	蕨鑑	榎本政雄		『蕨市史』資料編2
多摩・落合	宝暦一三	当村記録帳	河合氏、横川氏		『峯岸虎夫家文書』(多摩市)
新座・舘	(宝暦一四)	舘村古今精決集録		舘村旧記参照、大正期写本	『志木風土記』5
多摩・中藤新田	(宝暦期か)	家内重宝記	荒井文右衛門		『国分寺市史料集』II
多摩・福生	安永二	神光仏言夢物語	澤応		『福生市郷土資料室年報』II

埼玉・小久喜	安永五	小久喜村当処始之事	鬼久保小左衛門	「当家始之事」共	『埼玉叢書』5
足立・草加宿	天明九	草加駅由来		嘉永五写	『草加市史』資料編
入間・寺尾河岸	寛政一〇	寺尾河岸場由緒書	望月伝左衛門		『川越市史』史料編近世III
足立・蕨宿	(寛政期か)	法界夢物語	榎本政雄		『蕨市史』資料編2
埼玉・西袋	享和元	村秘録	小澤豊功		『八潮市史』史料編近世2
埼玉・西袋	享和元	西袋村百姓家譜	小澤豊功	文化一一校訂	『八潮市史』史料編近世2
豊島・下練馬	文化一三	御入国ヨリ御府内并村方旧記	内田道寿・敷善	宝暦期成立後書継	『御府内并村方旧記』
埼玉・越ケ谷宿	(文化末年)	越ケ谷瓜の蔓	福井猷貞		『越谷市史』4
埼玉・大沢町	(文化末年)	大沢猫の爪	福井猷貞		『越谷市史』4
葛飾・惣新田	文政四	小前代々之事	上沢喜組	小名の旧記	『幸手市史』資料編1
榛沢・深谷宿	文政五	秘書深谷根元録	槇忠次郎義昌	享保一七成立を増補か	『深谷郷土史料集』
埼玉・西方	(文政九か)	旧記		「西方村旧記」全五冊	『越谷市史』4
多摩・恋ケ窪	天保七	村巨細日記		中表紙題「村名細記」	『国分寺市史料集』I
葛飾・幸房新田	天保九	[幸房新田開発人書上]	飯島富次郎		『三郷市史』2
多摩・上下和田	天保一一	両和田村古今鏡	江沢昭融		『多摩市史』資料編2
入間・横沼	天保一一	寛永中より惣村祖父暦代調帳	佐野屋長左衛門		『坂戸市史』近世史料編I
足立・千住宿	弘化二	旧考録	永野彦右衛門	嘉永期まで書継	『永野家文書』2(足立区教育委員会)
入間・中神	弘化三	往古聞書	枝久保内蔵助他	同村旧記「中神日記」批判	『入間市史』近世史料編
埼玉・行田下町	弘化四	要中録			『日本都市生活史料集成』5
児玉・宮戸	安政三	[宮戸村旧記]			『本庄市史料』5
葛飾・八甫	文久元	歳代略記			『鷲宮町史』史料1

凡例：年代の( )は推定である。史料名は原則として原史料の内題を採用した。[ ]は、無題等により出典等の命名を採用した。

代限りの「組頭格」に決め、今後は「開発村役人」五家の子孫で「大高之者より常々組頭役」を選ぶことを決定した。そのため「永禄年中より当村開発以来景《（ママ）》図書」を議定し、「開発村役人長百姓筋目」を確定して古来からのしきたりを遵守すると述べる。

すなわち「為取替当村開発以来村系図并仕来議定之事」は、村役人をめぐる出入を契機に、「当村開発以来村系図」が村全体で確認された結果として作成された。文書では村の開発伝承を冒頭におき、草切り百姓から抱百姓まですべての家の系譜が書かれた。この限りで、前述の家譜と内容が共通するが、個々の家を超えて村全体の系譜と歴史を記した点に特徴がある。

ここで起きた村方出入は、草切り百姓や長百姓が自らの「筋目」による村政運営を守るため、抱百姓の村政参画を阻止しようとした事例である。しかし一七世紀後半の村社会では、従来の長百姓中心の村政運営に対して無高を含む小前（小百姓）層が異議申し立ての出入を起こす、小百姓層の政治的台頭が一般に見られる。かつて水本邦彦氏は畿内村方騒動の分析から、一七世紀後半に「百姓成立」を根底に持つ闘争主体「小百姓」の実態が次第に深化・下降する傾向を指摘した(18)。小前・無高層の村内における政治的台頭が草切り百姓らによる従来の村政運営を脅かしてきたことは、家譜をめぐる検討でも明らかである。この点で、特定の家ではなく村人全体を書き上げた「為取替当村開発以来村系図并仕来議定之事」は、村方旧記の成立契機を示している。以下、村方旧記の内容を紹介していこう。

(2)比企郡角泉村「由緒帳」他一点

角泉村には、同質の紙と筆による、二種類の村方旧記が残されている。そのうち「由緒帳」と表題の付された史料を次に掲げる。

［史料4］(19)

（表紙）
「　　由緒帳　　」

「水手船村」

水手船村船渡し之事由来已に久し其始はしれかたし、中頃上ハ戸に城の有し時分此村ハ小見野辺三保谷辺への通り二而百姓拾三軒寺壱院有り、慈眼寺と云（縁起別ニ有）川越取立に及んてハ弥繁昌し百姓段々多く相成る、天正文禄の頃に至而ハ弐拾軒に及ふ、然共此里に堤なく船付本村高畑其外高き場所をゑらんて住宅す、鎮守も定らす、熱田を鎮守とし或ハ愛宕又は府川の八幡へ参詣して立行しか、其頃御代官伊奈備前様御巡検有て惣堤御普請始る、其時百姓三軒逐転し残而拾七軒と相成る、其拾七軒と云ハ高橋、木村（弐軒）、橋本、平沢、石黒、根生、遠山、藤倉（弐軒）、菅沼、猪鼻（三軒）、貫井是迄拾五軒、山伏壱軒、船頭壱軒、合而拾七軒也、御普請已に相済而右拾七軒の者堤内江引込けれは、少の間に百姓弐拾三軒と成て慶長三年の御検地を受る、夫より四拾九年過て松平伊豆守様御検地の時分ハ百姓三拾四軒也、

根本草キリ
高橋内膳殿　将監殿　庄左衛門殿（九郎次殿 三五郎殿）
同
木村弾正殿　常記殿　平太殿　六右衛門殿
同
橋本図書殿　源左衛門入道殿　源左衛門殿
同
平沢民部殿　和泉守殿　与次右衛門殿

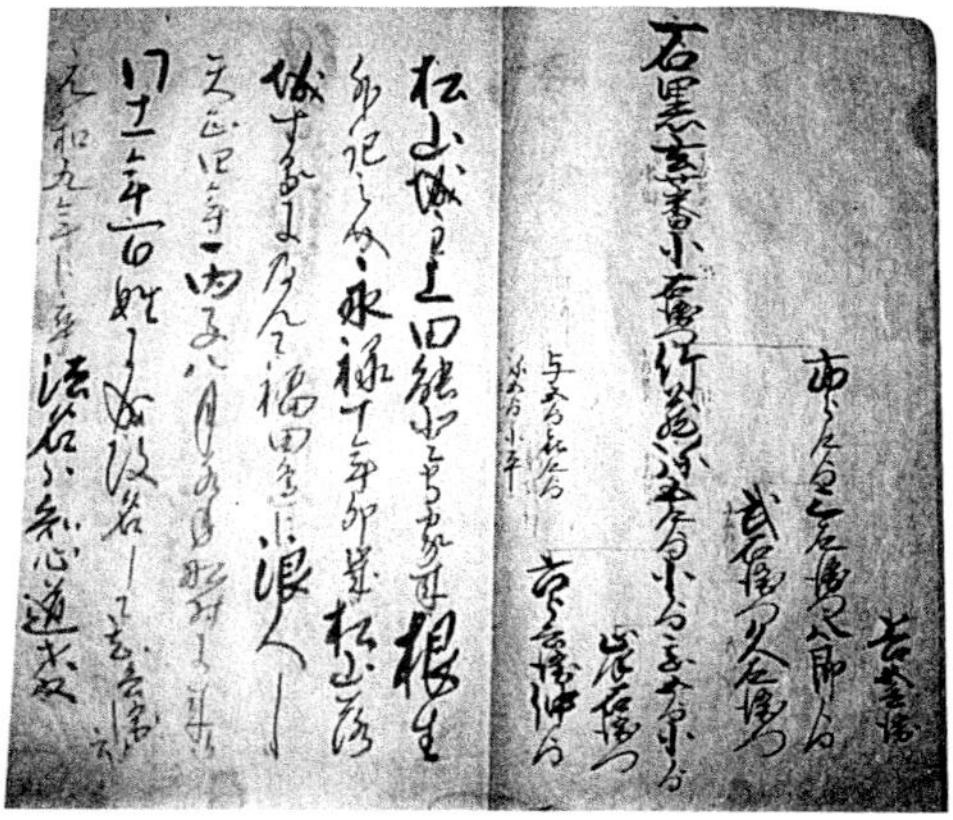
図9　「由緒帳」

楠正成十一代之孫河内国之住人楠兵部大夫子六人あり、惣領主膳は枚岡の神主江聟に行、二男勘解由ハ跡を取、三男石見之介と関東へ下り軍学の指南をする、四男主水者医者に成、次之女子は一家なか

江嫁に行、六男玄蕃允は信玄公にま見ゆ、其時本苗をかくし石黒小右衛門と名のる、天正元年玄公（ママ）ハ卒するに及んて伊豆の国に浪々す、同六年武州水手船村に来る、其時の御地頭ハ大道寺駿河守様也、同十五年忰に家督をゆつり落髪して常円入道と云ふ、寛永十八年九月廿一日に卒、行年九拾余才慈眼院に墓あり、常円の一子小右衛門と云、小右衛門の惣領ハ竹蔵、二男は市郎右衛門也、市郎右衛門は分地、竹蔵は跡を取、伊豆様の新縄此竹蔵時也、竹蔵も又後には小右衛門と云、

石黒玄蕃―小右衛門┬市郎左衛門┬三左衛門┬善五兵衛
　　　　　　　　　│　　　　　│　　　　└八郎右衛門
　　　　　　　　　│　　　　　└武右衛門―久右衛門
　　　　　　　　　└竹蔵―弥五左衛門┬小右衛門┬甚五右衛門―小右衛門
　　　　　　　　　　　　　　　　　　│　　　　└岸右衛門
　　　　　　　　　　　　　　　　　　└市郎兵衛―沖右衛門

此外ニ
与五右衛門　喜左衛門 新堀ニ引
弥五右衛門　小平

（中略）

権兵衛 戸室生レ　次郎右衛門 遠山七右衛門門屋也　平兵衛 遠山蔵之助台所生レ　作兵衛

これは年未詳だが、もう一方の村方旧記の中には「元禄七年より松平美濃守吉保侯」という記載があり、ともに一八世紀初頭の成立と思われる。内容は、冒頭で村の草切り伝承と検地の実施状況を記す。続いて、「根本草キリ」四家の系譜、次に他所から移住した草切りの家の系譜を述べ、その後に門屋を含むその他の家の系譜を記

す。

続いて、もう一方の村方旧記を掲げよう。こちらは無題で、三つの「覚」から構成される。第一の「覚」は川越築城以来の領主変遷、第三の「覚」は田畑の等級・反別・分米を書き上げる。そして第二の「覚」は次の通りである。

［史料5］(20)

覚

一、当村は往古の船渡し依而水手船と云、其始尤久し
一、上八戸に城の有之時分当村ハ百姓拾三軒寺壱院有、慈眼寺と云、武尊の社、龍神の社
一、元亀天正の頃は百姓廿軒に成
一、堤は文禄年中出来、此時百姓三軒立のき十七軒に成
一、慶長の始十七軒の者内郷へしらる
一、慶長三軒《ママ》慈眼寺境内より愛宕を引取、此時分百姓二拾三軒
一、御検地と聞て寺地宮地の印を立置、常円入道
一、同年御検地御代官伊奈備前守忠次様、全阿弥様也
一、村高三百三拾八石四升
一、御除地八反七畝拾四歩　慈眼寺境内
一、御除地弐反五畝拾五歩　愛宕地先
一、同壱反六畝弐拾九歩　八幡宮社地
一、同弐畝弐拾壱歩　観音堂敷地

一、慶長九年船つきより慈眼寺を引取、円瓊上人再住
一、同年四月八日入仏供養、百姓座取之儀者高橋、木村、橋本、平沢、石黒、根生、猪鼻等也、本家壱人宛座につき外は入込
一、同十一年観音堂立
一、同十四年川向より八幡宮をわける
一、慶安元年二月廿八日慈眼寺焼失、住持鏡秀焼死
一、同年伊豆様御検地御役人国府四郎右衛門様、原田半右衛門様、加藤又左衛門様、加茂下助右衛門様、田中与右衛門様、福岡甚右衛門様、我孫子理右衛門様、安松金右衛門様也、案内八茂左衛門、三郎右衛門、弥兵衛也
一、新高三百八拾石六斗と成
一、村を角泉と改、寺を慈眼院と改
一、洞殿は久観法印勧請す、社地かこひ御年貢畑壱畝九歩
一、郷御蔵屋敷は六畝廿六歩高内定引
一、承応三年甲午正月慈眼院再建、円精上人
一、同年二月入仏供養、百姓座取之儀者先格之通、本家壱人宛座に着外は入込、市郎右衛門、市兵衛座世話
一、同年愛宕再興、円精上人
一、万治元年九月鎮守再興両末社造営、円精上人
一、常円の社は諏訪明神
一、寛文十年弥陀堂立石塔居なおる

一、村領の内東西拾壱町三拾間也　但井草境ゟ釘無迄
一、延宝五年丁巳春元亀元年と云石塔を立公事に及ひ扱了被成年号を切直す
一、田方用水の義は井草組ゟ取来
一、常記橋有、木村常記のかけたる橋也
一、人馬役之義者高役に勤来
一、堀さらい道普請廻文つき八家別改
一、小橋三ヶ所村普請
一、いわくろ橋ハ橋戸の事也
一、殿様へ大豆四俵納来、桝目四斗弐升入三斗五升之切定、是ハ弐俵にて御年貢米壱俵宛御差引
一、荏弐俵納来、桝目同入
一、御年貢米桝目同
一、口米壱俵ニ壱升宛
一、口永壱貫文ニ三拾弐文宛

開発伝承の内容は[史料4]に同じだが、[史料4]が各家の系譜を中心に記すのに対し、[史料5]は村内の寺社の建立、座順、村役、普請、年貢など、村況・村政にかかわる内容で構成される。

このように、家中心と村社会中心の二種類の旧記を作成する事例は、他にも見られる。例えば埼玉郡上会下村では、享保七年（一七二二）に旧家の系譜を引く岡田惣右衛門が「村記」を著した。(21) これは「したしき幼とちあつまりて、予に先祖の来由、当村の始終のおしへをと望」まれたことを契機に、先祖代々の治績を簡略に記したものである。ところが岡田惣右衛門は、享保一二年（一七二七）に「上会下村開発之記」と題するもう一つの村

方旧記を著した。[22]これは文禄二年（一五九二）の開発伝承から宝永四年（一七〇七）の谷田本田株分けまでの村の歴史を編年で記したもので、内容の一部が「村記」と重複するが、全く別の著作になっている。「上会下村開発之記」の末尾で、岡田惣右衛門は「不用トイエ共末々ニ為見合置」と記す。角泉村の事例と併せれば、系譜中心の村方旧記と村政記録中心の村方旧記が併立した状態といえよう。

(3)高麗郡平沢村「武州高麗郡平沢村鏡覚」

享保一四年（一七二九）に成立したこの村方旧記は、表紙を二枚持ち、各表紙に異なる署名が見える。中表紙には本史料の作成者である「西島仁兵衛」の名があるが、表表紙には「持主　彦右衛門」の署名が左隅にあり、さらに「武藤甚左衛門真吉　書之置也」という記載を右隅に付す。これらは、本史料が村内で次々に転写されていった様子を示していよう。本史料の序文を次に掲げる。

[史料6[23]]

平沢村鏡覚之事

一、武州高麗郡平沢村先年百姓の初り難相知レルといゑへとも、よく〱物をあんするに、鎌倉御世の節数度のらんけきゆへのふきやのわさをわすれ、作毛仕付候ことをわきまへす、おのれとうゑにおよひ、残人ハくさふかき山々谷ニしのひ事斗国主定ルことなけれハ、御年貢上納もこうおつ有、然といゑへとも家康公将ぐんとにんぜられ給ふによつて天下太平国家安全ニ納り、民のかまどもにぎあひ、依之慶長弐年酉年ニ御検地入御水帳被下置候といゑへとも、古来の事古人の筆の跡もなし、つく〱ことをあんするに年月重り、次第に定法古来のことも相見へす、依之此度自古水帳の面ヲ用て、平沢村草訳の百姓屋敷帳をかんかへ親子兄弟のわかり今又子孫の人によく〱とくしんいたさせ書印者也、向後末世にはつかしなからくちつきみにもならんとや、且又古来より御上納致品々、名主組頭定夫の次第、漆年貢の事、堰川欠まくさば御新田場の次第、入山入会出作入作のわけ、御金度々ふき替り、或ハ御朱印御検地の訳、且又日光御社参御供の次第、御伝馬夫人足馬次の事、洪水ニ付夫食御拝借之事、其外可印事ハ此帳面のおく書に銘々印者也、

享保十四年酉正月吉日　　西島仁兵衛

(後略)

まず年月の経過により「定法古来のこと」が失われた状態を嘆く。「定法古来のこと」とは、後に「親子兄弟のわかり今又孫の人によくよくとくしんいたさせ書印」と続くので、「草訳の百姓」を始め村内各家の系譜を指すと思われる。

序文に続いて、村内各家の系譜が書き連ねられるが、その記載形式は［史料4］に同じく、草分け百姓のみならず「家来百姓」の系譜までも記す点は、前述の山野下村や角泉村の事例に同じである。さらに［史料6］では、慶長検地の記録を始め「枝郷田波目村訳郷之事」「中比名主役相勤申事」「御年貢漆之事」「御鷹ゑがひの事」「大じしんの事」など、村政に関する「可印書」が「附り万覚書之事」として付される。

この「附り」を考える上で、児玉郡渡瀬村の村方旧記である延享三年（一七四六）「渡瀬村何角覚書」[24]は参考になる。この場合、各家の系譜は記載されないが、その代わり冒頭に「慶長三戌年伊奈備前守様御検地之訳」として永高検地の名請人別集計を載せる。その後は「木之宮大明神御除地」「村方ニ有之候鉄砲持主之儀」「藪畑持主之儀」「在郷屋敷之覚」「正一位木之宮大明神御祭礼之訳」「村中山沢之覚」などの村政記録のみで構成されている。

「渡瀬村何角覚書」の最後には、宝暦六年（一七五六）頃の追記と思われる、元禄八年（一六九五）から宝暦二年（一七五二）に及んだ渡瀬村の組頭役月番制をめぐる訴訟の経過が付される。これは、慶長検地以来の系譜

を持つ二〇人の組頭役が、元禄八年に百姓の入札で一〇人の年番制となったところ、反対派が江戸へ訴訟を持ち込み、最終的にもとの二〇人による月番制で決着したという。本史料の末尾には、村鎮守の木之宮大明神祭礼における座順図が掲載される。ここに居並ぶ名前に、二〇人の組頭役が見えることはいうまでもない。「渡瀬村何角覚書」は、訴訟を経て確定した村政運営の方法と、そこで必要とされる村政記録を集成した村方旧記と評価できよう。

二つの村方旧記に共通するのは、村人の系譜よりも「附り」の村政記録が量も多く、重要性を増している点である。角泉村などの事例でみた二種類の村方旧記は、のちに統合され、村政記録集としての性格を強めていくといえるだろう。

(4)小　括

以上、村方旧記の成立過程を追って気づくのは、それが村政運営のありかたと密接に関わることである。この点、吉岡孝氏や岩橋清美氏が紹介した多摩郡上落合村の宝暦一三年（一七六三）「当村記録帳」でも、作成時期は村で年番名主制を導入した時期に同じという。(25) しかも「当村記録帳」の写本は、他に何点も確認されている。(26) これは平沢村の事例に同じく、村方旧記の内容が村で一定の合意を得たもので、他見を禁じた作成者の意図を超えて広く受容されたことを示していよう。

一八世紀の村社会では小百姓の家が確立し、訴訟や村役人の公選制など村の政治的主体として小百姓が活躍する。(27) それがもたらす家格や村政の動揺が村方旧記成立の契機となった。そのとき草切り百姓らの家譜の内容は、開発以来の村の歴史として取り込まれ、書物にまとめられたのである。村方旧記には抱百姓・門屋や退転者までも含む、村内各家の系譜が書かれる。ここには、村内の階層序列の固定化をもくろむ思惑も反映されていよう。

だが一方、その記述は抱百姓らを正式な村の構成者として認知する動きでもあった。

また、開発以来の村の歴史を集成した村方旧記は、そのまま村政上の参考資料として時間の経過とともに重要性を増していく。それゆえ村方旧記は、小百姓の政治的台頭をみた一八世紀の村社会に適合的な記録のありかたと評価できよう。

第3節　家譜の復活と村方旧記の衰退

(一)埼玉郡西袋村小澤豊功の著作群

一九世紀に入ると、家譜の作成が再び始まる一方で、今度は村方旧記が変質し、減少していく。その様子を、まず埼玉郡西袋村の小澤平右衛門豊功による村方旧記類の著作活動を事例に、表12に拠りつつ検証しよう。(28)

小澤家は、西袋村における草切り百姓の本家である。代々名主を勤めたが、七代目重蔵の安永四年（一七七五）に小澤分家へ名主役が移り、その時保存されていた村方文書も一緒に引き継がれた。天明期の西袋村階層構成表をみると、小澤本家と小澤分家の二家は村内で拮抗する大高持だった。(29)その後、八代目重実が寛政六年（一七九四）に名主へ復帰するが、小澤分家はそれまでの村方文書の引き渡しを拒否し、重実は「旧記無之」状態で名主の職務を勤めざるを得なかった。寛政八年（一七九六）、当時一〇歳の豊功は江戸へ出され、三年の間、読み書きや算術を修行する。帰郷した豊功はまもなく寺子屋を開くとともに、後述する情報収集と著述活動を開始した。

豊功の著述活動経歴は、大きく三つの時期に分けて理解することができる。

(1)寛政一二年（一八〇〇）～文化二年（一八〇五）

この時期は、豊功が父重実の意を受けて情報収集を展開した。最初は、地域の基本情報である各村の年貢割付

表12　埼玉郡西袋村・小澤平右衛門豊功の略年譜及び主要著作等目録

年　代	事　項　・　著　作　等（○印）
天明６(1786)	出生(１/28)
寛政６(1794)	父小澤重実、西袋村名主役に就任
８(1796)	江戸日本橋宮井庄右衛門方へ手習い
９(1797)	江戸新大坂町佐々木周蔵方へ手習い
11(1799)	佐々木周蔵方を下山(10/２)
12(1800)	西袋村にて寺子屋開始という
	○領々村々石高并村方御割付写并除地明細記(９/-)
	○各村絵図(10～11/-)
	○書札集要(11/-)
享和元(1801)	○平右衛門屋敷絵図(５/14)
	○国持大名御指物図(５/16)
	○村方石高反別上中下下々田畑屋敷東西別紙帳(５/18)
	○寛永拾より宝暦四迄御割付写(９/11)
	○西袋村百姓家譜草稿(９/28)
	○村秘録草稿
２(1802)	西袋村洪水、普請役御用向勤(６/-)
	○川俣見沼水縁絵図
	○栗橋より行徳迄絵図写(９/-)
３(1803)	父重実「小澤氏屋敷家居古来模様書留」著
文化２(1805)	○御拳場八ケ領絵図
	○御定目書３冊書写開始
３(1806)	父より小作方・諸勘定向賄方を任される
４(1807)	父重実死去(６/10)、西袋村名主役就任(８/３)
５(1808)	○石高反別田畑石盛控領々村々書写(翌年校訂)
11(1814)	○西袋村百姓家譜校訂(８/９)
	○武蔵国絵図
12(1815)	○「小澤氏屋敷家居古来模様書留」書写
14(1817)	○小澤家年中行事草稿(１/-)
15(1818)	○御用向旧記留帳書写(１～３/-)
文政３(1820)	○地誌調出役小笠原新次郎持参記録書写(11/２)
４(1821)	○小田原衆所領役帳書写
７(1824)	○小澤豊功撰書并絵図目録(７/-)
10(1827)	八条領寄場組合大惣代就任
天保元	○二郷半領村々寺院書抜
６(1835)	○八條領村鑑
７(1837)	○八條領村々御割付新古写
９(1839)	○八條領村々五人組御条目新古写
弘化２(1845)	○御治世慶長年中以来八條領向御取箇記録
嘉永元(1848)	○八條領村々支配記録
３(1850)	○八条の郷諸記録のうちより抜翠
安政２(1855)	死去(４/10)

注：『八潮市史』史料編・近世IIほかより作成

状と領絵図・村絵図を写し、次に自村の高反別と年貢割付状を写した。また村政上に必須の知識として、文書文例集の「書札集要」や法令集の「御定目書」三冊を筆写した。これらは親類である上馬場村名主の浜野家はじめ、近隣村の名主の協力の下に、文書・記録の筆写が進められた[30]。

こうした情報収集を踏まえ、この時期に豊功は二つの村方旧記を作成した。後述する「小澤豊功撰書并絵図目録」から、次にその書名と内容を掲げる。

[史料7[31]]

〇一西袋村百姓家譜　西ノ内紙　壱巻

右巻ものを見れハ、天正之頃ゟ当代迄百姓共代々景図大意退転百姓之分も重立候人中ハ書抜、其余ハ相訳り不申候、蓮花寺世代記禄有之、

〇一村秘録　美濃紙　壱冊

此書ハ西袋村元禄八御検地御高請名所主高反別、右地所江其後家作之もの両様共ニ銘々代々名前死失年月銘々地先ニ附候、神社仏閣除地地内社棟札并村方神仏百姓持大木松榎太サ調、寛永四御検地高反別御役人性名、寛文四辰、延宝七未、元禄八亥、宝暦弐申、同三酉村方御検地高反別御役人御性名石盛、享保年より田畑反取書、開発ゟ名主勤役名前、村全図、其外種々右書物を見れハ村内之義大概相訳り、以後も任見聞猶増加可被致候、

二つの村方旧記とは、「西袋村百姓家譜」と「村秘録」である。前者は村内各家の系譜で、後者は村況・村政記録集であることがわかる。だが、これらは後述の通り「家督人之外決而他見為致間鋪」と村人に対して非公開で、小澤本家のためにのみ作成された。これは豊功の著述活動の基本として、次の時期に一層鮮明になる。

(2)文化三年（一八〇六）〜文政九年（一八二六）

文化三年に豊功は、父重実から小作方及び諸勘定向賄方の職務を譲られた。翌文化四年（一八〇七）に父が死去すると、村惣中寄合の結果、名主の跡役として豊功が選任された。豊功が直接受け取った「名主跡役議定証文」(32)を見ると、「貴家ハ村方草創ゟ御代々御勤被下候を猶又申入候」と述べ、ついては「諸御用并御年貢米永」を「古来之通御取計可被下」よう求められている。名主就任とは、過去の村政記録を掌握し、それにしたがって村政に対処することを意味したのである。ゆえに草創以来の記録を失った小澤家が名主の家としての家格を保ち職務を遂行するには、その記録の回復が必要だった。そしてそれが、父重実が豊功に課した情報収集活動だった(33)。

名主就任後の豊功は、「御用向旧記留帳」など、他村の文書から村政記録の収集を続ける一方、新たに小沢家自体の記録整備へ着手する。すでに父重実は、親類からの聞き取りをもとに「小澤氏屋敷家居古来模様書留」(34)を著し、草創期の家の歴史へアプローチを始めていた。豊功は、まず父にならって「小澤氏屋敷家居古来模様書留」を書写し、その後「小澤家年中行事草稿」(35)を執筆、そして文政七年には情報収集活動の集大成というべき「小澤豊功撰書并絵図目録」(36)を完成させた。

「小澤豊功撰書并絵図目録」は、豊功の半生にわたる著書と絵図の総目録である。序文で豊功は「此目録之諸帳面ハ、家督人之外決而他見為致間鋪、若麁略ニいたし候而ハ、往々村方変事も出来可致候間、大切ニ所持可有之候」と述べる。村方の変事に対応するため大切に所持すべき書類は、だが決して他見させてはならないというのである。そして「小澤豊功撰書」の最初に記されたのが「小澤氏系図記録」「同景図巻物」であった。

「小澤豊功撰書并絵図目録」の完成は、豊功が過去の村政記録と草創以来の小澤家の歴史を取り戻したことの象徴といえる。それは名主の家の家格を回復し、村内における自家の優位を確立したという認識の表象であり、小澤家系図の編纂は「西袋村百姓家譜」から小澤家が離脱したことを示すといえよう。

(3)文政一〇年（一八二七）～安政二年（一八五五）

文政一〇年に豊功は、幕府の改革組合村編成にともなって、八条領寄場組合三五カ村の大惣代に就任し、以後終生その職にあった。これ以後の豊功は、村を超えた地域の代表者の自覚を持ったと思われ、彼の著作はもっぱら八条領など広域の旧記編纂に限られていく。それは大惣代の就任が、名主の家の家格回復という、彼の目的意識の延長線上に位置付いたためだろう。

(2)多摩郡田無村下田家『公用文例略記』

田無村の下田家には、嘉永六年(一八五三)成立の『公用文例略記』という大部な記録が残されている。その序文を次に掲げる。

[史料8](37)

公用文例略記序

むかしは諸般手数少なく其場かきりに物の用を弁して書留ることも多くはせす、然るに文政度御改革の後教令殊に繁く昼夜御用向間断なく繁雑大方ならす、御用書留あれとも箇条をわかつこともなかりし、父富宅は上新井村の産森田清左衛門弟にして、文政六未年当家に養嗣たりしより上にいふ、御改革仰出以来、当田無村組合四拾壱ケ村寄場取極し後千辛万苦し祖父富永の心をうけつき、既に貯穀積立仕法助成金御貸付一条、また甲州の駅路高井戸助郷差村の艱訴を申開き、西光寺普請に刻苦し、一橋御屋形御松餝御用に至まて公私の勤ひとかたならす、その困勉筆紙の尽す処にあらすといふへし、且文政の後諸願書訴状向御触書に至るまて、是もまた父富宅の意にもとつき荒増記載す、我家の子孫此書を見て、祖父富永父富宅のこの家を興隆ありし陰徳并に役向に力をつくされし功をも知て、いさゝかも懈りなく此例に習ひて永く此書にかきつかんことを思ふのみ

嘉永六丑年春　　　　　　　　　富潤
印印

下田半兵衛富潤は、当時の下田家当主である。下田家は田無村の旧家で、一八世紀中葉の史料に半兵衛の名が散見される。田無村では、享保期と明和期に村役人をめぐる騒動が起き、天明期からは下田家が単独で名主役を勤めた。[38]文政一〇年（一八二七）には、下田家が田無村組合四一カ村寄場惣代へ就任して幕末に至る。伊藤好一氏は、同じ時期に下田家が有力在方商人として台頭すると指摘している。[39]現在、下田家に伝えられた文書の大部分は一九世紀であることから、[40]下田家は一八世紀後半に勢力を伸ばして名主に就任し、それ以前の村方文書は引き継がれなかったと思われる。

『公用文例略記』全一七巻は、大きく二部に分かれる。前半は幕府・領主への願書を収録した「訴」一〇巻で、後半は村への文書を収録した「触」七巻である。「訴」一の冒頭には、「慶長元年より享保一八年迄之事」と題して村の記録が収録される。これは内容や文章表現から、先行する村方旧記である享保一二年（一七二七）『田無村年代記』[41]を取り込んだことが明らかである。「訴」一の末尾には「村方姓名書之事」と題して、他家の所蔵の土地台帳等に基づく村人の姓名、本分家関係、譜代関係等の一覧が掲載される。続く「訴」二は、改革組合村設置の文政一〇年から始まる。「触」一は文政七年（一八二四）から始まるが、中心は文政一〇年以降である。

つまり『公用文例略記』は、冒頭に「慶長元年より享保一八年迄之事」「村方姓名書之事」という従来の村方旧記の内容を取り込んだ、村政の記録集なのである。しかもそれは[史料8]が語る通り、祖父富永及び父富宅の苦労と「この家を興隆ありし陰徳并役向に力をつくされし功」を子孫に語り継ぐ目的で書かれ、さらなる増補が期待された。下田家にとって寄場惣代の就任は、家格を引き上げ、村を超えた地域の代表者という自覚を得る大きな画期だった。過去の村政記録を引き継がなかった下田家は、これ以降、改革組合村に関する情報を独占することで自家の優位を確立しようと試みたといえよう。

ここで足立郡大門宿の会田家における系図・家譜の事例を参照しよう。会田家は大門宿の「郷士」を名乗る旧家で、近世前期から日光御成道大門宿の本陣、大門宿の名主、紀伊徳川家鷹場の鳥見役を代々勤めてきた。それが宝暦期には名主役と鳥見役を他家へ譲り、保管していた村方文書も一緒に移した。その後、会田家は安永三年（一七七四）に鳥見役へ、文化元年（一八〇四）に名主役へ復帰したが、村方文書は引き継がれなかった。

兼子順氏[42]によれば、会田家の五代目俊恒は、寛政五年（一七九三）頃に「御鷹場勤書」「御鷹場記録」を作成した。また寛政一〇年（一七九八）に養子となった六代目俊盈は、自家の経済力や社会的地位を復興する過程でさまざまな家譜を作成した。さらに七代目俊稳は、明暦二年（一六五六）から文化九年（一八一二）までの代々当主の生没や役職等を編年で記した『会田年代記』と、慶長年間から寛政四年（一七九二）までの紀伊家鷹場や大門宿等に関する史料集『会田落穂集』を編纂した。特に『会田落穂集』は、近世前〜中期の文書を他家の村方文書から写して集めたもので、前述の小澤豊功に共通する行動といえよう。

（3）埼玉郡大沢町福井猷貞『大沢猫の爪』ほか

『大沢猫の爪』は、越ケ谷宿大沢町の旧家で、当時同宿の本陣を勤めた福井権右衛門猷貞（明和六〜文政五＝一七六九〜一八二二）が作成した[43]。福井家は、安永九年（一七八〇）に退転した宿名主から本陣役を引き継いだ。猷貞は天明四年（一七八四）に父の跡を継いだものの、その間、天明三年（一七八三）と文化一三年（一八一六）に大沢町は大火に見舞われ、本陣が二度焼失している。現在、福井家文書には安永五年（一七七六）の日光社参関係以外に名主就任以前の村方書類は残っていない。猷貞の場合は、名主役を勤める上で失われた村方書類の記録を再構成する作業が必須だったのである。

表13　「大沢町鑑」と『大沢猫の爪』の構成及び主な内容比較

「大沢町鑑」	『大沢猫の爪』
○大沢町及び同新田村高・反別・高外地・除地	○「乍恐以書付奉願上候事(大沢町地子免許ニ付)」(元禄八)(表紙裏)
○往還	○本文(検地、領名・町名由来、地子免許、町内組訳、小名字、鷹部屋、除地、池、柳原草銭場、蔵屋敷、往還掃除、橋、圦、堤、用水、鎮守、寺院、鷹部屋、祠、修験)
○家数	○百姓系譜(屋敷絵図と「元和寛永之名」「文化九申所持之名」)
○川・橋・普請場所・用水	○「上組」(各家・寺社地の系譜書上、明和五「帳面表」の姓名)
○伝馬、助郷組合	○「中宿」(各家・寺社地の系譜書上)
○「新方領新検高」(御料・私領)	○「下組」(各家・寺社地の系譜書上)
○用水堀・堤・用水組合	○「鷲後組」(各家・寺社地の系譜書上)
○「須賀村堤堰御普請御入用定」	○「高畑組」(各家・寺社地の系譜書上)
○「地子御免許」(宝暦四)	○家数・人数
○「焼失帳面御披露覚」(元禄一四)	○「変異」(文化七まで)
○町在御普請勤方出入裁許(享保六)	○「大沢問屋場敷之事」(後筆)
○助郷古証文(元禄九～一〇)(後筆)	
○「大沢問屋場敷之事」(後筆)	

※記事の順番は掲載順である。「　」内は史料における表題である。

本陣の再建と経営維持の傍ら、寛政期に入ると猷貞はさまざまな村政記録を編纂し始めた。その中心は文化初年成立と思われる「往還諸御用留」全五冊である。[44] ここには寛永六年（一六二九）の大沢町検地から文化元年（一八〇四）の『五街道其外分間延絵図』に関する現地調査の触に至るまでの、宿と本陣に関する触書や一件文書が収録された。猷貞はその後も「御用留」を書き継ぐ一方で、文化末年には大沢町や越ケ谷宿の地理・歴史をまとめあげた。それが「大沢町鑑」「越ケ谷町鑑」『大沢猫の爪』『越ケ谷瓜の蔓』である。筆跡等から、これらはほぼ同時期に成立したと思われる。

このうち「大沢町鑑」[45]と『大沢猫の爪』[46]について内容を比較したのが表13である。「大沢町鑑」は通常の村明細帳の形式に準じつつ、用水・地子免許・普請出入・助郷などの村政上重要な事件について一件文書を掲載する。それに対して『大沢猫の爪』は、大きく三つの内容で構成される。第一は、大沢町の地理と歴史について地名を中心に書き上げる本文である。第二は、絵図を用いながら町内の各組毎に村人や屋敷地の系譜を詳細に描き上げる部分で、記事の下限は文化九年（一八一二）である。第三は、元禄頃から文化七年（一八一〇）までに大沢町で起きた諸事件を列挙する「変異」である。本章のこれまでの検討に従えば、『大沢猫の爪』には一八世紀村方旧記の構成要素が全て揃っているといえよう。

『大沢猫の爪』は孤本で、一部に校正の跡を残す点から未定稿で終わったと思われる。猷貞の別の著作である『越ケ谷瓜の蔓』は越ケ谷町内に写本が伝わっており、猷貞は自らの著作を秘匿せずに公開したと見ていいだろう。しかしこの後、彼は体調を崩したと思われ、文政二年（一八一九）には養子を取り、[47]同五年（一八二二）二月五日には「長病」の末に甥の弥三郎へ家督を譲って後の相続方法を遺言した。[48]猷貞の死去はその数日後である。

福井猷貞が本陣の経営安定に努力する傍ら、本陣の火災により失われた過去の大沢町の記録や町人の系譜を編纂した様子は、前述の下田家や会田家の姿に通じるものがある。しかし、猷貞はついに家譜の編纂には着手していない。健康上の問題もあったかも知れないが、それよりも、新たに福井家の経営基盤となった本陣が大沢町と一体的に存在していたこと、逆にいえば福井家は大沢町からの離脱を目指していなかったことが、最大の理由ではないだろうか。その意味では、家譜が作成される一方で村方旧記が減少する一般的傾向とは別に、村と家の個別事情においては、村方旧記が幕末まで作成され続けたといえるだろう。

(5)小　括

一九世紀に入り、いったん衰退した家譜の作成が、勢力を回復した旧家や新興の村役人家の間で再び始まった。

そこには、自らの家の歴史に、草創以来の村の歴史を取り込もうとする意識がうかがえる。

当時の村では過去の村政記録を掌握することが、名主の家としての家格維持に不可欠と考えられていた[49]。それは村方旧記を成立せしめた歴史の成果といえよう。それゆえ名主に就任または復帰した家は、失われた村方文書の収集・編纂に積極的たらざるを得なかったのである。

こうして村内で家格を確立した家は、今度は小百姓中心の村から離脱を始める。改革組合村大惣代の就任はその格好なきっかけだった。小澤豊功における「西袋村百姓家譜」編纂から「小澤氏系図記録」編纂へ、そして村を越えた八条領の旧記編纂への展開は、この間の変化を物語っている。

一方、福井家のように家の経営基盤が村や町と密着した場合には、村方旧記の作成が続く例もあった。だが全体としては、家譜の作成が広がる一方で村方旧記は衰退し、やがて家譜の中へ吸収されていくといえよう。村方旧記は小百姓中心の村で適合的な歴史叙述だったため、村内の階層分化によってそれが崩れるとき、作成は必然的に放棄されたのである。そして地域で新たに社会的・経済的勢力を蓄えた家は、自らの新しい家譜の中に村の歴史を取り込んで、彼らの家格を支える道具へ転化させていった。

第4節　まとめと展望

以上、近世の村における家譜及び村方旧記の成立と、その展開を述べてきた。遅くとも一七世紀前半には、草切り百姓の家で家譜の作成が始まる。その後、一七世紀末から一八世紀初頭にかけては、草切りの家主導の村政をめぐる村方出入が起きた。ここで小百姓の政治的台頭が見られた村では、新たに村全体の合意事項としての村方旧記が成立し、家譜はそこに取り込まれて衰退した。この動きは、家の由緒を村全体の歴史へと転換し、村人に地域への視座を提供した点において、のちに地域社会が地誌編纂の思想を受容する基盤を形成したと評価できよう。このの ち村方旧記は村政の参考資料として重視され、一八世紀を通じて作成された。

一九世紀に入ると、家勢を回復した旧家や新興の村役人の家では、村内における家格を確立すべく家譜の作成が再開された。一九世紀の家譜は、村方旧記の影響を受けて展開し、逆に村方旧記をその中へ取り込んでいく。最後に、近代へ向けた展望を示しておこう。近代において村方旧記は消滅する。それは村方旧記が、もともと近世行政村の歴史だったことに起因した。一方で家譜は継続して作成される。それは近世以来の家意識に加え、地租改正を経て、家が村から離れた経営体へ成長することで、その永続性を保証する言説が求められた結果と考えられる。このとき、地域社会には村方旧記に代わる別の記述形式が出現することになる。それが次章で述べる、地域社会における地誌の編纂である。

（1） 西垣晴次「ムラの宗教史」（地方史研究協議会編『地方史の新視点』、雄山閣、一九八八）。ここで西垣氏は「ムラの縁起」に着目し、多摩郡福生村の安永二年（一七七三）「神光仏言夢物語」をあげた。その後、西垣氏は、一五世紀以後の郷村制成立とともに「ムラの神話・縁起」が作成されると論じ、これを近世まで敷衍化した（「自治体史編纂の現状と問題点」、『岩波講座　日本通史』別巻二、一九九四、三六頁）。本章との関連でいえば、中世「ムラの縁起」は寺社に残された旧記で、その作成主体は少なくとも関東では在地領主が想定されよう。この点、家譜との関連性が考えられるが今後の検討課題としたい。
（2） 吉岡孝「八王子千人同心の身分と文化」（『関東近世史研究』三二、一九九二）。
（3） 岩橋清美「近世多摩地域における『旧記』と『郷土』」（『法政大学大学院紀要』二九、一九九二）。
（4） 岩橋清美「近世後期における歴史意識の形成過程」（『関東近世史研究』三四、一九九三）。
（5） 岩橋清美「近世における地域の成立と地域史編纂」（『地方史研究』二六三、一九九六）。
（6） 久留島浩「百姓と村の変質」（『岩波講座　日本通史』近世五、一九九五）、同「村が『由緒』を語るとき」（『近世の社会集団』、山川出版社、一九九五）。
（7） 井上攻「由緒書と村社会」（『地方史研究』二三四、一九九二）。

（８）拙稿「書評　羽賀祥二著『史蹟論』」（『歴史学研究』七三六、二〇〇〇）。
（９）『川越市史』史料編・近世II（一九七七）榎本家文書№二。なお、大野端男校注『榎本弥左衛門覚書』（平凡社東洋文庫、二〇〇一）を参照。註(10)(11)も同様である。
（10）同右、榎本家文書№一。
（11）同右。なお、埼玉県立文書館収蔵複製本C三五六一で校訂した。
（12）『埼玉叢書』二（一九七〇）、二七七頁。
（13）『川里村史』資料編２（一九九六）№二五。
（14）『狭山市史』近世資料編I（一九九五）№一一九。なお、権田恒夫『資料　武州入間郡水野村開拓誌』（非売品、一九八五）を参照。ここには、後述する入曽村の金剛院文書とともに、史料原本のコピーが収録されている。
（15）青梅市史史料集第四七号『仁君開村記　杣保志』（一九九八）。
（16）深谷克己『百姓成立』（塙書房、一九九三）、一一二頁を参照。
（17）『吉見町史』下巻（一九七九）第五章所収。
（18）水本邦彦『近世の村社会と国家』（東京大学出版会、一九八七）、九四頁ほかを参照。
（19）石黒家文書（埼玉県立文書館収蔵）№二。
（20）石黒家文書（埼玉県立文書館収蔵）№一。
（21）『川里村史』資料編２（一九九六）№二六。
（22）同右、№二七。
（23）『日高市史』近世資料編（一九九六）№九九。
（24）『神川町誌』資料編（一九九二）№二六七。
（25）註(2)に同じ。
（26）註(3)に同じ。
（27）白川部達夫『近世の百姓世界』（吉川弘文館、一九九九）、一九八～二〇一頁を参照。
（28）保坂裕興「近世日本の記録・史料の管理」（『歴史学研究』七〇三、一九九七）は、史料管理史の観点から小沢家の分析をおこなっているので、参照されたい。

(29)『八潮市史』通史編Ⅰ(一九八九)、一〇四四頁の表一八九を参照。
(30)『八潮市史』史料編近世Ⅱ(一九八七)No.四三「御用向旧記留帳」による。
(31)同右、No.三一。
(32)同右、No.八。
(33)高橋実「近世における文書の管理と保存」(『記録史料の管理と文書館』、北海道大学図書刊行会、一九九六)は、名主の文書保存と家格との密接な関係に注目している。
(34)前掲註(30)No.三五。
(35)同右、No.三七。
(36)註(34)に同じ。
(37)下田富宅編『公用文例略記』(一九六六)、七三頁。以下、本史料のテキストは本書による。
(38)『田無市史』通史編(一九九五)を参照。
(39)註(37)の解説を参照。
(40)『下田家文書目録』(田無市史編さん委員会、一九九〇)を参照。
(41)『田無市史』第一巻(一九九一)No.一二三。
(42)兼子順「近世後期における家と系図」(『浦和市史研究』七、一九九二)。
(43)以下、福井家に関しては『越谷市史』一(一九七五)、一一二八~一一二九頁を参照。『大沢猫の爪』については『越谷市史』四(一九七二)、三~一〇頁を参照。
(44)福井家文書(埼玉県立文書館収蔵)No.一三~一七。
(45)同右、No.四四。
(46)同右、No.一九。
(47)同右、No.一〇三。
(48)同右、No.一〇四。
(49)冨善一敏「近世村落における文書引継争論と文書引継・管理規定について」(『歴史科学と教育』一二、一九九三)は、村方文書の引継・保存に対して村役人層が強い特権意識を持っていたことを指摘している。

第8章　地域社会における地誌編纂と歴史認識

第7章では、地域社会が地誌編纂の思想を受容する前提として家譜と村方旧記を検討し、一九世紀に家譜が再興する旧家や新興の村役人の家で作成される一方で、村方旧記が衰退していくと論じた。ここで二つの問題を提起したい。一つは、村方旧記の衰退期である一九世紀において、地域社会ではどのような地理・歴史の書が作られていったか、そこで地誌編纂の思想はどう受容されたか否かである。もう一つは、いったん成立した地誌が、後続の地誌や記述された地域社会へどのような影響を及ぼすか否かである。そこで本章では、地域社会で地誌が出現する過程を検証し、それらの地誌の記述変化を追い、また地誌が地域社会の歴史認識へ与えた影響を考えることで、地域社会における地誌編纂の問題に迫っていきたい。

第1節　地域社会における地誌の成立

表14は、『新編埼玉県史』資料編一〇（一九八一）掲載の「近世武蔵国（現埼玉県地域関係）地誌目録」全四七点から、作者が地域の出身者であると認められた八点の一覧である。また表15は、『茨城県史料』近世地誌編（一九六八）掲載の「茨城県関係近世地誌目録」全五一点から、同様に認められた五点の一覧である。ほぼ一九

表14　地誌出身者による地誌(現埼玉県域分)

	対象地域	作成年代	史料名	作成者・備考	出所・出典
1	榛沢・児玉郡	安永元	武乾記	根岸伊兵衛・榛沢郡大塚村名主	『埼玉叢書』1
2	秩父郡	安永期	秩父風土記	源山寿・秩父郡薄村神主	『横瀬村誌』資料編(2)ほか
3	入間・川越城下	享和元	武蔵三芳野名勝図絵	中島孝昌・川越鍛治町名主	『埼玉叢書』1
4	武蔵国全域	享和三頃	武蔵志	福島東雄・足立郡大間村名主	『新編埼玉県史』資料編10
5	秩父郡	文化二	増補秩父風土記	秩父風土記を増補改訂	埼玉県立文書館寄託浅見家文書No.2
6	横見郡	天保五	吉見旧事考	新井栄訓・久保田村民	国立国会図書館青山文庫
7	入間・扇河岸	弘化二	扇河岸記	芋啓	『埼玉叢書』2
8	埼玉・粕壁宿	(明治初カ)	春日部記草	関根八郎・粕壁宿名主	『春日部市史』3

表15　地誌出身者による地誌(現茨城県域分)

	対象地域	作成年代	史料名	作成者	備考	出所・出典
1	常陸国全域	文政一二	常陸旧地考	鬼沢大海	高浜村出身、笠間稲荷神官	『茨城県立歴史館史料叢書』5
2	同右	天保七頃	新編常陸国誌	中山信名	久慈郡石名坂村出身、幕臣養子	同書復刻版(常陸書房)
3	下総国全域	弘化三	下総国旧事考	清宮秀堅	佐原町出身	同書復刻版(崙書房)
4	利根川中下流域	安政四頃	利根川図志	赤松宗旦	布川河岸の医師	『茨城県史料』所収
5	常陸国全域	安政六	常陸国郡郷考	宮本元球	潮来町名主、水戸藩から郷士取立	『茨城県立歴史館史料叢書』5

世紀に集中して作成されたことが見てとれよう。以下、これらの地誌の特徴と成立事情につき、村方旧記や家譜との関連に留意しながら検討していこう。

(一)動機としての旧臣調査

『武乾記』は、武蔵国榛沢郡大塚村の名主である根岸伊兵衛が、領主である岡部藩の許可を得て武蔵国西北地方の現地調査を実施し、安永元年（一七七二）に編纂した地誌である。全体は上下二巻で各郡及び村毎に立項し、和文で記載する。内容は、各村の名前の次に由緒の武士名があげられ、続いて居館跡、古戦場、神社仏閣、石造物、現存する旧家などが記される。その序文を次に掲げよう。

［史料1］(1)

一、苟も余は多年を心掛け領主安部摂津守殿御代官へ上聞し、御許を得て当国乾に当る七郡の内有名の寺社古跡古代の武士所在の地等を遊問す、然るに実に当事も無き事多かりけり、故に大略を記載し武乾記と題す、総て村老の伝を得て各書の記載は少しも採らず、各伝及び余の愚案を記のみ、

于時安永元壬寅年八月十日記成

新田大炊助義重六男

新田六郎義光之後胤

武蔵国榛沢郡岡部領大塚村住人　根岸伊兵衛義弘

「領主安部摂津守」とは、榛沢郡岡部に陣屋を置く大名（岡部藩）で、榛沢・児玉の両郡に領地を持っていた。「当国乾に当る七郡」と書くものの、実際に記載されるのは児玉・加美・那賀・榛沢・幡羅の五郡の計九五カ村にとどまる。「総て村老の伝を得て各書の記載は少しも採らず」というように、現地調査に基づく記述が中心だが、文中には延喜式内社への言及（児玉郡金鑽村）や、地元の伝承に対して史料を根拠に批判する記述（児玉郡渡瀬村）が見られ、古文献に対する伊藤の知識がうかがえる。

根岸が『武乾記』を編纂するに至った動機は明らかでない。岡部藩役所の許可を得たといっても、調査は藩領をはるかに超えている。だが、内容上もっとも詳しい項目は、「古代の武士所在の地」と古跡で、しばしば子孫の所在にも言及する点から、在地領主の系譜を引く旧家の所在調査が本書編纂の動機にあったとの推定は可能だ

ろう。

近世後期の関東では、各地の旧家が中世領主の末裔や旧家臣であるとの由緒を盛んに書き上げた。その早い例の一つに、「落民帳」がある。(2)「落民帳」は、下総国猿島郡、常陸国豊田郡・結城郡（現茨城県猿島郡・結城郡）において、結城氏や多賀谷氏など中世領主の旧臣を名乗る七四六名の一覧で、一八世紀後半頃の成立と推定される。管見の限り、ここに列記されるのは、各村で草切りの系譜を持つ旧家である。同時期の常陸国筑波郡では、同じ中世領主小田氏の旧臣を書き上げた「小田家風記」が成立している。(3)これらの旧家は、ときに旧領主の末裔と結びついた。一八世紀後半に、壬生氏や宇都宮氏の旧臣たちが作成した「旧臣帳」はその産物で、旧家の士分化願望の表れと評価されている。(4)

このような旧臣意識が、一八世紀後半の地域社会でわきあがる背景は何か。一つは羽賀祥二氏の指摘した、幕臣が江戸外の先祖の墓所へ一生に一度は参詣するよう命じた宝暦一一年（一七六一）の触の影響に求められる。(5)また幕臣ではないが、小田氏の場合、祖先の旧領回復を悲願とする一族の子孫たちが筑波郡の村々を訪れ、俗説をまじえた小田氏及び旧臣たちの歴史を村人と語り合ったという。(6)これが「小田家風記」の作成に影響を与えただろうことは、想像に難くない。

そして村の側では、第7章で論じたように、小百姓中心の村の中で再興をはかる旧家が自家の歴史に注目し始めていた。武蔵国内の「旧臣帳」の例では、鉢形城の北条氏邦旧臣分限帳や、忍城の成田氏旧臣分限帳などがある。(7)また一九世紀初頭には、『小田原衆所領役帳』の存在が『新編武蔵国風土記稿』の現地調査で村方へ周知され、盛んに写本が作成された。(8)第7章でとりあげた西袋村の小澤豊功も、地誌調出役から『小田原衆所領役帳』を見せられて、のちに写本を作成した。(9)武蔵国内の旧家にとって、『小田原衆所領役帳』は自分の家が中世にさかのぼることを明示する格好の史料で、第7章で述べた家譜の復活過程で少なからぬ役割を果たした。

だが『武乾記』の場合、特定の旧領主に限定されず、広く地域の旧臣を書き上げる。村ごとに旧臣をとりあげて、同じ村に所在する寺社や名所旧跡を記述する点で、「落民帳」とは明らかに性格を異にすると評価できる。このように地域の歴史・旧家の由緒・寺社の由来などを村毎に列挙した書物としては、他に天保五年（一八三四）『吉見旧事考』があげられる。これは、「吉見八景」など本文中に俳句への言及が多く見られる点から、俳諧への興味に基づいて地域の地理や歴史を書き上げたと考えられる。特に立項せず、随筆として書かれており、地誌編纂の思想とは隔たった地点に成立した書物といえよう。

(2)先行地誌の知識と領主の関与

享和元年（一八〇四）『武蔵三芳野名勝図会』は、武蔵国入間郡の川越城下十町のうち鍛冶町の名主で商家の中島孝昌が編纂した、川越城下及び周辺の地誌である。これには羽賀祥二氏及び山野清二郎氏の研究がある。(10) 羽賀氏は、本書の特徴として、川越の精神生活の中心として三芳野天神と氷川神社を位置づけようとしたこと、川越の文人たちの和歌や挿絵が豊富に盛り込まれたこと、旧家と忠孝者の記載に詳しいこと、「桜」のイメージを通じて川越を名所旧跡の多い誇り得る郷土と提示すること、の四点をあげた。山野氏は、本書が当初五部作成され、そのうち川越藩主・川越城鎮守の三芳野天神・川越町総鎮守の氷川神社へ各一部献納されたことを明らかにした。そして、三芳野天神の社宝をはじめ、一般には知り得ないはずの知見が記されている点から、本書の成立には川越藩の助力があったと推定している。

全体は上中下の三巻構成で、和文で記載する。上之巻は、川越及び川越城の来歴、三芳野天神及び氷川神社の来歴や祭礼について述べる。中之巻と下之巻は、城下及び周辺の旧蹟について町毎に立項する。次にその凡例を掲げよう。

［史料2］[11]

凡　例

一、三芳野ハ河越ノ旧号ナレハ、河肥《ママ》市中ノ神社仏閣等之事ヲ咸載、雖然街衢之長短行程郷而地利ニ拘ル事ハ憚リテ記サス、

一、総而御城中ノ事ハ恐アレハ記サス、雖然
御城之濫觴、古戦ノ年暦、三芳野天神、八幡宮縁起等ノ事ハ載ス、

一、御藩中町ノ事ハ巨細ニ言ハス、唯ソノ至要ノ事而已ヲ署ス、

一、御扈従之四箇ノ仏刹ノ事ハ、河肥《ママ》旧来ノ住地ナラネハ漏ス、

一、武蔵野堀兼之井、同浅間社、伊佐沼薬師等ノ事ハ河越ノ市中ヲ雖去名タヽル名所ト云ヒ、特ニ堀兼ノ浅間、伊佐沼ノ薬師共ニ高松院ノ持ナレハ、旁以便リアレハ載ス、

一、画ハ河肥《ママ》市中神社梵刹之中ニ尤勝レタルヲ図絵ニ顕ス、小祠墳寺ニ至テハ省ク、画工ハ多ク河肥《ママ》ノ人也、後素ノ能不能ヲ云ハサレ、

一、先ニ河越素麵、河越有幸記、三芳野砂子等之書アリト云ヘトモ、御城ノ起立古戦等ノ事ヲノセス、市中ノ神社仏刹モ脱漏異説多シ、因茲今数箇ノ旧説ニモトツキ、社人寺僧ニ問ヒ、或ハ里老之口称ヲ見聞シ、誤ヲ勘ヘ正シテ録シト云ヘトモ、頗魚魯烏焉馬ノ謬リ少カラス、猶後人之遺補ヲ俟而已、

凡例を見て気づくのは、「何を書いたか」より「何を書かないか」を先に述べる点である。城下の地理情報、城中の様子、城下町のうち武家地の部分については、書かないか、簡略な記述にとどめている。これは、山野氏が推定した川越藩との関係や[12]、天明元年（一七八一）『川越年代記』に各町の間数が書かれ、そのことで編者の海寿が謹慎処分を受けたことを想起させる。その一方で凡例は、過去の川越に関する地誌が、城の来歴や合戦に

ついて述べないことを批判する。そして、川越町から遠く離れた堀兼村の浅間社や伊佐沼村の薬師堂は、三芳野天神別当の高松院持であるがゆえに、本書へ収録された。中島の意図として、川越城及び川越町の歴史に関することは細大漏らさず載せることをめざし、その一方で領主の忌避に触れないよう綿密な編纂方針を立てたことがわかる。

一八世紀の川越では、川越藩士の手による地誌の編纂が何度かおこなわれた。例えば、中島自身が凡例に記した『河越素麺』は、寛延二年（一七四九）頃に川越藩秋元家中の板倉良矩が編纂した川越城下の地誌で、町名の由来、各町の歴史、町内の事物の紹介などを記す。[13]『武蔵三芳野名勝図会』の編纂にあたっては、これらの先行する地誌編纂の蓄積が大きかったと思われる。

村方旧記が盛んに編纂された地域で、全く別個の記述形式が現れるには、そこになんらかの文化的触発が必要だろう。この点、中島は先行する領主の地誌をテキストに用いたと思われる。中島へそれらのテキストを提供したのは、おそらく川越藩などの、地誌編纂の思想をもった武士たちだった。ちなみに『武蔵三芳野名勝図会』の末尾には、高崎藩士の菅谷帰雲による「題三芳野名勝図会後詩」が付されている。その冒頭には「武蔵国志不伝久　古跡霊区名空朽」と、本書では見なれた地誌編纂の思想の一端が明記されているのである。[14]

なお、中島自身の文化的素養も忘れてはならない。中島は、安永から天明期にかけて江戸へ修行に出た際、学問を海保青陵や伊藤天爵に学び、江戸の俳諧士としても活躍したという。江戸で身につけた学問に、川越藩による知識の提供が加わって、『武蔵三芳野名勝図会』は完成したとみるべきだろう。

(3)江戸から得た地誌編纂の思想

安政六年（一八五九）『常陸国郡郷考』は、常陸国行方郡潮来村庄屋で、江戸に遊学したのち地元に戻って家の経営を再建した宮本元球（茶村）の編纂による、常陸国全域の地誌である。(15) この書名は内題で、外題は「常陸志料　郡郷考」とあり、後編の『常陸志料』と一組で考えられていた。宮本は潮来村で私塾を開き、水戸藩郷校の教師も勤めたところから、藩主徳川斉昭により「郷士」の身分を与えられたという。(16)

『常陸国郡郷考』は全一二巻で、目録と附録「式外贈位神祠二」が付される。巻一は、建国原始・境土・田額・出挙・調庸など古代律令制下の状況を論じる。巻二以降は一一の郡毎の記述で、巻首に略図を掲げ、古風土記の記載から郡・郷・神社・庄・保・私称郡・私称郷・山・岡・河・海・沼などを書き上げて、考証を加える。本書の序文である「常陸国郡郷考題言三則」を次に掲げよう。

[史料3](17)

常陸国郡郷考題言三則

一、斯書ハ、風土記の全文を郡郷に配して悉く載せ、其山川地名等ハ、皆今地に験して是を考え、和名鈔郷名神名帳の官社、兵部式の駅家、国史贈位の神、及庄、保、私称の郡、歌枕の名所等まて、遍く古今の諸書及古文書等に拠て其考を著せり、其余毎村の田額、村名の変遷等ハ、後編志料に譲りて此に略す、

一、本国境、文禄慶長検地の時より変遷甚多く、古新治郡ハ極西に在て、毛野川の東より北に長く那珂郡と界せし郡なりしを、今ハ其毛野川の東なる地は中世関郡伊佐郡小栗保と称せし処皆真壁郡に入り、北地ハ中世中郡笠間郡と称せし処茨城郡に入りて、古の疆土ハ寸地も存せす、別に古茨城、筑波、河内三郡の地を割て新治郡を置き、其郡中荒張と云ふ所を新治村とさえ改めれは、考古の為に迷惑せり、其余十郡も亦皆沿革少なからす、今斯書ハ風土記の四至、和名鈔郷名を本とし、諸書に徴して古時の疆界を考たれは、其謬も亦多からさるへし、

一、一覧して其地勢を弁するは地図の便なるに若くハなし、因て今小図を製して巻首に掲し、郡郷神社山川等の在処方位を示す、斯書を読んにハ本編の考証を検して此図と参見せハ其土疆の迷なかるへし、但紙に幅員

なし、各地遠近広狭を精しくする能ハす、其細密なる事ハ別に新製の大図あり、合せ見るへし、
一、余固より仮名つかひ、てにをハの学に昧けれは、其謬も多くして看ん人のよみわかち難き所々もあらむを
冀ハ大方のゆるし給ひね、
　　安政六年己未正月　　　　　　　　　　　　　　　　　　　水戸　　宮本元球仲笏　識

これによれば、宮本は、古風土記に記載された郡郷や山川の地名及び神社につき、現地調査と「古今の諸書及古文書等」の考証によって本書を著わしたという。その際、近世初頭の郡界変更が複雑なため、「考古の為に迷惑せり」と批判する。また、現地を知るために地図を掲げて、「其土疆の迷なかるへし」と述べる。本文の記載を見ると、例えば真壁郡の式外贈位神祠である「郷造神」について、「三代実録仁和二年六月廿八日丙子、授正六位上郷造神従五位下とあるは倉持村の神祠なりと云ふ」と記述する。これは、六国史の三代実録と、後述する真壁郡倉持村の雲井宮鹿嶋神社が幕末期に「郷造神」を称したことの双方を踏まえた記事である。

宮本自身は、江戸や水戸の学者とも交流があり、当時の学問状況を踏まえていた。嘉永四年（一八五一）、宮本は同国土浦町の色川三中を訪ね、和学講談所員だった中山信名の遺稿を書写したことが、『常陸国郡郷考』成立にあたって大きな力になったといわれる。

この点、小松修氏が紹介した、下総国岡田郡崎房村の秋葉義之の事例が参考になろう。(18) 秋葉家は崎房村の旧家で、義之の代には改革組合村の大惣代を勤める一方、江戸に材木商の出店を出すほどの経済力を保持した。義之は秋葉家の養子で、一時心学に傾倒した後、地域の歴史や地理へ関心を持ち、天保一三年（一八四二）には和学講談所の黒川春村や色川三中らに指導を受けて、「下総志」の編纂へ着手した。結局、「下総志」は完成しなかったが、義之は清宮秀堅『下総国旧事考』に対抗意識を持って精力的な古文献調査を進めたという。

宮本や秋葉そして前述の中島らが地誌編纂に着手するに至る社会環境は、第7章で検討した一九世紀の家譜の

作者たちに変わらないと考えてよいだろう。そこに幕藩領主の有する地誌編纂の思想がもたらされたことと、その思想の影響を受けた在方の知識人たちのネットワークからさまざまな情報を得たことが地誌の編纂に結実したといえよう。

(4)地誌の記述変化と歴史認識

これらの地誌の考証について羽賀祥二氏は、「牽強附会にして根拠薄弱」ながら、一九世紀における郷土研究の成果として評価する。(19) これを検証するには、郷土研究が何について、どんな成果を得たかを確認する必要があろう。常陸国の地誌を事例に、その記述の変化を具体的に確認しよう。とりあげる内容は、常陸国真壁郡の郷名のうち、神代郷と大村郷の記述である。とりあげる地誌は、表13に掲げた『常陸旧地考』『新編常陸国誌』『常陸国郡郷考』のほか、第1部で触れた延宝期成立の藩撰地誌『古今類聚常陸国誌』を加える。

(ア)『古今類聚常陸国誌』

『古今類従常陸国誌』の郷名記載は「領郷」と立項し、『和名類聚抄』に載せる真壁郡の七つの郷について、「和名類聚鈔、神代加美、志呂、真壁、長貫奈我、奴岐、大村於保、牟良、伊讃、伴部止母倍、今按友、部属西那珂郡、大苑於保曽及、今大曽根」と記述する。真壁郷と伊讃郷を除く五つには万葉仮名で読みを示し、伴部郷と大苑郷には、それぞれ友部・大曽根という比定地を注釈する。

(イ)『常陸旧地考』

『常陸旧地考』は、『古今類聚常陸国誌』を参照しつつ、郷名を郡毎にまとめて一つ一つ注釈する。例えば大苑郷については、「和名鈔に真壁郡大苑郷あり、国誌に於保曽及今大曽根と見えたり、今真壁村ちかく大曽根村あるこれなり、苑をソネと訓ハ下総国に蛇園とかきてヘヒソネとよぶ村あり」と書く。神代郷については「和名鈔に真壁郡神代郷あり、郡中に今あるところを不知」、大村郷についても「和名鈔に真壁郡大村郷あり、郡中に今あるところをしらず」と記し、比定地未詳になっている。

（ウ）『新編常陸国誌』

『新編常陸国誌』の伝本は、近代に入り栗田寛が増補校訂して出版したが、「郷里」の部分は中山信名の著述である。このうち大苑郷については、「按ズルニ今ノ大曽禰村ナリ」と述べた後、「大曽祢、本木及今ノ茨城郡曽禰、橋本、松田、猿田、木植、今泉ノ八村、四千五百石ノ地、皆古ヘノ大苑郷ナリ、中世曽禰以下ノ六村、中郡庄ニ存ス」と述べる。古代から中世の領域を継続的に捉え、かつ近世の村を具体的に比定しようとの意欲がうかがえよう。

ところが神代郷については、『古今類聚常陸国誌』における「加美志呂」の読みを「加美具万」と読み代えて「按ズルニ今ノ亀熊村ナリ」と比定する。その理由は、「加美具万」が神稲を指し、「神穀代」というべきところを「神代」と略したためであるという。また大村郷については、「大林郷」と名称を変更して「按ズルニ今ノ大林村ナリ」と比定する。その理由は、「本郡ノ地ニ大林村アリテ、大村ト称スル地アルコトナシ、蓋林ト村ト字体尤相似タルヲ以テ、此誤ヲ致セルナリ」と述べる。これは石川久敬『常陸郷名考』なる先行研究の成果という。さらに現地比定として、大林・古内・下川中子・吉田・海老島・松原・押尾・山王堂・倉持・竹垣・海老江・東保末・筑地・赤浜・向上野・中上野・寺上野・成井・鷺島・石田の二〇カ村を、すべて大林郷に含めた。

ちなみに亀熊村は、台地上にあって中世城館の遺構を残すが、村落景観の上では中世をさかのぼることが困難な土地条件にある。また大林村は、古代には『常陸国風土記』が記する「鳥羽の江」という一大湖沼の中に含まれ、古代の安定的な耕地が存在できた場所ではない(20)。

（エ）『常陸国郡郷考』

『常陸国郡郷考』において、神代郷は「今亀熊村是也、初神稲代なりしを、地名二字の制より稲字を省きて、訓に其義を遺せりと見ゆ」と記述され、その後に日本各地の「神代」地名で「加具美」と読む事例を集めて、傍証とする。大村郷については、「今大林村是なるへし」と述べ、「村」は「林」の誤りとする。そして「古本郡の南にて、一郷を置くへきの所なるを以て此地とハ云なり」と推定する。これは『新編常陸国誌』における所説の継承と補強である。

(5)小　括

一八世紀の地域社会では、旧家の由緒を寺社など土地の歴史的遺跡とともに調査し、集成する試みが始まっていた。それは一九世紀に旧家の家譜が復活し村方旧記が衰退する動向へ通底すると評価できよう。但し第1部で論じたように、地域の地理・歴史に関する関心が地誌の形式や構成をもって著述されるには、そこに地誌編纂の思想が付加される必要がある。この場合、幕藩領主から、またその思想を理解した知識人から地域へ地誌編纂の思想はもたらされ、また編纂者たちのネットワークの中で、既存の地誌が先行研究として生かされた。こうして近世地域社会で地誌編纂は着手されていったのである。

近代の例を一つだけあげよう。茨城県真壁郡関村の出身である杉山三右衛門は、明治二七年(一八九四)に『常陸国係杉山私記(杉山私記)』という地誌を刊行した。(21)『杉山私記』は、真壁郡の中世・近世領主と各村に関する故実・伝承を、古老の話や古文書に基づいて記述する。七七点の「引用書目」を掲げ、地名の由来や城館跡の旧状などが豊富に盛り込まれた反面、当時の社会に対する言及は一切見られない。

序文である「緒言」によれば、杉山は、真壁郡の村々を「実地に就き、其形状を望視して、至細を専要とし書綴り、我が家の子孫に伝んと欲した」という。そして、「本編著述するに鑑み、倩々世況を接するに、世の人一言も起さず、又一首も吐かざれば、何ぞ賢愚たるかを衆人に知らしむる能ハず」、「世の人批判批評すれども、其意に任せて、遂に彼の古池や蛙飛込む水の音と、兎や角編輯するか然り」と述べる。彼の論旨は明快でないが、「世況」に対して「世の人」が一言も発しないことを批判するあたり、明治の社会を肯定しないようである。

その『杉山私記』のうち、冒頭の「真壁郡郷の事」で神代郷は「亀熊村、往古神代村、神稲代村とも」、大村郷は「大林村なるへしと雖、其故跡知るものなし」と記された。さらに亀熊村について、大国玉神社の神田で束稲を本社に積んだため神稲代村などと命名されたという。また大林村については、「古老伝に云、往古当所は小貝川の津にして、真壁町地方より百千の物品を出し舟揖の便あり、為に人々大に群るを以て大村と唱ふ、其後村の文字を誤り林の名になりしといふ」と述べる。確かに大林村には「津」すなわち河岸があったが、それは幕末期のことで古代とはなんの関係もない。[22] にもかかわらず、それを根拠の一つとして「大村」の名は「古老伝」として採録された。

なお、明治四二年（一九〇九）の吉田東伍編『大日本地名辞書』は、真壁郡大村郷を「今詳ならずと雖、海老島辺に近時大村の村名を立てしは、土俗に所依あることならん」と記す。[23] 吉田氏は、大村郷の比定地を未詳とするが、「海老島辺」に大村という名で明治期に立村されたことをもって、地元に伝承があると推定したのである。

以上のように、『和名類聚抄』が載せる真壁郡の郷名のうち、神代郷と大村郷は永らく比定地未詳だった。それが一九世紀には、民衆の地誌編纂による地名考証の結果、比定地が設定された。それらは、現在の研究水準に照らせば推定困難だが、その所説は先行研究を継承することによって後続の地誌にも反映し、二〇世紀に至り「古老伝」として地元に定着したのである。

表16 「海老ケ嶋九ケ村」の概要

村　名	村高(元禄郷帳)(石)	所領構成(1700年＝元禄13現在)		戸数(年代)
新　宿	1096.835	3給	稲葉・小笠原・内藤(武州赤沼藩)	106(明治18)
松　原	1255.133	2給	堀・内藤(武州赤沼藩)	94(明治4)
倉　持	507.540	3給	朝比奈・折井・内藤(武州赤沼藩)	49(明治2)
中　根	339.990	3給	佐野・朝比奈・内藤(武州赤沼藩)	
山王堂	163.598	2給	土屋・折井	
田　宿	246.205	1給	内藤(武州赤沼藩)	40(明治2)
鍋　山	190.127	1給	斎藤	
内　淀	229.810	1給	斎藤	
猫　嶋	170.782	1給	米喜津	23(明治2)

第2節　歴史認識の変容──「海老ケ嶋九ケ村」を事例に──

(一)地域概況

前節のおわりでは、民衆の地誌編纂による地名考証が「古老伝」として定着する過程を検討した。ここで問題となるのは、地域社会における従来の歴史認識と、新しい「古老伝」との関係である。新しい「古老伝」が地域社会で受容されるとき、従来の歴史認識はどうなったのか。この点につき、古代の大村郷に比定された近世常陸国真壁郡の村々を事例として検討しよう。

具体的にとりあげるのは、海老ケ嶋・松原・倉持・中根・山王堂・田宿・鍋山・内淀・猫嶋の九カ村である。ほぼ近世を通じて、これらの九カ村は「海老ケ嶋九ケ村」と称する村連合を形成し、同時に「海老ケ嶋郷」という地域呼称が使われた。各村の概要は表16の通りである。なお「海老ヶ嶋九ケ村」については、筆者や須田努氏の先行研究があるので[24]、それらを前提におきたい。

さて、図11[25]は、元禄一三年(一七〇〇)頃の「海老ケ嶋九ケ村」を描いた絵図である。

図中の黒々とした線は、土塁と思われる。城郭は、川や低湿地に囲まれた中心部と町場を形成する周縁部から構成され、全体は土塁と川で囲

図11 「海老ケ嶋九ケ村」絵図

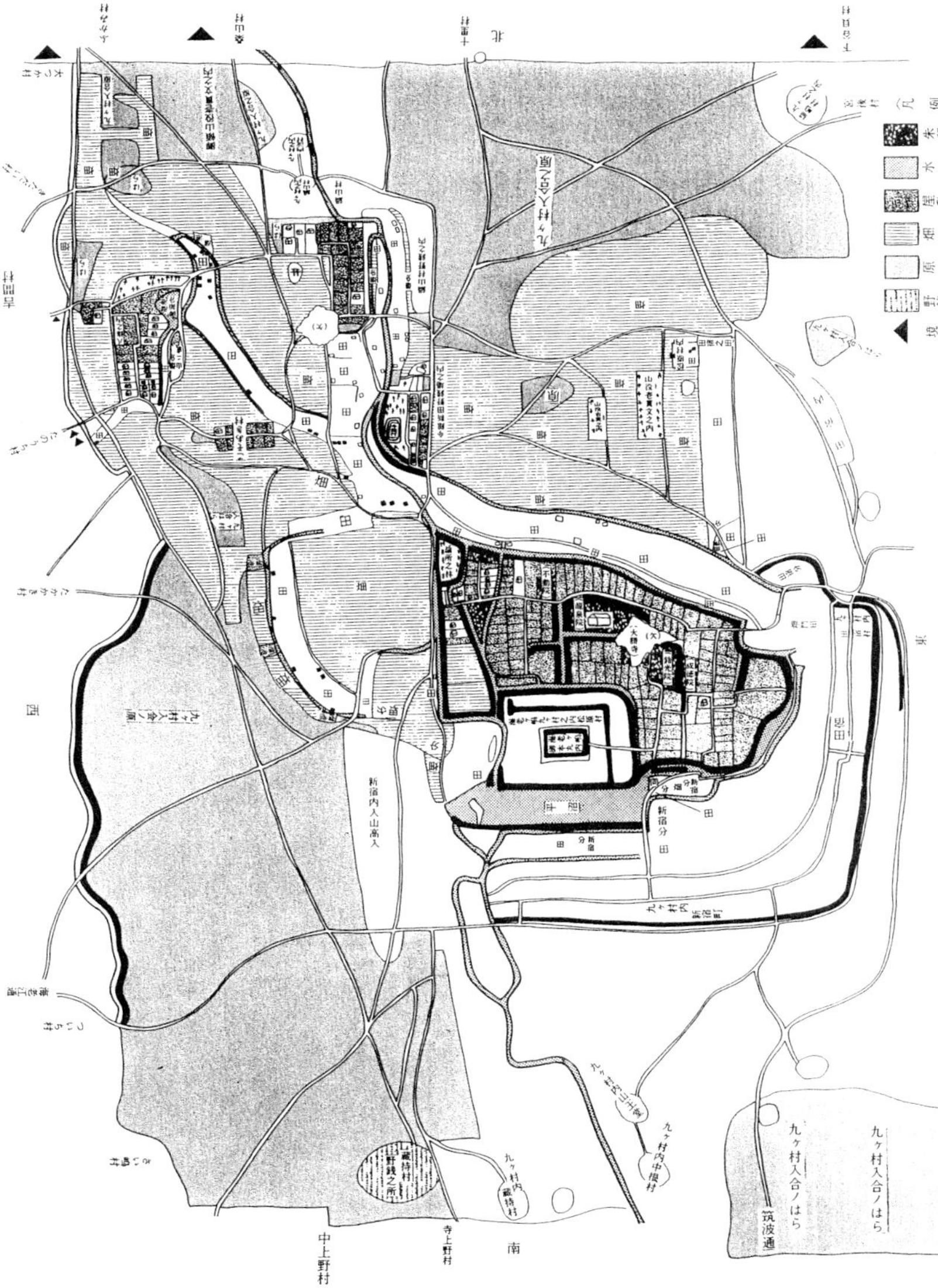

まれている。中心部は中世史料に「巣城」と表現され、町場には「新宿」「田宿」があって、西の土塁出口には「戸張」の地字が残る。(26)

絵図の右上隅には猫嶋村が描かれている。もともと猫嶋村は、観音川を挟んで対岸の下谷貝村からの分村で、中世末期には佐竹氏の支配下にあった。天正一八年(一五九〇)頃の「中原主計条書」(27)には、「ゑひかしま」と「ねこ嶋」での「うち物」=合戦が記されている。また文禄四年(一五九五)七月一五日付の宍戸四郎宛佐竹義宣知行充行状(28)では、「海老嶋」と「ねこしま」が並んで登場する。遅くともこの頃までは、「海老嶋」と「ねこしま」は別個の領域と認識されていた。

図11に示された「海老ケ嶋九ケ村」は、桜川支流の観音川・大川に挟まれた微高地と、大川西岸の台地上に展開する。後者に立地するのは倉持村と松原村の小名篠之内のみで、残りはすべて前者に位置している。また猫嶋村を除いては、みな旧海老ケ嶋城の周濠を形成する小河川に面する。この小河川は「大川」と呼ばれ、台地縁及び上流の鍋山村地内の湧水を主な水源とする。また「大川」は、上流の鍋山村・内淀村の排水路であると同時に、下流の村々の主要用水路でもあった。この用水体系の成立時期は不明だが、旧海老ケ嶋城の存在を考えれば、近世以前にさかのぼる可能性がある。近世初頭に成立する猫嶋村の用水は、観音川から取水され、田宿村の水田をも潤して、松原村で「大川」へ落ちた。この時点で「海老嶋」と「ねこしま」は、大川を介した用排水体系でつながったといえる。「海老ケ嶋九ケ村」の水田は「大川」流域の低湿地を中心に広がっている。畑地は微高地上に広く展開し、一部に雑木林を残している。したがって「海老ケ嶋九ケ村」の景観は、畑地の開発によって減少する入会林と、限られた水田を維持する一本の用排水体系で特徴づけられる。

(2)「海老ケ嶋九ケ村」の成立過程

「海老嶋」の史料上の初見は、天文一八年（一五四九）三月一九日付の熊野神社御師旦那売券で、[29]売渡旦那中に「田中庄一円、大嶋・海老嶋共ニ、北条、先達者熊野堂門弟引一円」とある。これ以前、同じ地域には「倉持郷」が存在した。[30]

「海老嶋」は、当地に存在した海老ケ嶋城と一括して語られることが多い。海老ケ嶋城は、弘治二年（一五五六）のいわゆる山王堂合戦の関係史料に見えるのが初見で、[31]このとき小田氏領だった海老ケ嶋城は、結城氏に領有された。その後、永禄三年（一五六〇）に小田氏は城を奪還するが、[32]永禄一二年（一五六九）に今度は佐竹氏が小田氏を追い、[33]以後「海老嶋」は佐竹氏の支配下に入る。

山王堂合戦当時の海老ケ嶋城主は平塚氏である。平塚氏について、『新編常陸国誌』は「本姓未定」とし、新治郡平塚村を名字の地と推定する。[34]平塚氏の史料上の初出は、永禄四年（一五六一）の関東幕注文で、[35]永禄一二年（一五六九）三月七日付の上杉謙信宛長尾憲景書状写によれば、海老ケ嶋城攻撃の際、城主の「平塚刑部太輔」は「親類家風之者」まで「證人」を差し出し「赦免」されたという。[36]

ここで平塚氏に関して「海老ケ嶋九ケ村」の村々に伝わった伝承をまとめておこう。海老ケ嶋村の海老山長信院の願書[37]では、明応元年（一四九二）創建、開山を天真大渓和尚、開基を平塚三郎と伝える。また田宿村の不動堂は、もと平塚山城守の護持仏だった不動明王像を安置し、平塚山普門寺と呼ばれたという。[38]さらに倉持村には、後述する宍戸氏の海老ケ嶋入城に際して平塚山城守が行方郡武田へ所替となり、その地で没したという伝承が残る。なお倉持村境の塚は「自監塚」とも呼ばれ、太田三楽斎資正に討たれた「自監」の墳墓と伝える。[39]ちなみに『新編常陸国誌』には「平塚阿波守後自監ト号ス」「小田牢人平塚強右衛門、父弥四郎小田ニテ打死」などの記事がある。『手這山合戦記』[40]によれば、この「平塚阿波守」は真壁氏家臣の酒寄備前に討ち取られたという。

その後の海老ケ嶋城は、文禄四年（一五九五）に佐竹氏の外様武将である宍戸四郎が城主となって、慶長七年

（一六〇二）の秋田転封まで「海老嶋」を支配した[41]。その後は廃城になり、常陸国一円は幕府領となって慶長七年（一六〇二）に検地を受けた。また「海老嶋」と、その北に隣接する「ねこしま」は、のちに真壁藩浅野氏の所領となり、慶長一二年（一六〇七）に地詰検地を受けた。このとき「海老嶋」は、海老ケ嶋[42]・松原・倉持・中根・山王堂・田宿・鍋山・内淀の八つの近世行政村に再編成された。「ねこしま」も、猫嶋村として近世行政村のスタートを切った。

やがて両者は「海老ケ嶋九ケ村」や「海老ケ島郷」と呼ばれる一つの村連合を形成する。「海老ケ嶋九ケ村」の史料上の初見は、慶安二年（一六四九）の野境論裁許状である。

［史料4[43]］

常陸国海老ケ嶋九ケ村与十里村野境論之事

見分以遂穿鑿之処ニ、東者大塚・西者大神宮之西海子之木ニ前々ゟ境之由、互ニ申所無紛上者、自今以後右両所之境直ニ見通野境ニ可用、但田地之儀者跡々ゟ作来候通、不可有違乱、為其双方へ證文下置者也、

慶安弐丑六月十四日

勘左衛門㊞
次郎右衛門㊞
与兵衛㊞
半左衛門㊞
新蔵㊞
越前㊞

海老ケ嶋九ケ村

名主百姓中

これは、「海老ケ嶋九ケ村」とその北に続く十里村の間で争われた野論に関する江戸幕府裁許状である。裁許の内容は、東側の「大塚」と西側の「大神宮之西海子之木」が以前からの境であることを承認したもので、この裁許によって「海老ケ嶋九ケ村」の北側の境が確定したと思われる。この野境は、実際には猫嶋村と十里村の境で、この裁許状も猫嶋村の名主宅に残されている。にもかかわらず、この野論が「海老ケ嶋九ケ村」として争われたのは、論所が九カ村入会の場だったからに他ならない。

このように「海老ケ嶋九ケ村」は、入会林野や前述の用排水体系を基盤として結集した。続いて次の史料を見よう。

［史料5］(44)

常陸国下谷貝村与同国海老ケ嶋九ケ村之内猫島村与野論之事、令糺明之処、下谷貝村之者年来猫島村之野江入来、馬草苅取候由雖申之、慶安弐年海老ケ嶋与十里村野論之節、検使遂見分、九ケ村江遣置証文之面、右之野九ケ村入会たる事分明ニ候、其上下谷貝村田地与右論地之間ニ猫島村新畠数多有之、若入会之地ニ於有之者、開発之砌下谷貝村ゟ其断可有之処不及其儀、彼此以下谷貝村之者非拠之儀ニ候、依之絵図之面境を相立、北者検使証文之境用之、東者下谷貝・猫島両村之田畠をさかい、海老ケ嶋九ケ村并下谷貝村之境たるべし、為後鑑境筋之上各加印判双方へ下置之条、永不可違失者也、

寛文七年丁未三月廿五日

松　猪右 ㊞

岡　豊前 ㊞

渡 大隅㊞
嶋 久太㊞
加々 甲斐㊞
小 山城㊞
井 河内㊞

これは、下谷貝村と「海老ケ嶋九ケ村之内」猫島村の野論に関する江戸幕府評定所裁許絵図裏書である。その内容は、［史料4］の論所だった猫島村の野に対して東に隣接する下谷貝村が年来の入会地であると主張したが、幕府は［史料4］の裁許を根拠にそれを否定し、「海老ケ嶋九ケ村」の入会野であると確定したものである。猫嶋村はもともと下谷貝村からの分村なので、下谷貝村から猫嶋村の野へ入ったり、下谷貝村の近くに猫嶋村の「新畠」があっても不思議はない。しかし、この裁許で「九ケ村入会」の野は「前々ゟ」のものと確定された。

また「海老ケ嶋九ケ村」の用排水関係については、寛文一二年（一六七二）松原村地内の平沼をめぐる水論裁許を参照しよう。(45) 平沼は、先述した「大川」が流れ込む旧海老ケ嶋城の周濠で、松原村・海老ケ嶋村・倉持村・山王堂村・中根村のほか、「大川」末流の石田村の用水源だった。訴訟の争点は、松原村が用水の独占及び平沼の埋め立てによる新田開発を図ったこととの是非であった。この訴訟の裁許絵図裏書の表題に「常州海老ケ嶋之内松原与新宿村・倉持村・山王堂村・中根村・石田村此五ケ村沼井堰論之事」とあるところから、訴訟は海老ケ嶋村・倉持村・山王堂村・中根村の四カ村が石田村をとりこみ、「海老ケ嶋九ケ村」共益の論理をもって出訴したと考えられる。裁許の結果は松原村の敗訴で「海老ケ嶋九ケ村」の用水源は維持されることになった。

（3）精神的紐帯と結集の担い手

村々の生産に不可欠な林野と用排水の共益関係を基盤として成立・機能した「海老ケ嶋九ケ村」は、その結集をさらに精神的紐帯によって強化していった。次の史料を見よう。

［史料６］(46)

乍恐以書付御訴詔申上候御事

常陸国真壁郡海老ケ嶋九ケ村　訴詔人

稲葉市右衛門知行所
小笠原伝四郎知行所
内藤式部少輔知行所
　海老ケ嶋村
　　伝兵衛
　　弥兵衛
　　又左衛門
　　十右衛門

堀三六郎知行所
内藤式部少輔知行所
　松原村
　　甚右衛門
　　善六

米喜津小太夫知行所
　猫嶋村
　　市左衛門

斎藤帯刀知行所
　内淀村
　　次郎左衛門

斎藤帯刀知行所
　鍋山村
　　三郎左衛門

内藤式部少輔知行所
　田宿村
　　助右衛門

折井市左衛門知行所
土屋半左衛門知行所
　山王堂村
　　甚左衛門

次郎兵衛

中根村
市郎右衛門
源六
清左衛門

佐野内蔵丞知行所
朝比奈彦右衛門知行所
内藤式部少輔知行所

倉持村
九兵衛
吉兵衛
九左衛門

同国同郡　相手
朝比奈彦右衛門知行所
折井市左衛門知行所
内藤式部少輔知行所

一、台原馬草場之儀者、従先規海老ケ嶋九ケ村入相ニ、馬草苅来り申候儀紛無御座候処、今度倉持村之者共我儘仕背先例、九ケ村へ相談無之壱ケ村ニ而寺上野村と台原郷境論仕、其上ニ為相知申候付、右九ケ村相談仕候内、御公儀様へ御訴詔申上、寺上野村と立合之絵図仕候付、九ケ村立合可申と度々相断申候処、我儘計仕不届ニ奉存候、海老ケ嶋九ケ村ニ証拠段々御座候御事、

一、九ケ村入相之馬草場と十里村出入出来候刻、先例ニ付九ケ村相談仕、御訴詔申上候処、筋目故、五拾弐年以前慶安弐年丑年御証文頂戴仕候、并三拾四年以前寛文七年未之年下谷貝村と出入并之節茂、九ケ村入相之御証文頂戴仕、猫嶋村ニ所持仕候御事、

一、慶安弐年丑年、九ケ村御拝領被遊候節、村々御地頭様方　御公儀様御証文被下置候間、先例之通相守候様ニと御連判之書付被下候、其刻倉持村御拝領之御地頭室賀下総守様唯今御地頭相替候付、倉持村之者共我儘成御訴詔申上候御事、

一、拾八年以前天和弐年亥年、九ケ村之内中間論仕候節、九ケ村入相之御証文海老ケ嶋村ニ所持仕候御事、

一、拾三年以前辰年、九ケ村入相之馬草場ニ少シ之切添茂村々ゟ切出し申候ハ、馬草場詰リ申候間、重而切出し申間敷と仲間吟味仕、九ケ村鎮守於神前名主共血判候儀、田宿村ニ所持仕候御事、

右之通御座候間、致為聞召分先規之通ニ致為　仰付被下候ハヽ、難有可奉存候、委細御尋被遊之上口上可申上候、已上、

元禄拾三年辰八月日

御奉行所様

［史料七］は、元禄一〇年（一六九七）から同一六年（一七〇三）にかけて争われた「海老ケ嶋九ケ村」と「上野四ケ村」による「郷境論」の一環で出された「海老ケ嶋九ケ村」側の訴状である。(47) 史料の内容は、「海老ケ嶋九ケ村」の入会野がこれまでいかに守られてきたかを主張しており、［史料４］や［史料５］の内容も盛りこまれている。その最後に、元禄元年（一六八八）に「九ケ村」入会秣場の開発による秣場不足を抑えるため、「重而切出し申間敷と中間吟味」をして「九ケ村鎮守於神前」で血判をおこない、それを田宿村に預けたことが述べられる点に注目したい。「重而」という点から、「仲間吟味」はこれが最初ではないことがうかがえよう。

「九ケ村鎮守様」とは、倉持村の雲井宮鹿嶋神社を指している。鹿嶋神社は大同二年（八〇七）藤原宗成による創建、永正元年（一五〇四）小田成治による再興を伝え、中世には「倉持郷内大宮」と記された古社である。(48) 同社所蔵の、慶長九年（一六〇四）六月五日付の伊奈忠次社領宛行状によれば、宛先は「ゑびか嶋大明神」とあり、雲井宮神社が「海老嶋」の総鎮守だったことを物語っている。また元禄元年（一六八八）に作成された血判状は、田宿村の大膳院という修験者に預けられた。(49) 大膳院とは田宿村の元禄検地（一六九七）に「大膳」と見え、先に述べた平塚山普門寺を名乗った。

ここで「海老ケ嶋九ケ村」の寺檀関係を見ると、九カ村のうち松原村を除く八カ村に長信院の檀家が存在した。(50)

前述の通り、長信院は海老ケ嶋城主平塚氏の位牌をまつる寺で、境内に平塚山城守の供養塔を建て、「九ケ村菩提所」と意識されていた。(51)各村の檀家代表は村役人が勤め、村には執事役人がおり、倉持村名主で鹿島神社神主の倉持家が「惣旦惣代」＝檀家惣代を勤めていた。

このように「海老ケ嶋九ケ村」は、共益維持の機能を持つ一方、雲井宮神社（神社）・大膳院（修験）・長信院（寺院）という宗教的権威によって結びつけられていた。重要なことは、これらがすべて海老ケ嶋城の由緒を主張する点である。言い換えれば、共益関係を維持する精神的紐帯は、中世「海老嶋」の歴史に源泉を求めるものだった。ここから「海老ケ嶋九ケ村」は、断絶した中世「海老嶋」の歴史を取り込むことで、自らの精神的紐帯を新たに作り上げたといえよう。

ここで興味深いのは、須田努氏が明らかにした、猫嶋村の草切り百姓「六人党」の動向である。(52)「六人党」の旦那寺は、下谷貝村密蔵院と海老ケ嶋村長信院の二カ寺だが、このうち組頭を勤める飯泉一族はその両方に檀家を分けている。下谷貝村は「六人党」の出身村で、彼らの元来の菩提寺は密蔵院と思われ、飯泉一族の檀家分割はなんらかの意図に基づくと考えざるを得ない。

おそらくその理由は、中世に「海老嶋」と別個の領域だった「ねこしま」＝猫嶋村が「海老ケ嶋九ケ村」へ結集するにあたり、猫嶋村役人が長信院との寺檀関係を意図的に結んだためと考えられる。長信院檀家となることは、他の八カ村の村役人と同様に平塚氏の菩提をまつり、中世「海老嶋」の歴史認識を共有することを意味するものだろう。

中世に別個の領域だった両者が、近世に一つの村連合を形成した理由は二つ考えられる。一つは、中世の地域権力が解体し、両者の間の政治的な断絶要因が解消したこと。もう一つは、両者が景観的に連続し、林野や用水を共有すべき環境だったことである。ここで注目すべきは、前述の猫嶋村の用水が近世初頭の成立と推定される点である。この用水は、猫嶋村にとって少ない水田の安定を確保する上で不可欠で、中世地域権力の解体時点で猫嶋村が設置に動いたことは想像に難くない。また「海老嶋」と猫嶋村の間の林野は、両者の生産にかかわる入会林として保全が図られたと思われる。その時期は、[史料4]の野論裁許以前の一七世紀前半に求められよう。

それでは「海老ケ嶋九ケ村」結集の実質的担い手は誰か。各村の村役人に維持されたことは明らかである。彼らの多くは戦国期以来の土豪の系譜をもち、経済的にも村内の上層に位置していた。例えば倉持村の名主は鹿嶋神社の神主を勤める一方、無高の「屋敷者」を抱える村内第一の土地保有者だった。また山王堂村・猫嶋村・中根村の村役人は、初期検地で大量の耕地を名請し、環溝を廻らした屋敷地に居住するなど、村内で卓越した存在だった。(53)しかも彼らは前述した「小田家風記」に名を連ね、平塚氏家臣の伝承を伝えている。(54)その意味で「海老ケ嶋九ケ村」とは、各村の草切り百姓の系譜を引く村役人の連合体だった。

ここで留意すべきは各村の小前層の動向である。例えば、猫嶋村は鹿嶋神社の氏子だが、鹿嶋神社の史料を見る限りでは、猫嶋村の小前層が関与した形跡は見られない。須田努氏によれば、(55)猫嶋村には米御膳明神なる独自の鎮守が存在した。米御膳明神は、もと「六人党」である高松一族の氏神だったが、近世中期以降に小前層を中心とする村全体の鎮守となった。また、名主自身が神主である山王堂村をはじめ、他の八カ村にも小社は存在する。この点からすれば、「海老ケ嶋九ケ村」の歴史認識は、決して全村人が共有したとはいえないだろう。

(4)村連合の崩壊と歴史認識の変容

先に触れた元禄期の「郷境論」は、「海老ケ嶋九ケ村」をめぐる大規模な出入である。これは、倉持村と寺上野村境の池堤で、倉持村の村人が草を刈ったことを、寺上野村側が咎めたのが発端だった。しかし他の八カ村は、倉持村が「海老ケ嶋九ケ村」の一つであり、寺上野村も「上野四ケ村」を構成していたところから、これを「郷境論」として認識した。ところが倉持村は、この訴訟を自村の林野の問題として八カ村を排除したため、八カ村は「海老ケ嶋九ケ村」の論理から別に倉持村を訴えたが、結果は倉持村の勝訴で終わった。

その後、享保九年（一七二四）には、［史料4］に記された「海老ケ嶋九ケ村」の境塚が、猫嶋村の村人に切り崩される事件が発覚する。[56] このとき倉持村を除く他の七カ村は、境塚を復旧すること、従来猫嶋村の名主一人で管理してきた［史料4］の裁許状を「海老ケ嶋九ケ村」の共同管理とすること、の二点を要求した。これに対して猫嶋村の名主は、塚の切り崩しは偽りである、裁許状は「野元」である猫嶋村が代々管理してきたと主張した。この結末は、地頭所役人の検分で境塚の切り崩しが判明し、裁許状や裁許絵図は「海老ケ嶋九ケ村」の名主立会で封印されて、猫嶋村の名主が従来通り管理することになった。

享保九年の訴訟が、倉持村を除く八カ村で起こされたことは興味深い。ちなみに元文元年（一七三六）松原村「手鑑」[57]では、入会地が「八カ村入会」と記載されていた。「郷境論」で倉持村に敗北した八カ村は、その後「海老ケ嶋八ケ村」として結集の再構築を図ったことが明らかである。

さて、表17は、小野崎克巳氏が作成した「海老ケ嶋九ケ村」を舞台とする村方出入一覧である。[58] そのほとんどが一九世紀に起きており、しかも出入の当事者は、各村の村役人や寺社・修験など、「海老ケ嶋九ケ村」の結集の担い手であることがわかる。

例えば、田宿村の普門寺は、文政五年（一八二二）に村から課せられた村役負担につき、修験であることを理由に拒否しようとしたが、年貢地に住み五人組にも加入するため認められなかった。その後も普門寺は、相撲興行、支配下の社地の伐木、修験道三衣の着用などをめぐって、嘉永二年（一八四九）から九年にも及ぶ訴訟を起こすが、村や地頭所・勘定奉行らから拒否されている。また山王堂村の山王権現社の社木は、一八世紀後半以降海老ケ嶋村長信院の管理下にあったが、嘉永六年（一八五三）に神主で名主の柴尾張は無断で伐木を敢行し、長

表17 「海老ケ島九ケ村」の村方出入一覧

年　月	村　名	出　　入
享保３．２	倉　持	徳蔵坊一件おこる
７．１	〃	〃　内済
宝暦４	山王堂	長信院山王権現社の社木買取、山王権現社へ寄附
５．10	松　原	屋敷内立木伐木一件おこる
７．12	猫　島	新百姓兵右衛門聟村披露一件内容
11	倉　持	石仏一件おこる
11．11	〃	〃　内済
天明８．４	鍋　山	年貢その他滞一件内済
寛政２．１	倉　持	村役取り決め一件おこる
11．６	山王堂	田畦切落並植田荒一件おこる
11．７	〃	〃　内済
文化元．10	倉　持	新規石塔一件おこる、同内済
８．12	〃	竜蔵山墓所立木一件おこる
９．５	〃	〃　内済
文政２．11	松　原	名主不正一件おこる
３	山王堂	水除堤切崩一件おこる
５．10	田　宿	普門寺永浄夫役人足拒否一件おこる(普門寺一件始まる)
６．７	〃	〃　内済
９	倉　持	院居士号一件おこる
天保５	田　宿	普門寺永浄天王社前にて子供相撲を始める
13	〃	〃　名主善左衛門と相撲興業場所をめぐり争う
嘉永２．７	〃	名主養次普門寺主膳の抗議により相撲興業延期
２．９	〃	普門寺主膳道普請人足遅参
２．９	猫　島	堰枠諸入用金名主不正一件おこる(門訴一件)
２．12	田　宿	普門寺主膳不動尊社木伐木
４．８	〃	愛宕社にて相撲興業実施、主膳出役へ無礼振舞
４．12	〃	主膳、養次を寺社奉行所へ訴える
４．12	〃	勘定奉行所で普門寺一件吟味始まる
５．６	倉　持	倉持伊勢分家一件おこる
５．12	〃	〃　内済
６．10	倉　持	長信院葬式執行一件おこる、同内済
６	海老ケ島	仙定長信院住職就任
６	山王堂	柴尾張山王権現社の神主職を相続
安政９	猫　島	名主不正一件(門訴一件)内済
３．11	〃	米御前明神席論おこる
４．１	〃	〃　内済
４．４	〃	地頭所より新古の差別なく一村一体のつきあいの下知書でる

安政4．10	田　　宿	普門寺一件おわる
5	〃	円照竜雲寺住職就任、朱印地一件おこる
5	〃	養次、善左衛門と改名
6．12	猫　　島	新百姓作兵衛ほか8人古百姓の差別を訴える
文久元．2	〃	米御前明神立木引当金一件おこる
元．10	〃	〃　　参加者帳外となる
元．10	〃	〃　　寅次駕籠訴
元．10	山 王 堂	地所紛叫一件内済
2．2	猫　　島	米御前明神一件、寅次村払い
2．3	〃	〃　寅次以外詫書入内済
2．3	田　　宿	円照伐木を始める
2．4	山 王 堂	注連張木戸一件おこる
2．10	田　　宿	〃 吉間村成就院杉木伐木
2．11	〃	〃 百姓達行屋に集まり5社の立木伐木を決める
2．12	〃	円照ら「御輪旨待請」の行事を行う
2．12	〃	〃　出役に強訴
3．11	田　　宿	円照人別帳差し出さず、年貢直納
3．12	松　　原	篠野内不動林一件おこる
元治元．1	田　　宿	〃 長信院仙定に頼まれ山王権現社伐木に参加
元．1	山 王 堂	山王権現社にて争い疵人でる
元治元．7	海老ケ島	長信院仙定死去
元．9	田　　宿	円照江戸上府中死去
慶応3．10	山 王 堂	注連張木戸一件内済
慶応3	田　　宿	竜雲寺一件の処分決まる
明治元．3	倉　　持	作場道道筋一件内済
元．9	山 王 堂	山王権現社伐木一件内済
2．6	猫　　島	寅次帳外しを許される

信院を支援する他の「海老ケ嶋九ケ村」の村人たちと刃傷沙汰に及んだ。このほか、嘉永六年に長信院は鹿嶋神社神主の倉持家の葬式執行をめぐって出入を起こし、その倉持家もまた、本分家争いで嘉永五年（一八五二）に訴訟を起こした。猫嶋村でも、安政五年（一八五六）の米御前明神座論に端を発した、古百姓と新百姓の争いが起きている。

村役人と小前層、また村役人や寺社・修験の間の出入は、「海老ケ嶋九ケ村」の結集の担い手たちの力を弱め、結集を弱体化させていったと思われる。では、実際に「海老ケ嶋九ケ村」結集に変化はあったか。次の史料は、鹿嶋神社の縁起で、一九世紀に流布した『常陸国風土記』を引用する点から、幕末期の成立と考えられる。

［史料8］(59)

蝦夷鹿嶋　雲井宮郷造神御鎮座記

（中略）

雲井宮　　又雲井大明神

社記曰、大同二年、正四位左中弁藤原宗成卿、新治郡水守村在之、帰京精祈蝦夷鹿嶋郷造神、感応有而帰洛、宗成卿奉幣曰、雲之上井民防護之尊宮也、恐年代久遠而、復人不可知、仍雲井宮ト奉宮号、伝永年

往古社造営者

小田城主八田右衛門尉知家、建久四年五月朔日丙子、鹿嶋修保神宮、功限成以七月十日祭定例、其後小田左衛門督源成治、依先例永正元年甲子、蝦夷鹿嶋神宮造替

蝦夷県名鹿嶋神号

通蝦夷鹿嶋九箇邑之所名総号成　　今海老箇嶋ト書者、天正之頃小田之支配下ニ海老箇嶋新左衛門ト云者居住而、社号恐而文字改云

倉持　松原　鍋山　内淀　猫島　新宿　中根　有田　山王堂　以上九村

（後略）

この縁起で注目すべき点は三つある。第一は、「蝦夷鹿嶋九箇邑」の構成村名である。史料中に記された九カ村と本来の九カ村を比べると、田宿村が有田村に入れ替わっている。幕末期には、「海老ケ嶋九ケ村」の構成村すら忘却され始めるほど、その結集が弱体化したことを物語っていよう。

第二は、海老ケ嶋を「蝦夷鹿嶋」と表記する点である。この地域に残る史料の中で、管見の限り「蝦夷鹿嶋」という記載はこの一点のみであり、しかもここでは「海老箇嶋新左衛門」なる人物にあやかって社号を変えたと述べて、海老ケ嶋城に全く言及しない。

第三は、その「海老箇嶋新左衛門」である。近世成立と思われる軍記物の『菅谷伝記』[60]によれば、山王堂合戦時の海老ケ嶋城に、平塚山城守の家臣で「海老嶋新左衛門」と「同七騎」がおり、手這山合戦の後には真壁氏の軍勢中にあったという。ちなみに現在、この地域に「海老嶋」姓の家は確認できないが、「小田家風記」には「海老嶋氏」の記述が見られる。「海老箇嶋新左衛門」の典拠は、おそらく『菅谷伝記』の如き、地域社会の外から流れ込んだ史書や軍記物だろう。

このように幕末期に頻発した村方出入は、「海老ケ嶋九ケ村」の結集の担い手と精神的紐帯を崩壊させていった。そして存立基盤を失った歴史認識も、外部からの知識の流入によって忘却、改変されていったのである。

表18は、近世の村と、明治二一年（一八八八）の町村制施行における行政村及び村連合の関連を示したものである。[61]ここで注目されるのは、「海老ケ嶋九ケ村」の一部の村々が、明治の村の名称に「大村」を選んだことである。これが前述した『新編常陸国誌』以来の、大村郷＝大林郷という地名考証を取り入れたことはいうまでもない。表18には、他に「長讃村」の名が見えるが、これは『新編常陸国誌』で『和名抄』の長貫郷に比定された

表18 「海老ケ嶋九ケ村」をめぐる近世近代村名比較

「郷」名など	近世村名	明治21
旧宮子郷	道法内	長讃村
旧押尾郷	宮山	長讃村
	有田	大村
海老ケ島	中根	大村
〃	山王堂	大村
〃	海老ケ島	大村
〃	松原	大村
〃	田宿	大村
旧押尾郷	押尾	長讃村
旧宮子郷	勝宮	長讃村
〃	西宮後	長讃村
〃	東宮後	長讃村
海老ケ島	猫島	長讃村
〃	倉持	大村
〃	鍋山	村田村
〃	内淀	村田村

注：「明21」は明治21年町村制下における、近世行政村の編成状況を表わしている。

猫島村や田宿村と、同じく伊讃郷に比定された源法寺村（現真壁町源法寺）などが合村したことに由来する。そしてここには、近世に語られてきた中世「海老嶋」「ねこしま」の歴史認識は微塵も反映されていない。

(5)小　括

　最後に、中世「海老嶋」の伝承の行方を確認しておこう。第1節でとりあげた『杉山私記』には、海老ケ嶋村の項で結城流海老原氏の伝承が述べられている。海老原氏は、結城成朝の嫡男が成人して海老原左近将監輝明と名乗ったのが初代で、寛正二年（一四六一）から応仁元年（一四六七）にかけて海老ケ嶋城を築城した。二代俊朝・三代俊元と続いたが、永禄一一年（一五六八）に宍戸氏・真壁氏らの攻撃を受けて落城、俊元は倉持村で討たれてその首塚が作られた。落城後の海老ケ嶋城は宍戸氏の配下になり、平塚山城という者を天正年間まで置いたという。

　この記述の典拠は、倉持村の名主で鹿嶋神社神主である倉持家の系譜と、筑波郡谷井田村名主の結城氏（近世の海老原氏）系譜にあると思われる。倉持家では、一九世紀に家譜と地域の歴史を研究していた。糸賀茂男氏によれば(62)、倉持家は宍戸氏の系譜を引く系図を幕末から盛んに編纂し、中世には倉持村地内に倉持館を構えたと考証する。そして自らの先祖は、海老ケ嶋城主平塚氏を監視するため倉持村に居住したと述べ、従来の地域史との整合を図っている。また、結城氏系譜によれば、俊元の子の太郎将監は後北条氏に仕えたのちに谷井田村へ土着、その子孫は伊奈忠治の下で「谷原三万石」の開発に従事したという。[63] これらは、第7章で検証した一九世紀の旧家における家譜の編纂と同じ動きと認められよう。だが、これらの系譜の内容は、本来語られるべき「海老ケ嶋九ケ村」はおろか、中世「海老嶋」の史実とも大きく異なっている。この伝承の当否を今は必要としない。大事なことは、一八世紀まで保持されていた「海老嶋」の歴史認識が、一九世紀に入り、その存立基盤とした社会構造の崩壊にともなって失なわれたという事実である。

失われた歴史認識の空隙を埋めたのは、旧家における家譜編纂の成果と、『新編常陸国誌』以来の地誌の記述だった。この結果、歴史認識は、近世と近代で全く内容が異なってしまった。一九世紀に現れた新たな「海老嶋」の伝承は、その後、二〇世紀後半に編纂された自治体史に収録され、現在も生き続けている。[64]

第3節　ま と め

地域社会における地誌編纂は、村方旧記を成立せしめた地域への視座をもって着手された。その背後には、一八世紀に地域社会で展開する旧臣調査の影響を受けて、地理的・歴史的事象を広範囲に記す書物の出現があった。しかし、それらが地誌という形式にまとめられるには、編纂者が地誌編纂の思想を獲得する必要があった。事例にとりあげた武蔵国及び常陸国の場合、地誌編纂の思想は先行する藩撰地誌や江戸からもたらされたもので、そこには直接・間接に幕藩領主層の関与が見られた。また同時に、地誌編纂の思想の影響を受けた在方の知識人によるネットワークが構築されて、地誌編纂に関するさまざまな情報が流通していた。

したがって地誌の記述内容は、先行地誌が存在する場合、その内容を継承・補強するかたちで変容を続けた。「海老ケ嶋九ケ村」の事例では、今度はその記述を地域の人々が学習することで、従来とは異なる新たな歴史認識を生む結果をもたらした。但し、それは単に新しい知識の獲得にとどまるものではなく、一八世紀から一九世紀にかけて地域社会で見られた歴史認識の変容過程と軌を一にしていた。従来の歴史認識の存立基盤が崩壊した間隙に、地誌が地域社会へ外部の知識を導入し、それを定着させたといえよう。その意味で、地域社会における地誌編纂、その地誌の記述変容、そしてその記述の知識を受け入れた地域における歴史認識の変容もまた、一九世紀日本地誌編纂史の重要な論点であると本書では考えたい。

（1）『新訂増補埼玉叢書』第一巻（一九七〇）、三六四頁。
（2）『郷土研究さしま』二（茨城県猿島町、一九八九）所収。なお、門前博之氏による解題を参照。
（3）『土浦市史編集資料』第一五編（一九七一）、二一五頁以降所収の「小田城家風記」。『筑波町史　史料集』第一〇篇（現茨城県つくば市、一九八六）、一二三頁以降所収の「小田家風記」など。なお、土浦市立博物館学芸員の木塚久仁子氏から御教示を得た。
（4）泉正人「『旧臣帳』考」（滝澤武雄編『論集中近世の史料と方法』、東京堂出版、一九九一）、井上攻「宇都宮『旧臣』の村」（森山恒雄教授退官記念論集『地域史研究と歴史教育』、一九九八、のち同『由緒書と近世の村社会』に収録、大河書房、二〇〇三）などを参照。
（5）羽賀祥二『史蹟論』（名古屋大学出版会、一九九八）、一一六頁。
（6）『筑波町史』上巻（現茨城県つくば市、一九八九）、三五七頁。また盛本昌広「近世における小田氏関係史料収集の背景」（『史苑』五八―二、立教大学史学会、一九九八）を参照。
（7）『埼玉叢書』第二巻（一九七〇）を参照。
（8）中元幸二「北条氏所領役帳の諸本について」（『神奈川地域史研究』一五、一九九六）を参照。
（9）八潮市立資料館第一一回（生涯学習）企画展図録『寺子屋――地域の情報センター』（一九九五）を参照。なお、久慈千里氏から御教示を得た。
（10）羽賀祥二「『風土記』・『図会』の編纂と地域社会」（『関東近世史研究』三六、一九九四、のち註5『史蹟論』に

収録）及び山野清二郎『校注武蔵三芳野名勝図会』（川越市立図書館、一九九四）の解題。

(11) 註(1)、四〇三頁。なお、註(10)『校注武蔵三芳野名勝図会』を参照。

(12) 註(5)、三〇八頁。

(13) 『新編埼玉県史』資料編一〇（近世一・地誌）、三九頁。

(14) 註(10)『校注武蔵三芳野名勝図会』。

(15) 以下、宮本に関する記述は『茨城県立歴史館史料叢書』五・近世地誌Ⅰ（二〇〇二）、一五～一八頁を参照。

(16) 盛本昌広「地域史と地誌編さん」（『竜ケ崎市史研究』九、一九九六）。

(17) 『常陸誌料　郡郷考』（博文館、一九〇二）。なお、註(15)を参照した。

(18) 以下の記述は、小松修「近世後期下総飯沼地域の文化状況」（『史叢』五一、日本大学史学会、一九九三）、同「秋葉義之宛の黒川春村書翰」（日本大学人文科学研究所『研究紀要』三八、一九八九）所収の書翰②を参照。

(19) 註(5)、二九二頁。

(20) 橋本直子「（近世）中期以降の新田開発と村落景観」（木村礎編『村落景観の史的研究』、八木書店、一九八九）、原田信男『中世村落の景観と生活』（思文閣出版、一九九九）、一三八頁以降などを参照。

(21) 本書は、明治大学文学部旧木村礎研究室による、村落景観に関する共同研究の過程で入手した。

(22) 井奥成彦「河岸と村落生活」（木村礎編『村落生活の史的研究』、八木書店、一九九四）。

(23) 吉田東伍編『大日本地名辞書』（冨山房、一九〇七）。

(24) 須田努「猫嶋村——草切り伝承を持つ村の成立過程」（前掲『村落景観の史的研究』所収）、同「村鎮守の形成と変容」（前掲『村落生活の史的研究』所収）、拙稿「『地方史』認識の形成と近世地域社会」（『関東近世史研究』三四、一九九三）、同「江戸時代の『郷』」（前掲『村落生活の史的研究』所収）。

(25) 明野町史資料第一二集『明野町の村絵図』（一九八六）絵図④。図1に関する記述は、木村礎編『村落景観の史的研究』（八木書店、一九八九）の成果を参照。

(26) 明野町史資料第一集『明野町の小字名図』（一九八一）を参照。

(27) 『筑波町史　史料集』第八編（一九八四）、一五六頁。

(28) 後掲註(41)宍戸四郎宛佐竹義宣知行充行状に同じ。

(29) 註(27)、一二四頁。
(30) 健田須賀神社文書（『茨城県史料』中世III、二七九頁）。
(31) 『関城町史』史料編III（一九八五）、四八一〜三頁掲載の諸史料を参照。
(32) 「結城家之記」『結城市史』一（一九八〇）、六八〇頁。
(33) 『関城町史』史料編III、四九〇頁。
(34) 宮崎救恩会版『新編常陸国誌』（常陸書房　一九六九）。
(35) 大日本古文書『上杉家文書』所収。
(36) 『関城町史』史料編III、四九〇頁。
(37) 慶安二年（一六四九）三月二〇日「（御朱印頂戴願写）」（明野町教育委員会所蔵・坪松家文書）。
(38) 茨城県明野町田宿の不動堂に掲げられた説明板による。
(39) 「雲井宮略縁起遷宮式」（明野町倉持・瀬尾家文書No.三二）。年不祥だが、一八世紀末の成立と考えられる。
(40) 「佐竹家旧記」（『土浦市史編集資料』第一五編、一九七二）、一八六頁。
(41) ここでは、『茨城県史料』中世III、一五一頁所収の、文禄四年（一五九五）七月一五日付の宍戸四郎宛佐竹義宣知行充行状の年代を採用した。
(42) 海老ケ嶋村は、江戸時代前期には「新宿村」と呼ばれたが、便宜上「海老ケ嶋村」で統一する。
(43) 明野町猫島・高松家文書、状一。なお、明野町史資料第二十一集『明野の訴訟出入(一)』（一九九四）、二三頁を参照した。
(44) 註(25)『明野町の村絵図』、解題二二頁。
(45) 寛文一二年一〇月二二日「常州海老ケ嶋之内松原村与新宿村倉持村山王堂中根村石田村此五ケ村沼并堰論之事」（前掲『明野町の村絵図』、一八頁）。
(46) 明野町教育委員会所蔵・坪松家文書。なお、註(43)『明野の訴訟出入(一)』、三四〜五頁を参照した。
(47) この訴訟の全容は、註(24)拙稿「江戸時代の『郷』」、一三三頁以降を参照のこと。
(48) 明野町倉持・倉持家文書No.九八八。註(24)拙稿「江戸時代の『郷』」、史料3。
(49) 明野町倉持・倉持家文書No.一〇六五。註(24)拙稿「江戸時代の『郷』」、一三一頁を参照。

(50)註(24)拙稿「『地方史』認識の形成と近世地域社会」、表4。
(51)明野町教育委員会所蔵・坪松家文書。註(24)拙稿「『地方史』認識の形成と近世地域社会」、史料4。
(52)註(24)須田努「猫嶋村――草切り伝承を持つ村の成立過程」、五七四頁。
(53)註(24)拙稿「『地方史』認識の形成と近世地域社会」、四五頁。
(54)註(3)に同じ。
(55)註(24)須田努「村鎮守の形成と変容」、三九六頁以降を参照。
(56)明野町山王堂・柴家文書、状―一般―二。註(23)拙稿「江戸時代の『郷』」、一四〇頁を参照。
(57)註(23)拙稿「江戸時代の『郷』」、一四〇頁。
(58)小野崎克巳「海老ケ嶋九か村における村方出入」(前掲『村落生活の史的研究』所収)。以下、「海老ケ嶋九ケ村」の村方出入については同論文による。
(59)明野町倉持・倉持家文書No.一〇五。明治大学文学部の旧木村礎研究室による調査の成果である。
(60)『続々群書類従』第四所収。
(61)註(23)拙稿「江戸時代の『郷』」、第4表を改変した。
(62)糸賀茂男「倉持氏関係史料」(『町史だより』二六、明野町、一九八八)。
(63)年次未詳「海老原家由緒書」(『伊奈町史』史料編三、一九九九)、三九九頁。また、茨城県伊奈町史文書目録第一集『結城康行家文書』(一九九二)、解説を参照。系図関係史料は作成年代の明確なものがないが、管見の限り一八世紀をさかのぼるものはないと思われる。なお結城氏の事例は宍戸知氏から御教示を得た。
(64)『明野町史』(一九八五)、二五三頁以降。

結論　総括と課題

第1節　総　括

第1部「近世地誌の成立」において、筆者は、日本近世に至り地誌の編纂が始まるまでの過程と、一七世紀から一八世紀前半における地誌編纂の実態を明らかにした。

東アジア世界において、地方の地理・歴史を記述する書物は、中国方志がその基本形式を作りあげて、朝鮮・ベトナム・日本へ影響を及ぼした。日本では、古代律令国家が八世紀に古風土記を編纂した後、一六世紀末まで地誌が編纂されなかった。江戸幕府が成立し、大名たちの領国が確定すると、彼らは領国を把握するため地誌を編纂し始めた。このとき大名たちが手本としたのは、中国明代の総志である『大明一統志』と古風土記だった。筆者は、彼らが古風土記に関心を示しながらも、古風土記がすでに失われていたため『大明一統志』が参考に用いられたこと、中国では地方志の編纂が地方統治の証明と考えられていたため、一部の大名が江戸時代の政治体制を中国の州県制に置き換えて理解したことを指摘した。このような地誌編纂の思想は林鵞峯によって広められ、一七世紀後半には各地で藩撰地誌が編纂された。その代表作は、寛文六年（一六六六）完成の『会津風土記』である。『会津風土記』は『大明一統志』を手本に、分類項目毎の記述形式をもって漢文で書かれた、飛地を含む会津藩領の地誌である。

一七世紀末の日本社会では、日本地理への新たな認識が生まれ、地誌への関心が高まった。このとき編纂されたのは一国地誌で、その代表作は元文元年（一七三六）完成の『日本輿地通志畿内部』＝『五畿内志』である。筆者は、江戸幕府が『五畿内志』編纂の調査を積極的に支援したことを具体的に解明し、また、『五畿内志』が地誌編纂の手本として日本各地へ広まり、一八世紀末まで多くの地誌へ影響を与えたことを指摘した。

第2部「日本型地誌の成立と江戸幕府」においては、一九世紀前半に江戸幕府がおこなった地誌編纂事業の全容解明を試みた。

一八世紀末から一九世紀初頭にかけて、江戸幕府は家系図・日記・法令集・歴史書・街道図など、さまざまな書物を編纂した。その一環として、当時の江戸湾と北方における対外危機認識から、幕府は勘定所を中心に江戸周辺地域と全国規模の二重構造で地理調査に着手したと論じた。また一方、享和元年（一八〇一）から昌平黌において日本全国の地誌の収集及び編纂事業が着手された事実を明らかにした。

次に、一九世紀前半に各藩及び各役所で編纂された地誌が、享和三年（一八〇三）に江戸幕府が発した地誌編纂内命に拠ることを明らかにした。その内容は、『五畿内志』が採用した形式である分類項目構成と漢文による記述ではなく、村別構成と和文による記述を求めたものである。筆者は、このような江戸幕府が定めた新しい形式の地誌を日本型地誌と命名した。

日本型地誌の代表作は、天保元年（一八三〇）完成の『新編武蔵国風土記稿』である。江戸幕府は、享和三年に、日本地誌の収集及び編纂組織として、昌平黌の中へ地誌調所を新設した。筆者は、地誌調所の出役たちが武蔵国で現地調査をおこなった過程を詳細に検証し、『新編武蔵国風土記稿』には徳川将軍家と村々との由緒が強調されて記述された点を指摘した。ここに江戸幕府の地誌編纂が持つ、民衆に対する領主の「心意統治」機能を筆者は評価したい。

第3部「地誌編纂と地域社会」においては、一九世紀に地域社会において地誌の編纂が着手される過程と、その背景及び影響について論じた。

地域社会において地誌の編纂が着手されるためには、幕藩領主から地誌編纂の思想がもたらされること、地域社会の側にそれを受け止める基盤が成立していること、の二点が必要であると考える。そこで、まず地域社会の事情を検証するため、近世の村社会で作成された家譜と村方旧記に注目した。家譜は、一七世紀半ばに成立する村の草切りの旧家の伝承を記した書物である。筆者は、一七世紀末に起きた村方出入を通じて、従来の旧家の勢力が低下すると、村の小百姓は旧家の伝承を改めて自分の村の伝承として取り込み、これを村方旧記として記述したと論じた。

村方旧記は一八世紀を通じて盛んに作成されたが、一九世紀には再興する旧家や新興の村役人の家で再び家譜の作成が始まり、村方旧記は村社会の構造変化の過程で衰退していった。このとき、地域社会の地理・歴史を記述するうえで、在方の知識人は幕藩領主層から地誌編纂の思想を学び、また彼らのネットワークで先行する地誌の情報などを収集しながら地誌を編纂し始めた。また、一九世紀の地誌に書かれた内容は、地域社会の構造変化により近世の歴史認識とは全く異なる内容を持つことを論じた。

本書で論じてきた近世地誌編纂史の流れを仮りに時期区分すれば、次のようになるだろう。

[第Ⅰ期]　一七世紀。領主層に古風土記や中国方志への関心が生まれ、領国地誌としての藩撰地誌が個別に作成された。寛文六年『会津風土記』において、近世地誌編纂の思想は確立されたが、その受容は進まなかった。

地域社会では、家譜の作成が進んだ。

［第II期］　一八世紀。一国単位の地誌編纂が始まり、『会津風土記』における地誌編纂の思想が次第に受容された。元文元年（一七三六）『五畿内志』はその代表作で、地誌編纂のテキストとして一八世紀末まで広範な影響を与えた。地域社会では、村方旧記の作成が進んだ。

［第III期］　一九世紀。江戸幕府の日本地誌収集・編纂事業が開始され、そこで生まれた日本型地誌の形式が、幕府撰・藩撰地誌に敷衍化された。地域社会では、再興する旧家や村役人の家において家譜の作成が再び始まるとともに、村方旧記の作成が衰退する一方、幕藩領主の地誌編纂の影響を受けた地誌の編纂が始まった。

第2節　課　題

本書では近世地誌の編纂に関する通史的理解をめざしたが、その諸画期は江戸幕府の政策と密接な関係を持っていたため、結果として江戸幕府の動向を主軸とした研究としてまとまった。だが、地誌の編纂自体は各藩で独自に編纂された場合も少なくなく、これらを十分に評価することができなかった。

また本書では、地誌編纂の思想の成立とその全国への普及過程を追求した。しかし、そこで登場した多くの儒学者や知識人において、彼らのどのような思想的営為の中に地誌編纂が位置付くのか、全く触れることができなかった。この点、並河誠所については井上智勝氏の研究があるが、(1)それ以外は今後の課題とせざるを得ない。

このほか従来の近世地誌研究では、鈴木牧之『北越雪譜』、赤松宗旦『利根川図志』、菅江真澄『菅江真澄巡覧記』などの民撰地誌が注目を集めてきた。これらの地誌は、領国や国郡を超えた独自の地域設定に基づき、丹念な現地調査をおこなっていた。その一方で、江戸をはじめ広域にわたる知識人のネットワークと、そこから導入される思想、知識、情報を得て執筆され、刊行された。これらの地誌は本書が明らかにした地誌編纂の思想と、後述する名所記の動向が交錯する地点に生まれたと、筆者は考える。これらの地誌を、個別作品として捉えるのではなく一つの群で評価するためには、名所記からのアプローチを加えた分析が必要と考えるが、これも今後の検討課題とせざるを得ない。

そのほか本研究全体に関わる二つの課題について、以下、簡単に補足する。

(一)名所記

日本文学史研究上で、近世初期の名所記は仮名草子の範疇に含まれる。仮名草子は庶民層を読者として、処世訓的内容から娯楽書・実用書へと展開した。その作品は、中世の紀行文を継受しながらも、その重要な要素だった古歌への情感を脱却したものといわれる。(2)

歴史学における名所記研究では、水江漣子氏の論考が現在の到達点だろう。(3)水江氏は、江戸庶民の文化状況を分析する中で、初期の名所記に見られた観念的な名所遊覧の傾向が、のちに消えて実用性を強めることを指摘した。この研究を受け継ぐ鈴木章生氏は、近世庶民の行楽行動に対する関心から名所記を検討し、(4)羽賀祥二氏は、「図会」という観点から名所記に注目する。(5)現在の筆者は、これらの研究成果に付け加えるものを持たないが、近世地誌編纂史の観点から若干触れておきたい。

初期の仮名草子的な名所記は、しばしば紀行文の形式を採用するが、これは一七世紀前半のことという。その例として、明暦四年（一六五八）の中川喜雲『京童』、寛文二年（一六六二）の浅井了意『江戸名所記』、延宝八年（一六八〇）の『難波鑑』などがあり、これらは他所の人がその土地を訪れる構成をとる。

それが一七世紀後半には、仮名草子の範疇に含まれない名所記が出現する。例えば、延宝五年（一六七七）の菱川師宣『江戸雀』は、江戸の町人が他所の人を案内する形式をとり、詳細な現地調査に基づき記されたという。(6)また、延宝九年（一六八一）の林宗甫『和州旧跡幽考』は、郡別に寺社や旧跡と和歌を紹介する和文の名所記だが、序文・跋文は漢文で記され、自序で「古記二百余部」の検索の事実が、跋文で「古蹟之勝探索」をおこなったことが書かれる。延宝三年（一六七五）の一無軒道治『難波名所蘆分船』(7)も、序文で難波の地に「皇居の跡」のあった記憶の薄れたことを述べた後、過去の追憶として各地の名所を尋ねた旨を記する。これらに見えるのは「旧名旧事」を記録しようとする、編纂者の意志の存在である。

この潮流のただ中に、『筑前国続風土記』編纂者の貝原篤信が位置する。貝原は延宝年間から紀行文の執筆を始め、延宝八年（一六八〇）『京畿紀行』、元禄五年（一六九二）『大和巡覧記』、宝永六年（一七〇九）『岐蘇路記』などを、ときに書肆の依頼を受けて刊行したという。(8)また大島武好の『山城名勝志』が京都の書肆によって刊行される際は、序文と「平安城記」なる京都の案内文を寄せている。

重要なのは、これらが京都・大坂・江戸の経済的発展を背景にして刊行され、販路に乗った点である。中国方志的な地誌が、『五畿内志』を例外として写本で伝えられるのに対し、名所記は基本的に版本で伝えられている。名所記の最大の特徴は、この商品性にあるといってよい。それゆえ前述した『北越雪譜』などは、この意味で『山城名勝志』『都名所図会』『江戸名所図会』などと同じ名所記の系譜に属すると、筆者は考えている。

ところで、中国地方志には『方輿勝覧』のように名所旧跡を遊覧する内容のものも少なくないが、これらは日本の名所記の編纂に影響を与えてはいないだろうか。また、『都名所図会』は、それまでの名所記の形式を一変させた画期的な書物だが、この図版を主とするスタイルがどのように発想されたのか、今なお不明である。これらの点は、今後、地誌編纂史上で名所記を評価する際のポイントとなるだろう。

(2)近代の地誌編纂

一九世紀前半に確立した日本型地誌の形式は、明治新政府の地誌編纂に採用されることで近代へ受け継がれた。

本書の最後に、近代の地誌編纂史を略述しておこう。

最後の近世地誌としては、『斐太後風土記』が有名である。[9] これは、飛騨高山の代官だった富田礼彦が安政五年（一八五八）に編纂着手し、明治維新後は高山知県事の支援下に作業を続けて、明治六年（一八七三）に全二〇巻を完成させた。その本文は、和文・村別記載のスタイルを取り、挿絵も豊富に見られる。興味深いのは、新政府の知県事が旧幕府代官の地誌編纂を支援した点で、一国総志を目ざした一九世紀地誌編纂の性格をよく示す事実といえよう。

『斐太後風土記』の完成時には、新政府自らが地誌の編纂に着手していた。『皇国地誌』の編纂は、[10] 明治五年（一八七二）九月の太政官布告に始まる。同年一〇月には、ウィーン万国博覧会出品のため『日本地誌提要』編纂が開始され、翌六年（一八七三）三月には、各府県に原稿の訂正が求められた。このときは、各府県による調整のうえ、一国単位の「訂正例則」の提出が要求された。そこには、形勢・疆域・郡数・戸数・人口・歳額・県治・軍鎮・学校・名邑・駅路・港湾・島嶼・岬角・海峡・暗礁・燈台・名山・大川・池沼・瀑布・温泉・大社・巨刹・物産・鉱山の計二六に及ぶ調査項目があがっている。布告には「全誌取調ノ儀ハ追テ指図可致、此節ハ専ラ原稿訂正ノ御用候条」とあり、『日本地誌提要』は、その名の通り『皇国地誌』の「提要」だった。こうして編纂された『日本地誌提要』は翌七年（一八七四）末から刊行が始まった。

その後の『皇国地誌』編纂は、明治七年一一月に内務省所管となる。翌八年（一八七五）六月「地誌編輯例則並着手方法」では、郡誌及び村誌の調査項目を提示して新たな展開を見せる。こののち各府県は、地誌編輯掛などの担当を配置して作業を進め、同一八年（一八八五）までに全国から多数の郡誌・村誌、いわゆる「郡村誌」が同省地理局へ集められた。地理局ではこれらを基礎資料としながらも、明治一八年以降は局員自らが現地へ赴いて調査をおこない、新たな総志『大日本国誌』の編纂に従事した。しかし、ごく一部を成稿したのみで同二四年（一八九一）には事業の中断に至る。

明治新政府による『皇国地誌』編纂事業は、一九世紀江戸幕府の地誌編纂事業を踏襲するものとして位置づけることができ、「郡村誌」の全国的収集を実現させた点は特筆すべきといえよう。しかし『大日本国誌』は編纂中断を余儀なくされ、その後に政府による地誌編纂はおこなわれていない。なお、吉田東伍編『大日本地名辞書』は、明治二八年（一八九五）より編纂開始、三三年（一九〇〇）から四〇年（一九〇七）にかけて刊行され、近世の伝統を継ぐ地誌と認知されていた。

そして、それに全く重なる時期である、明治三四年（一九〇一）から三六年（一九〇三）にかけて、日本最初の「地方史誌」と評価される『大阪府誌』が編纂された(11)。ここに一九世紀の地誌編纂史は、二〇世紀初頭の郡誌編纂を含んで(12)、二一世紀に続く自治体史編纂史へと接続される。そして二〇世紀初頭の県史編纂には、当時盛んになりつつあった地方史運動と密接な関係を持った事例のあることを展望して(13)、本書のむすびにかえたい。

（1）井上智勝「並河誠所の式内社顕彰と地域」（『大阪市立博物館研究紀要』三二、二〇〇〇）。
（2）日本古典文学大系九〇『仮名草子集』（岩波書店、一九六五）の「解説」を参照。
（3）水江漣子『江戸市中形成史の研究』（弘文堂、一九七七）。
（4）鈴木章生「『江戸名所図絵』が語るもの」（平成八年度江戸東京博物館企画展図録『江戸の絵師　雪旦・雪堤』、江戸東京博物館、一九九八）など。
（5）羽賀祥二「『風土記』・『図会』の編纂と地域社会」（『関東近世史研究』三六、一九九四）、のち同『史蹟論』（名古屋大学出版会、一九九八）に収録。
（6）註(2)に同じ。
（7）『続々群書類従』八（続群書類従完成会、一九七〇）に所収。
（8）井上忠『貝原益軒』（吉川弘文館、一九六三）、一〇六頁以降を参照。

(9)『斐太後風土記』については、芳賀登「官撰地誌と山野の巡検」(『行政の歴史地理』、歴史地理学会、一九八八)を主に参照。
(10)『皇国地誌』については、山口静子「『郡村誌』と『大日本国誌』」(『東京大学史料編纂所所報』一二、一九七八)、石田龍次郎『日本における近代地理学の成立』(大明堂、一九八四)、村田安穂『神仏分離の地方的展開』(吉川弘文館、一九九九)第二章「廃仏毀釈と『皇国地誌』」を参照。
(11)藤本篤「地方史誌編纂と編纂体制」(地方史研究協議会編『地方史の新視点』、雄山閣、一九八八)。
(12)郡誌編纂に関する研究はまだ少ないが、ここでは伊藤純郎「信州郷土研究事始め」(『信濃』五〇―一、一九九八)を参照。
(13)拙稿「埼玉県における地方史研究活動の課題」(『地方史研究』二八一、一九九九)において、昭和戦前期の『埼玉県史』編纂と埼玉史談会の活動に言及した。ちなみに、現在の自治体史編纂にならっていえば、当時は本編の『埼玉県史』に併行して、資料編にあたる『埼玉叢書』、県史研究にあたる『埼玉史談』が刊行され、民間の県史編纂協力組織として埼玉史談会が機能した。このように、官製の地誌編纂が民間地方史研究を推し進めた点を、二〇世紀自治体史編纂史の特質と筆者は考えている。

あとがき――補足と謝辞をかねて――

【Ⅰ】

「すき間家具」と呼ばれる家具がある。大きな洋服ダンスなどと壁の間の空間を埋める細長い家具のことである。同じように「すき間産業」という言葉もある。それにならっていえば、歴史学上の基本テーマである政治史や文化・思想史の間を縫うような内容の本書は、さしずめ「すき間研究」とでも表現するのがふさわしいだろう。すき間から覗いた世界は、どうしても視野の狭さから逃れられない。しかし特定の視角を定めることで、通常では見えないものが見えるかも知れない。そう自分に言い聞かせつつ、本書を書きつづってきた。

本書は、博士学位論文『日本近世地誌編纂史研究』を基礎に、論文審査でいただいた指摘やその後の研究の進展を踏まえて、一部を修正したものである。刊行にあたっては平成一五年度科学研究費助成金（研究成果公開促進費）の交付（学術図書・課題番号一五八〇六八）を受けた。

最初に、これまでの研究活動と本書の関係を示しておこう。

第1・2・3・5章は、歴史学研究会一九九七年大会近世史部会の大会報告を基礎としている。報告の概要は「近世政治権力と地誌編纂」（『歴史学研究』七〇三、一九九七）にまとめた。報告準備にあたっては、当時の箱石大運営委員長はじめ、藤實久美子氏・小野将氏ほか運営委員各位の御支援と御協力を賜った。また第2章には一九九六年度歴史学研究会近世史部会月例会報告の内容を加えている。

第4章は、一九九二年度地方史研究協議会大会自由論題報告のほか、「江戸幕府の書物編纂と寛政改革」（『日本歴史』五六三、一九九五）、「『地理糺し』と寛政改革」（藤田覚編『幕藩制改革の展開』、山川出版社、二〇〇一）の内容をあわせて加除・修正したものである。

第6章は、「地誌調所編纂事業に関する基礎的研究」（『関東近世史研究会』二七、一九九〇）のほか、多くの口頭報告の内容を基礎としている。また同補論は、「八王子千人同心の地誌調査と武蔵国」（『埼玉地方史』四五、二〇〇二）の内容を加除・修正したものである。

第7章は、二〇〇〇年度関東近世史研究会月例会報告と、二〇〇一年におこなわれた第四回地域史セミナーにおける報告内容を基礎としている。

第8章は、明治大学文学部の旧木村礎研究室が実施した村落生活史に関する共同研究の成果を基礎としている。全体の研究成果は、木村礎編『村落生活の史的研究』（八木書店、一九九四）として発表され、ここで「江戸時代の『郷』」を執筆した。また、他の研究成果を参照・引用した部分もある。さらに、一九九二年度関東近世史研究会大会報告の後半部の内容も加えている。前半部の内容は、「『地方史』認識の形成と近世地域社会」（『関東近世史研究』三四、一九九三）にまとめた。報告準備にあたっては当時の多田文夫大会運営委員長はじめ、堀亮一氏ほか常任委員各位の御支援と御協力を賜った。

【2】

本書で私は、第一に近世日本の地誌編纂活動を通史的に明らかにすること、第二に日本における地方史・地域史研究の歴史的展開を跡づけることを目的に掲げた。実はその他にもう一つ、地方史・地域史を調べることの意味を日本史の中で捉え直してみたいとの想いを本書に込めている。本編では展開しなかったこの問題について、以下、展望と課題を含めて補足しておきたい。

かつて芳賀登氏が論じたように(「歴史学よりみたる歴史地理学の系譜」、『地方史研究』九三、一九六八)、近世地誌の編纂には直接・間接に支配領域の再掌握を意図する政治権力が介在した。そしてそこでは、当時の新たな観点をもって埋もれた歴史が常に掘り起こされている。例えば、一七世紀の『会津風土記』編纂では、国郡の地名を古代に復する観点から地名調査がおこなわれた。その過程で、文献考証と聞き取り調査から廃絶した式内社が発見され、地誌に記載されるとともに社殿が再建された。一八世紀の『五畿内志』編纂では、天皇陵、式内社、それに楠正行など南朝方関係の史蹟が調査され、のちに幕府へ建碑が請願された。一方で幕府は、青木昆陽の古文書調査などを通じて徳川氏創業史関係の史料収集を開始し、『五畿内志』にも徳川家康の事績が書き込まれた。一九世紀の地誌編纂事業では、幕府はもっと明確に徳川氏の由緒調査を推し進め、地域社会の歴史意識へも積極的に介入していった。

このように近世を通じて、地誌の編纂では常に当時の新たな観点から史料や史蹟が掘り起こされ、その保存を手がけながら地域の歴史を書き換えてきた。その上で、近年関心が高まっている一九世紀の歴史意識を考えるなら、一七・一八世紀との違いは地域社会を巻き込んで全社会的な変化をみせた点にあるといえよう。

一九世紀の幕藩権力による地誌編纂活動は、従来と同様な現地調査であっても地域へはるかに大きい影響を及ぼした。その背景には、地域で従来の社会秩序が変容する中、再興する旧家や村役人を勤める家がその正当性の主張、言い換えれば家格維持のため村政の歴史を掌握する必要に迫られたことがあった。村政の歴史とは、見方を変えれば幕藩領主と村及び家との由緒関係にほかならず、その関係の頂点には徳川将軍が位置する。

ここで幕藩領主といわゆる「中間層」は、徳川将軍を頂点とする歴史主義イデオロギーの下に同じ地域統合の志向をもったということができよう。このような一九世紀「由緒の時代」の意義を、私は国民国家形成の一端緒と捉えている。したがって明治新政府も新たな地誌=『皇国地誌』の編纂へ着手する一方、地域の歴史意識を国家へ統合する施策を展開した。外池昇氏が解明した陵墓調査はその一例である(『幕末・明治期の陵墓』、吉川弘文館、一九九七)。

こうして地域の歴史は近代国家における一「地方」の歴史事象として包摂されていく。地域の歴史と地理を不可分に叙述する地誌は西洋地理学の導入もあって省みられなくなり、明治政府の総志編纂事業は中断し、新たに国史叙述のための史料編纂事業が始まる。一九世紀末に見られる地誌編纂の沈滞は、それゆえ一面で従来からの地方史研究の衰退を物語っているといえよう。それが再び活発化するのは、地方改良運動下の郷土研究が始まり、柳田国男が活動を開始する二〇世紀初頭以降である。

さて二一世紀初頭の現在、地方史・地域史をめぐる状況は再び変わり始めたと私は感じている。一言でいえば、それは二〇世紀までを貫いた歴史主義が後退する微かな予感である。今後は、史料の記述の背後に潜む政治性を明らかにするような研究、一方で多様な資史料を用いて過去の生活実態を可能な限り具体的に復原する研究などが求められるのではないか。その意味で、私も参加した後者の志向を持って「村落生活史」を掲げる『村史　千代川村生活史』全六巻の編纂が、一〇年の歳月を経て二〇〇三年春に完結した。ここで採用された叙述方法の一つに第二巻『地誌』がある。地誌編纂史研究を手がける私には若干の感慨があるが、これを含めて二〇世紀の地方史・地域史研究と自治体史編纂をどう評価すべきか、今後の大きな課題の一つになった。

【3】

本書をまとめる最後の段階で中国清代の方志学者である章学誠の存在を知ったことは、私にとって嬉しい成果だった。

内藤湖南氏や山口久和氏によれば、章学誠は必ずしも試験の才に長じなかったようで、清代の地方官の幕僚として一生を終えた人物と伝えられる。その仕事の中心は、上司や友人からの依頼を受けた地方志の編纂であった。清代でも、多くの歴史研究者が生活の糧を得るため方志編纂に従事したというが、著作としての方志は必ずしも高く評価されなかったそうである。だが章学誠は、一般史の材料たる方志編纂の重要性を認識して「方志学」という学問体系の確立を目指したのだった。

清代において、一般に方志は一地方の歴史的・地理的・文化的情報を新任の地方官等へ提供するマニュアルと考えられていた。しかし方志が一地方の精緻な歴史の記述であるが故に、将来の修史事業の資料になると考えた章学誠は、方志の本務が地理的な沿革ではなく、当該地の「文献」を整理保存し将来の用に役立てることにあると主張した。そして将来へ確実に資料を残すため、頻繁な方志の改修の必要性を説いたという。

ところで、私が勤める埼玉県立文書館には、埼玉県地域史料保存活用連絡協議会（埼史協）の事務局がある。かつてここで「永続的修史事業」の考え方が提唱された。有期限の自治体の事業では必ずしも十分な史料収集や分析ができるとは限らない。編纂に活用できる史料は全体のごくわずかである。史料保存活用の見地からも事業を完全に終了させてよいか。これらの問題意識から、自治体が継続する限り自治体史編さん事業の永続化を望む考え方である。

「今後何年か何十年かのあいだには、新しい歴史観に基づいた自治体史の編さんが企画されるであろうが、そのときにはじめて史料収集や活字化された史料編は活かされるとともに、新たな編さん事業のおりは史料提供ができる」（埼史協『地域文書館の設立に向けて』一九八七、六九頁）。この先に、高野修氏による「自治体史の本旨は史料保存である」の主張が位置づけられるだろう。これらの考え方の中に、章学誠の目指していた「方志学」の思想がかたちを変えて存続していると見るのはあまりに早計だろうか。

地誌や自治体史の編纂を東アジア文化圏の規模で理解する試みは、日本の地方史・地域史研究を独善的な地域アイデンティティーの発露の場（昭和戦前期の郷土史はその傾向を持っていた）としないために、今後一層必要となるだろう。そのためにも、今後とも広範な視野から地誌、地方史、史料保存などの問題を追求していきたい。なお、私のもう一つの専攻分野である博物館学・文書館学の論考も、それらのテーマと深くかかわるが、別の機会に改めて論じる予定である。

【4】

さて、私が近世の地誌に興味を覚えたのは、博士前期課程一年の秋である。卒業論文では旗本領相給村落の村運営をテーマにとりあげ、村内における年貢組や知行所の構成と、それらが一村規模の結集の場面でどう機能したかを考えた。大学院進学にあたり、その際に十分理解できなかった近世村内の集落の機能について、当時評判だった福田アジオ氏の村落領域論にも影響を受けながら、修士論文のテーマとして取り組むことにした。

私がフィールドとした武蔵国には『新編武蔵国風土記稿』があり、その「小名」の項目に村内の集落名が書かれている。この頃、指導教授の木村礎先生は、すでに『新編相模国風土記稿』の小名記載に関する定量分析から、複数の小名集落を包括する近世村の新たなイメージを提示しており、それは水本邦彦氏の畿内村落史研究にも影響を与えていた。そこで私も『新編武蔵国風土記稿』小名記載の定量分析へ着手したものの、一体この記載はどうやって調べたのかが疑問だった。では、小名記載の史料批判として『新編武蔵国風土記稿』の成立事情を考えよう、と始めたのが本書に至る研究のきっかけである。

私の修士論文は、七転八倒の末に『小名と近世行政村』という題名で書き上がり、その補論へ地誌編纂事業の検討結果を盛り込んだ。引き続き博士後期課程に進学した私へ、地誌の問題も続けると良いと木村先生は話された。自分でも興味はあったが、単純な私は先生にいわれると何かいい気分になり、それでは一丁やるかとゼミ発表や研究会報告を重ねた。しかし「明日できることを今日するな」の性格ゆえ、なかなか論文のかたちにまとまらない。怠惰な私に執筆を勧めてくださったのは、当時、関東近世史研究会でお世話になっていた山本英二氏である。こうして最初の地誌編纂史の論文を発表できたのだが、ここでダメだったら一生書けなかったのではと、今にして思う。

その後、私は埼玉県教育委員会に勤めることになった。最初の配属先である文化財保護課では、起案や回覧文書の指定された箇所にハンコを押すという行為を、生まれて初めて経験した。しばらくは毎日がこの調子で、当時の早川智明課長はじめ上司や同僚の方々には山のように迷惑をかけ続けた。当然、自分の研究に費やす時間など取れない。勤めて二年目の冬、突然、一念発起して何週間か夜中に机へ向かい、寛政改革期の書物編纂に関する論文を書き上げた。三年目の夏からは、文献出版の栗田治美氏から声をかけていただいて『新編武蔵国風土記稿』の影印復刻を開始した。当時は新しい環境に慣れず苦悩する一方で、働きながらもなんとか研究を続けたいとの焦りが強かったように思う。

三年間の本庁勤めの後、埼玉県立文書館で五年間を過ごした。約四〇万点の古文書に囲まれた環境の下、武井尚氏・原由美子氏・重田正夫氏らの上司、芳賀明子氏・大田富康氏・新井浩文氏・関口(青柳)真理子氏ら先輩や同僚の中で、仕事と個人研究の充実した日々を過ごすことができた。歴史学研究会大会報告はじめ、本書の研究の大半はこの時期に積み上げたものである。その後、埼玉県立博物館へ移ると、今度は博物館教育利用、日本近代史の特別展開催準備、博物館施設の統合再編論議等々と目まぐるしい毎日を三年間過ごした。だが多忙なこの時期に、博士学位論文の執筆、提出、審査、学位授与も進行した。

学位論文の執筆を勧めてくださったのは、結婚披露宴の媒酌人もお願いした高島緑雄先生である。高島先生からの叱咤を受けながら、実際に着手したのが二〇〇〇年六月、最終的に明治大学へ提出したのは二〇〇一年六月上旬だった。執筆は、家族が寝静まる毎日午後一〇時過ぎから午前二時頃までを費やした。山場にさしかかると有給休暇を取って一日中机へ向かい、少し長目の睡眠をとった。結局、学位授与式の時には体重が一〇キロ減っていた。

手探りの執筆の中、成稿にあたっては和泉清司氏・原田信男氏の両大先輩から御助言を頂いた。外国語サマリーの作成では、葛飾区郷土と天文の博物館名誉館長である大矢雅彦先生、莫蓮氏、そして当時、埼玉県立文書館に勤めていた森本祥子氏の御指導を頂いた。特に草稿完成から提出までの間、大矢先生の暖かい励ましのお言葉がなかったら、きっと中途で挫折したことだろう。提出用論文の製本では、昔馴染みの白鳥聡氏からお世話を頂いた。

学位論文の審査は、主査が門前博之先生、副査は平野満先生と名古屋大学の羽賀祥二先生である。各先生方には改めて、この場を借りてお礼を申し上げたい。とりわけ羽賀先生は、関東近世史研究会大会で始めてお目にかかって以来、そのお仕事から多くを学んできた方だった。一〇月の公開報告会で久しぶりにお会いした際、体に緊張感がみなぎったのを覚えている。そのときに先生から頂いた優しいねぎらいのお言葉は忘れない。

二〇〇二年一月二五日付で出された博士（史学）の学位記授与式は、三月二七日、初めて入ったリバティータワーの最上階にある岸本辰雄記念ホールでおこなわれた。休憩時間、会場の隅に一人、学位記を手に少し気取って「こんなもののために……」と呟いたら、泣き虫の私は、それまでのことが頭の中を廻りだして急に涙があふれ、困ってしまった。

論文刊行のさしたる当てもない私に、思文閣出版の林秀樹編集長を御紹介くださったのは原田信男氏であり、科学研究費申請のアドバイスをくださったのは和泉清司氏である。生意気で、いつもやかましいばかりの不肖の後輩にあれこれ御心配を頂いたことは感謝の至りで、お礼の申し上げようもない。二〇〇三年春には、谷川智之現館長のもと古巣の埼玉県立文書館へ戻ることができ、同時に科学研究費による出版助成も認められた。

自著をつくるという初めての経験に、入稿や校正では大きく戸惑い、悩んだ。そんな中で、林編集長から送られる内校は、そのまますべて私の勉強になった。また校正にあたっては細野健太郎氏・花木知子氏の二人の若い友人による御協力を頂いた。

こうして多くの方々の御指導・御支援とさまざまな御縁を得て、ここに本書を上梓する次第である。史料の調査、閲覧利用・写真掲載等にあたっては、本当に多くの所蔵者・所蔵機関の御高配を賜わった。また、本書のテーマに関する情報収集は一人でできるものではなく、これもたくさんの方々のお世話になった。それらの方々のお名前や参照した研究については、極力註に明記したつもりだが、万一、遺漏があった時は、なにとぞ御容謝頂きたい。

【5】

二〇代の終わり頃、自分の人生に関わる一つの決断をしたことがあった。そのとき、これからはどんな困難にも挫けないことを誓った。しかし、ここまで研究らしきものを積み重ねることができたのは、前述の方々をはじめ大勢の人々に支えられてきたお陰であることを、今さらながら痛感している。

はじめに、本書の準備中に急逝された、文献出版の栗田治美氏及び大学以来の友人だった木村衡氏のお二人に、心から哀悼の意をささげたい。

私の主な研究の舞台は関東近世史研究会であり、歴史学研究会日本近世史部会である。前者は二〇代の私の研究活動そのものといってよく、故伊藤好一先生はじめ歴代会長から最若手の常任委員諸氏、各地の会員諸氏まで大勢の方々にお世話になっている。ここでは入会以前から御指導を頂いてきた佐藤孝之氏・斉藤司氏らの先輩や鈴木章生氏・太田尚宏氏らの友人たちとも知り合えた。後者は、関東近世史研究会でもお世話になった岩田浩太郎氏に誘われたのがきっかけで、国家論や対外関係史などを学ぶ良い機会になった。当時から渡辺尚志氏には変わらぬ御指導を頂いているほか、小宮木代良氏・堀新氏・冨善一敏氏らの友人たちとも知り合えた。

現在、常任委員を拝命している地方史研究協議会では、もともと博士前期課程の二年間を事務局のアルバイトで過ごしていた。当時の児玉幸多会長と常任委員長の門前博之先生の下で、沖縄県と東京都で開かれた大会の裏方を務めたのも懐かしい想い出である。このとき地方史研究・運動の一線で活躍する会員諸氏と接した経験は、本書に有形無形の力となっている。

学部入学以来一一年間を過ごした明治大学文学部では、現在も史学地理学科が存在する。「地理の中に歴史を、歴史の中に地理を」という考え方が、設置にあたっての理念だったと聞かされたことがある。地理と歴史の境界にある地誌を研究テーマに選んだ私にも、少しはその理念が残っているのかも知れない。

そして何よりも、木村礎先生と、旧木村研究室によるあの調査合宿に出会わなければ、私は本書を書くことなど絶対になかっただろう。本書の冒頭で提起した、調査した側の史料と調査された側の史料の双方を用いる分析方法は、木村先生による地方史料を活用した藩政史研究の応用問題である。また、『村落景観の史的研究』と『村落生活の史的研究』に結実した共同研究で学んだ成果は、本書の随所に生かされている。両書の巻末に載った合宿参加者名簿からは、夏の太陽、雷と夕立、宿舎や風呂や食事などの記憶とともに、今も一人一人を思い出すことができる。石井修氏や須田努氏はじめ公私ともにお世話になっている先輩・後輩諸氏も多く、私の一生の財産である。この二〇年余り、厳しい、そして暖かい御指導を賜ってきた木村先生が、奥様ともども何時までもお元気でおられるよう心から願って止まない。

最後に本書を閉じるにあたり、妻の橋本直子と我が子・理史と敦史、そして横浜に住む両親へ、精一杯の「ありがとう」を言いたい。学芸員の共稼ぎ家族である我が家は、ただでさえ滅茶苦茶なリズムの生活を続けている。この上の本書執筆は家族や周りの人々に迷惑と犠牲を強いる以外のなにものでもなかった。特に子どもたちには申しわけない限りである。何の償いにもならないが、愚夫・愚父にして不肖の息子の、未熟ながらも渾身の作として本書を捧げたい。

二〇〇四年一月

白井哲哉

索　　引

【書名・史料名】

あ

い

う

え

お

さ

し

す

せ

そ

た

へ

ほ

ま

み

む

【人名】

あ

い

つ

と

な

に

ね

の

は

ひ

ふ

ほ

ま

み

む

も

や

よ

り

わ

【研究者名】

あ

い

お

か

く

こ

さ

し

す

せ

た

つ

と

な

に

は

ひ

ふ

ま

み

む

も

や

よ

ら

り

◆著者略歴◆

白井哲哉（しらい　てつや）

1962年　神奈川県横浜市生
1981年　浅野高等学校卒業
1992年　明治大学大学院文学研究科博士後期課程退学
現在　埼玉県立文書館　学芸員
　　　博士(史学)

［本書関係以外の主要論文］
「『領』編成と地域 ── 近世前期を中心に ── 」
(関東近世史研究会編『近世の地域編成と国家』，岩田書院，1997)
「博物館歴史資料の現状と課題 ── 文化財の視点から ── 」
(『大阪人権博物館研究紀要』 6，2003)
「文書館の利用と普及 ── 利用者論の観点から ── 」
(国文学研究資料館史料館編『アーカイブズの科学』上巻，柏書房，2003)

思文閣史学叢書
日《に》本《ほん》近《きん》世《せい》地《ち》誌《し》編《へん》纂《さん》史《し》研《けん》究《きゅう》
二〇〇四(平成十六)年二月二十五日発行

著者　白井哲哉
発行者　田中周二
発行所　株式会社　思文閣出版
京都市左京区田中関田町二─七
電話(〇七五)七五一─一七八一(代)
印刷・製本　株式会社図書印刷同朋舎

ISBN4-7842-1180-2 C3021

白井哲哉(しらい　てつや)…筑波大学教授

日本《に》近《きん》世《せい》地《ち》誌《し》編《へん》纂《さん》史《し》研《けん》究《きゅう》（オンデマンド版）

Digital Publishing

2017年1月16日　発行

著　者　白井　哲哉
発行者　田中　大
発行所　株式会社 思文閣出版
〒605-0089　京都市東山区元町355
TEL　075-533-6860　FAX　075-531-0009
URL　http://www.shibunkaku.co.jp/

装　幀　上野かおる(鷺草デザイン事務所)
印刷・製本　株式会社 デジタルパブリッシングサービス
URL　http://www.d-pub.co.jp/

AJ838

ISBN978-4-7842-7030-9　C3021　Printed in Japan